Derrière la façade

Vivre au château de Versailles
au XVIIIe siècle

William Ritchey Newton

Derrière la façade

Vivre au château de Versailles au XVIIIe siècle

ÉDITIONS FRANCE LOISIRS

Édition du Club France Loisirs,
avec l'autorisation des Éditions Perrin.

Éditions France Loisirs,
123, boulevard de Grenelle, Paris.
www.franceloisirs.com

Le Code de la propriété intellectuelle n'autorisant, aux termes des paragraphes 2 et 3 de l'article L. 122-5, d'une part, que les «copies ou reproductions strictement réservées à l'usage privé du copiste et non destinées à une utilisation collective» et, d'autre part, sous réserve du nom de l'auteur et de la source, que les «analyses et les courtes citations justifiées par le caractère critique, polémique, pédagogique, scientifique ou d'information», toute représentation ou reproduction intégrale ou partielle, faite sans le consentement de l'auteur ou de ses ayants droit ou ayants cause, est illicite (article L. 122-4). Cette représentation ou reproduction, par quelque procédé que ce soit, constituerait donc une contrefaçon sanctionnée par les articles L. 335-2 et suivants du Code de la propriété intellectuelle.

© Perrin, 2008.
ISBN : 978-2-298-02455-5

CARTES

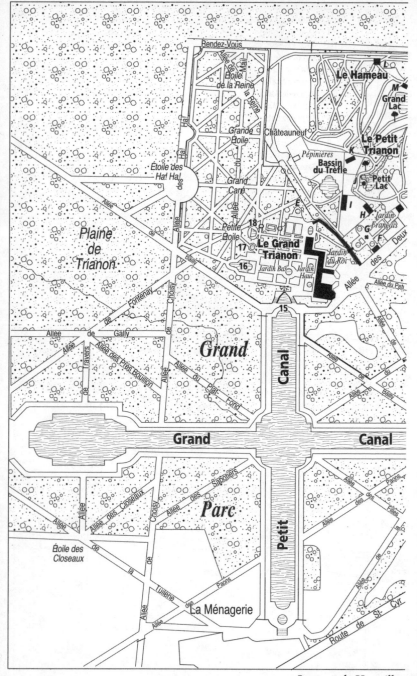

Le parc de Versailles

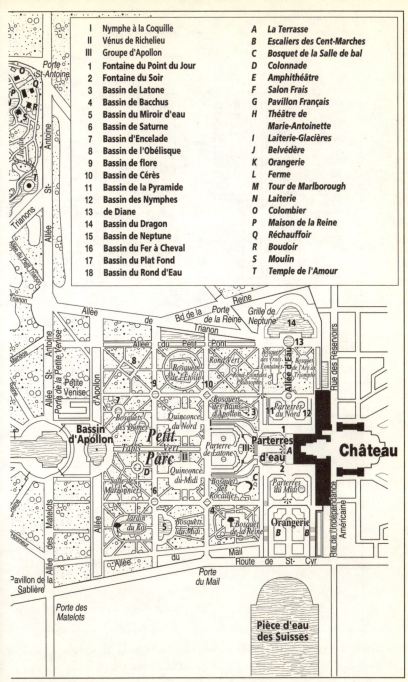

et les jardins en 1715

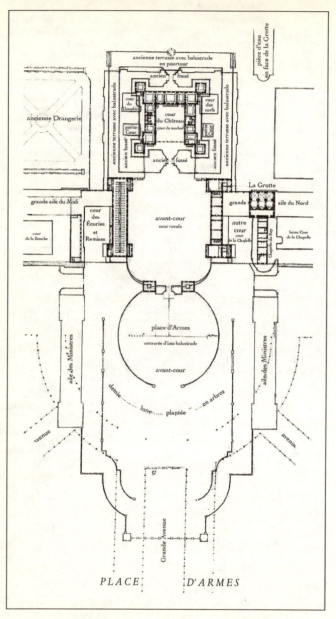

« Plan du château distribué et levé [...] tel qu'il été fait
par Louis XIII avec les augmentations faites par Louis XIV [...] ».
D'après A.N.O.[1] 1768os n° 1.

Préface

Louis XIV a réussi son coup du miroir. La noblesse du royaume, les cours européennes et les Français jusqu'à l'automne 1789 se sont persuadés qu'à Versailles se trouvaient les clefs du pouvoir. Les historiens ont déchiffré les rituels de la Cour à la suite de Saint-Simon, le génial petit duc capable de tenir en haleine son lecteur pendant cinquante pages avec le cérémonial des tabourets, comme si l'ordre du monde dépendait de la place exacte occupée par la duchesse, sa femme. D'autres ont pris soin du moindre figurant en peignant la réception de l'ambassadeur de Gênes ou l'admission du marquis de Dangeau dans l'ordre du Mont-Carmel. Tous ont admis que les bals, les soupers en public, les fêtes rendaient compte de l'opulence du règne ; même le spectateur le plus réticent au faste louis-quatorzien devait reconnaître que le Grand Roi officiait en son château selon un rituel digne de Byzance et que le spectacle était mieux à même de rassurer serviteurs et courtisans que n'importe quelle victoire militaire. Imaginez que le public commençait d'arriver une heure avant que l'huissier eût frappé à la salle des Gardes en lançant : « Messieurs, à la viande du Roi ! », autrement dit « à table », car le plus prestigieux des rois ne pouvait manger que de la « viande », à l'instar du lion, le mot recouvrant ainsi tous les aliments.

En toutes circonstances publiques, l'État accompagnait le détenteur de la légitimité et des attributs du pouvoir. Les plus grands seigneurs se découvraient et les femmes plongeaient dans une révérence devant la nef posée sur la table du prêt au grand couvert. S'approcher de ces objets, mieux encore manipuler gobelet, carafes, assiettes, serviettes ou sièges, c'était à la fois suivre le chemin de l'ascension sociale, indiquer son rang dans la société et par conséquent la parcelle d'autorité royale dont on pouvait jouir.

Ces pérégrinations codifiées semblent aujourd'hui presque incompréhensibles à nos univers démocratiques. Elles ne constituent pourtant qu'une autre forme de l'éternel tableau d'avancement auquel les hommes se fient dès qu'ils font société. L'hérédité, le savoir-vivre, l'entregent y tenaient la place de nos modernes « qualifications » ; en revanche, le talent pour être vu, entendu, apostrophé ou écouté par le roi est de toutes les époques : c'est celui qui permet d'entrer dans la « mécanique » du pouvoir – ici de ses manifestations – et d'en devenir un des rouages. D'où la nécessité d'une présence continue à Versailles pour conquérir ou assurer une place sans cesse menacée, quitte à s'imposer de multiples contraintes.

Curieusement, les traces visibles laissées par cette société sont aujourd'hui peu repérables. Des milliers de touristes visitent les appartements royaux, y compris des pièces privées auxquelles, avant 1789, seuls quelques intimes du monarque avaient accès. En revanche, les logements des courtisans ont disparu lorsque Louis-Philippe transforma les ailes du Nord et du Sud en musée d'histoire de France. La IIIe République redoubla le message en installant le Congrès – réunion exceptionnelle de l'Assemblée et du Sénat aux fins de valider ou de modifier la Constitution et, jusqu'en 1958 inclus, d'élire le Président – et ses archives, au-dessous, là où se trouvaient cuisine, offices et caves. La symbolique du pouvoir a survécu, mais il est difficile d'imaginer que son architecture a remplacé un labyrinthe d'appartements où tentaient de vivre les courtisans et serviteurs du Grand Roi.

Ce livre est donc une tentative pour reconstituer un univers dont même les vestiges n'existent plus. Grâce à la volumineuse correspondance et aux rapports du directeur général des bâtiments du Roi, et du gouverneur du château, nous pouvons appréhender les problèmes de la vie quotidienne, les tentatives d'aménagement, le jeu des luttes d'influence, les passe-droits et les embarras. Alors surgit l'envers du décor dans ces 226 appartements où s'entassaient un bon millier de personnes, certaines confinées dans la garde-robe de leur maître ou dormant sur les bat-flancs. Au fil des notations sur les commodités – l'eau, le feu, la nourriture – se précise une étrange vie de château où la conquête d'une position suppose des sacrifices journaliers et une sorte d'ascèse de moins en moins supportée.

De ce point de vue, notre approche révèle également la tension permanente qui relie souverains, courtisans et fournisseurs. Quand l'argent et les offices à distribuer abondent, la société versaillaise donne l'image d'un pouvoir littéralement rayonnant. Que l'un ou l'autre des ingrédients manque – à la fin du règne de Louis XV après le désastre de la guerre de Sept Ans ou après 1780 quand les finances sont exsangues –, et c'est un royaume pétrifié où s'accumulent récriminations contre des logements indignes de son rang, factures impayées et dégradations des bâtiments. Le miroir se ternit et il incombe à chaque souverain d'en raviver le tain. Mais il lui faut alors tenir compte des rapports de force, de l'évolution des esprits comme du goût dominant et des polarités concurrentes, à commencer par celle de Paris au XVIIIe siècle.

Ainsi, au cours des trois règnes que ce livre embrasse, s'organise une bataille sans merci, même à fleuret moucheté – étiquette et civilité obligent. L'ambition royale ne change pas : distinguer ou mortifier, afin de tenir rênes courtes aux représentants du pouvoir. Mais elle doit adapter forme et discours.

Tout au long de ce XVIIIe siècle, une contradiction indépassable caractérisa la Cour à Versailles. Derrière la façade, on trouvait une cohabitation entre la grandeur et la misère, la parade et la pauvreté, les décors et la réalité vécue. C'était un théâtre du pouvoir où la pièce se jouerait jusqu'au bout, malgré des spectateurs moins nombreux et blasés, malgré des immeubles menaçant ruine, malgré la vétusté des installations. Comme au théâtre, le public – contemporain ou postérieur – a prêté plus d'attention au côté « cour » ; nous nous proposons de lui faire explorer le côté « jardin », l'indispensable coulisse de Versailles.

Springfield, Tennessee, août 2008

Le logement

En nature ou en argent

Servir à la Cour conférant le droit d'y résider, le roi était censé loger ses officiers, civils et militaires. Les plus chanceux disposaient d'un appartement au château même, les autres étant hébergés dans diverses demeures royales. On pouvait aussi recevoir une indemnité compensatoire permettant d'habiter en ville. Il va sans dire que le prestige du château amenait les personnes de qualité à le préférer à tout autre lieu, et d'abord à leur propre hôtel particulier, si superbe fût-il.

L'immense palais qu'on admire aujourd'hui n'avait d'abord été qu'un pavillon de campagne où il arrivait à Louis XIII de passer la nuit lorsqu'il chassait dans les forêts environnantes. Par la suite, le roi fit bâtir sur une colline cernée de marais une résidence si modeste qu'un mémorialiste la qualifiait de « château de cartes ». Héritant de cette gentilhommière, Louis XIV y apporta force adjonctions et améliorations. Au sud de la Cour d'honneur, on ajouta une aile d'écuries qui, bientôt converties en logements, fut connue sous le nom de Vieille Aile. Malgré maintes transformations, elle existe encore, mais le pavillon qui fait face à la ville fut reconstruit sous Louis XVIII par l'architecte Dufour – lequel donna son nom à la structure actuelle – pour mettre la Vieille Aile en harmonie avec l'aile Nord de la cour. Bâtie dans les années 1660 pour abriter cuisines et offices, celle-ci fut vite affectée à des logements et, après l'installation de la Cour à Versailles en 1682, l'intendant du Domaine et de la Ville y prit ses quartiers. En 1719, sa charge fut érigée en gouvernorat et l'aile fut dite de ce fait « aile du Gouvernement », mais, à partir de 1760, ses murs se fissurèrent et il dut la quitter. Elle fut détruite en 1771 et Gabriel construisit celle qui porte aujourd'hui son nom.

Les agrandissements et embellissements de Louis XIV avaient conservé au corps central du château les éléments d'architecture originaux : murs de brique rouge avec chaînes de pierre taillées aux coins et toits couverts d'ardoises. Un second bâtiment en pierre de taille enveloppa entièrement le premier. Au nord se trouvaient les grands appartements d'État ; à l'ouest, dans la première conception, une terrasse donnait sur les jardins, mais elle fut remplacée par la galerie des Glaces, tandis qu'on installait au sud les appartements de la reine. Louis XIV établit sa cour en permanence à Versailles quand l'aile du Midi, dite aile des Princes, fut achevée. Une aile du Nord vint compléter, en 1689, la longue façade sur le jardin. Toutes deux étaient destinées à loger les officiers de la Couronne, de la Cour et des « Maisons honorifiques » – à savoir la noblesse servant la famille royale et la personne du souverain. En effet, les plus grands seigneurs acceptaient, et même briguaient, un rôle « domestique » dans la cérémonie du lever et du coucher du roi ou la toilette de la reine, rôle qui les associait de façon symbolique au cérémonial monarchique, tandis que les tâches réellement domestiques étaient assurées par une foule d'officiers de moindre lignage.

Sous Louis XIV, les titulaires des grands offices s'étaient fait bâtir des hôtels particuliers sur les terrains octroyés par le roi. Avant la création des ailes Nord et Sud, les problèmes de logement étaient ceux qu'évoquait l'avocat Marais, écrivant sous la Régence : « Du règne de Louis XIV qui était toujours à Versailles, il y avait peu de femmes de la Cour parce qu'un homme de condition n'aurait pas tenu sa femme à Versailles dans un cabaret ou une chambre garnie, au lieu que les ducs, y ayant des hôtels, pouvaient plus aisément y avoir leurs femmes[1]. »

Quant aux titulaires de petits offices, ils habitaient dans une annexe du château, le Grand Commun, vaste édifice qui abritait les cuisines communes, les salles à manger des maisons du Roi et de la Reine au rez-de-chaussée et, sur quatre étages, des logements de toutes dimensions jusqu'aux soupentes. Le Grand Commun – dont le nom était jugé peu flatteur par certains – avait pour avantage sa proximité du château. Mais, si grand fût-il, il ne pouvait abriter tous les officiers autorisés à vivre à la Cour, et il fallut acheter ou louer plusieurs autres édifices pour loger ceux qui n'y trouvaient pas place : l'hôtel de Duras dans la rue de la Chancellerie, les trois corps des logis dits hôtels des Louis dans la rue de l'Orangerie, enfin l'hôtel de Nyert dans la rue Saint-François. Les officiers et le personnel de certains services, comme les Grandes et Petites Écuries et la Vénerie, disposaient d'appartements sur leur lieu de travail.

Le souci de chaque courtisan était d'obtenir un logement convenant à son rang, à ses fonctions, sa famille et ses besoins. Ni le château, ni les bâtiments du Roi en ville ne suffisant à leur grand nombre, le gouverneur proposa une indemnité en argent aux officiers des maisons du Roi et de la Reine et au personnel servant le Dauphin et les Enfants de France, qui, vu leur âge, n'avaient pas encore de maison dotée d'un budget propre. Les indemnités de logement des officiers des autres maisons royales, telles que celles de la Dauphine ou de Mesdames de France, furent assumées par le Trésor royal[2].

En ville, les loyers étaient élevés et le château éloigné. On ne se résignait donc à cette solution qu'à contrecœur. Le salaire moyen d'un officier servant « par quartier » (trois mois par an) était de 300 livres, ce qui suffisait à peine à louer une chambre garnie ou un appartement modeste. C'était le cas de beaucoup des petits officiers, qui avaient acheté leur charge pour le prestige social et les exemptions d'impôts afférentes et, ne l'exerçant parfois que quelques jours par semaine, vivaient le reste de l'année chez eux, souvent en Île-de-France ou à Paris même. La plupart des dames de compagnie ne faisaient que passer à la Cour, n'étant de service qu'une semaine sur trois, si bien qu'un logement au château, même très médiocre, ne présentait pas d'inconvénient majeur. Pour bon nombre de courtisans, leur « quartier » était une occasion de fêtes rompant l'ennui de la vie à la campagne et leur prestige augmentait quand leurs départs et retours étaient annoncés à la messe du dimanche.

Le commissaire de police de Versailles estimait qu'au début du règne de Louis XIV, moins de 50 habitants de la cité offraient une « chambre garnie » à la location. En 1724, ils étaient passés à 400, sans compter les hôteliers de profession. Il attribuait le fait à la fois à l'importance de la demande et à l'appât du gain : « Le Roi étant [...] venu faire son séjour à Versailles, nombre des personnes sont venues s'y établir. Les loyers y ont augmenté considérablement et le prix excessif de ces loyers a engagé la plupart des habitants à donner à loger en chambre garnie pour s'indemniser de leurs loyers, de manière qu'on voit les officiers du Roi, les commis, les bourgeois, même les cordonniers, boulangers, savetiers, laquais, les femmes veuves et jusqu'aux fils tout donner à loger en chambres garnies[3]. » Le commissaire recommandait de rétablir par voie d'autorité les tarifs pratiqués durant le règne du Roi-Soleil et ils furent, en effet, imposés aux cabaretiers et aubergistes de Versailles par une ordonnance de 1735 : 2 sols par jour pour une chambre non tapissée avec un lit ; 4 sols pour deux lits. Une chambre tapissée était louée 4 sols par jour, 8 avec deux lits.

En fait, ces tarifs ne furent appliqués que par les établissements les plus modestes. Les chiffres figurant au budget de M. de Beauregard du Mesnil, garde du corps du Roi et chevalier de Saint-Louis, nous semblent plus dignes de foi que ceux, théoriques, fixés par l'ordonnance. Il payait pour son logement 20 livres par mois, soit plus de 13 sols par jour, aux époux Martin, traiteurs rue d'Anjou, et 3 livres par jour pour ses repas. Un autre garde du corps louait une chambre pour deux moyennant 36 sols par jour[4].

Outre les logeurs déclarés ou clandestins, il existait à Versailles toute une gamme d'établissements hôteliers. Versailles comptait environ 120 hôtelleries pour des clients de toutes conditions. Sous Louis XIV, les gens de qualité pouvaient descendre à L'Écu de France, sur la place du Marché, ou au Roi-de-Pologne, rue de la Dauphine. Au milieu du XVIIIe siècle, l'établissement le plus distingué était l'hôtel de Fortisson, rue des Bons-Enfants, au 34 de l'actuelle rue du Peintre-Lebrun. Le propriétaire, ancien aide-major des chevau-légers, louait de petits appartements et des chambres à des courtisans dont le duc de Croÿ. La proximité du château valait nos actuelles étoiles pour juger du niveau de l'établissement. Les petits logeurs en étaient le plus éloignés. L'un d'eux, tenu par un certain Marcoux rue Bel-Air, hébergeait, durant l'été 1782, des clercs, garçons tailleurs, charpentiers, terrassiers, maçons, et jusqu'à un portefaix et un porte-sac. À la même époque, rue des Récollets, derrière le Grand Commun, un sieur Meunir avait une clientèle plus relevée : un officier du roi à Port-au-Prince, un avocat à Paris, un ancien garde du corps, et plusieurs clients qui se qualifiaient eux-mêmes de « gentilshommes » ou « bourgeois de Paris ».

Dans la catégorie de luxe, l'hôtel des Ambassadeurs, tenu par Mlle Gournail dans la rue de la Chancellerie – à l'emplacement de l'actuel n° 18 –, ne recevait que des nobles. Au sommet de la pyramide, un sieur Delroc, propriétaire de l'hôtel Le Juste fondé en 1682 rue Vieux-Versailles, sur le site de l'actuel n° 6, eut l'honneur de recevoir l'empereur Joseph II. Voyageant incognito, le monarque avait en effet refusé l'hospitalité de sa sœur et Marie-Antoinette se trouva réduite à envoyer les garçons du garde-meuble de la Couronne garnir son appartement[5].

Les aubergistes avaient une clientèle de voyageurs qui exigeaient, outre le gîte et le couvert, une écurie pour leurs chevaux. Les marchands de vin et cabaretiers offraient le vivre et le couvert. Sous Louis XV, on enregistre l'ouverture d'hôtelleries et de cafés tenus par les limonadiers, établissements presque inconnus sous Louis XIV, souvent joliment décorés et qui servaient eau-de-vie, liqueurs et infusions. La valeur des meubles et le faible nombre de lits par pièce, ainsi que la situation de la moitié de ces établissements dans la paroisse Saint-Louis, laissent penser que quelques-uns des officiers servant par quartier y avaient fixé leur résidence[6], lassés de la vétusté du Grand Commun ou privés de leurs appartements de fonction au profit des dames de compagnie des princesses.

Après les réformes de 1780, quand ces officiers n'eurent plus accès aux « tables secondaires » de la maison du Roi, un défraiement de 5 livres par jour leur fut consenti pour déjeuner en ville. Leur situation devenait difficile. Avec 300 livres pour le quartier de service, plus 5 livres par jour pour la nourriture, soit 750 livres au total pour quatre-vingt-dix jours – un peu plus de 8 livres par jour –, dans les dernières années de la Cour à Versailles, ils en étaient de leur poche. Beaucoup de petits officiers qui choisissaient de faire carrière à la Cour achetaient à cet effet plusieurs charges, soit par quartiers successifs, soit en les exerçant simultanément dans la même Maison, espérant ainsi gravir les échelons de la hiérarchie au prix d'investissements de plus en plus en plus coûteux, mais qui leur garantissaient un prestige et des revenus croissants. Un cuisinier pouvait s'employer de janvier à avril en qualité de « potager » – chargé des légumes du « pot » –, puis de juillet à octobre comme « maître-queux » – rôtisseur. S'il était, après son quartier dans la cuisine-bouche du Roi, détaché au service du Dauphin, il vivait donc à la Cour toute l'année. Il en allait de même pour ceux qui servaient à la chambre du Roi et de la Reine, notamment quand fut établie la maison de Marie Leszczynska et que certains fidèles serviteurs de Louis XV y reçurent des charges à titre gracieux, ou à un prix si réduit qu'il transformait l'achat en une excellente affaire. Ces officiers « de carrière » avaient besoin de stabilité, surtout quand ils vivaient avec leur famille, et s'ils ne trouvaient pas à se loger dans l'un des immeubles du roi, la meilleure solution était de posséder une maison en ville.

Le roi octroyait généreusement des terrains, à la seule condition d'y bâtir. Au début, les meilleurs emplacements furent cédés, à la condition que les façades fussent uniformes. Le terrain de l'hôtel du duc de Saint-Simon, 38, avenue de Saint-Cloud, avait été donné au père du mémorialiste en 1685, et le contrat signé l'année suivante. Il s'agissait d'un demi-pavillon avec une porte cochère ouvrant sur une cour intérieure, remises, écuries, bâtiments, jardin et arrière-cour[7]. La plus grande partie du quartier dit du Parc aux Cerfs fut lotie et donnée aux commensaux[8]. Les nouveaux titulaires d'un brevet étaient tenus de payer au roi un modeste cens (taxe immobilière) en sa qualité de seigneur du lieu, puis d'enclore le lot d'un mur ou d'une haie et de paver la lisière sur rue. S'ils ne faisaient pas bâtir, ils pouvaient perdre leur concession au terme d'un délai qui était souvent d'un an. Nombre d'entre eux connaissaient des difficultés, si bien qu'au XVIIIe siècle le quartier était encore peu peuplé. Les plus ambitieux faisaient construire des immeubles dont ils occupaient le rez-de-chaussée en aménageant apartements et chambres aux étages. Il semble que certains édifiaient de véritables immeubles de rapport.

Chambrettes, réduits et galetas

Le Grand Commun abritait la plupart des logements de fonction de la haute domesticité. Outre de vastes appartements privés, il comportait des appartements communautaires où des officiers exerçant la même charge disposaient chacun d'une chambre et se partageaient une antichambre et une salle de séjour, leurs domestiques étant logés à l'entresol. Les meilleurs de ces appartements du Grand Commun portaient les numéros 85 et 86 à l'angle nord-est du deuxième étage, et étaient réservés aux gentilshommes servant le roi. Le corps de 36 officiers, dont 9 servaient chaque quartier, se partageait 10 pièces chauffées par 6 cheminées, avec 10 entresols pour les valets. Les occupants changeant tous les trois mois, un concierge s'occupait de l'appartement et leur louait meubles et linge pendant leur séjour à la Cour[9].

Dans le galetas, ou « brisis », que coiffait le toit à forte pente, les huissiers de la salle du Roi se partageaient un logement bas de plafond. En 1778, ils se plaignirent de son incommodité au directeur général des Bâtiments qui chargea des inspecteurs de lui faire un rapport, où on peut lire : « Les douze huissiers de la salle du Roi servant par quartier ont leur logement au Grand Commun. Dans celui qu'ils occupent, ils n'ont qu'une chambre pour trois officiers. Ils ont présenté des mémoires pour réclamer les logements qui leur appartiennent et leur conviennent, n'étant pas de la décence d'habiter trois personnes dans un même cénacle sans qu'ils n'en eussent des inconvénients et des difficultés, soit à l'égard des différents caractères soit en cas de maladie ou d'incommodité qui peut mettre les autres en souffrance. Le logement qu'ils occupent est incommode. Les planchers menacent ruine. La cheminée n'est tenable, ni au vent ni à la pluie. L'eau tombe dans la chambre à travers des poutres qui traversent cette grande chambre ou pour mieux dire ce vaste galetas, en sorte que les poutres sont menacées de pourriture et d'exposer les suppliants à être un jour écrasés sous les ruines. Dans ces circonstances, ils vous supplient, Monsieur, d'en ordonner la visite et de vouloir bien en faire commander les réparations nécessaires et l'ordre de distribution pour le partage de cette chambre qui peut souffrir quelques améliorations[10]. »

Les inspecteurs suggérèrent un remède : « Ce logement est situé dans les combles sous l'enrayure et n'est composé que d'une seule pièce. [...] MM. les huissiers de la salle du Roi étant trois par chaque quartier à occuper cette même pièce qui est assez grande pour y faire quelques distributions supplient M. le Directeur général de leur accorder trois parties de cloison afin de fermer dans cet emplacement deux chambres et un cabinet où ils peuvent se retirer chacun en particulier. Les deux petites croisées qui éclairent cette grande pièce étant fort petites et ne donnant qu'un jour assez sombre, ils demandent aussi qu'elles soient agrandies. Le changement de la porte d'entrée avec une cheminée, des nouvelles distributions ne peuvent porter aucun préjudice ni à la solidité de l'édifice ni à la décoration excepté seulement la cheminée demandée, attendu qu'il faudrait percer deux planchers et le comble[11]. »

LE LOGEMENT

Le directeur général des Bâtiments donna son accord et la grande pièce commune fut divisée. Les nouvelles chambres n'étaient guère plus grandes qu'un box de dortoir. Un conflit, révélateur des difficultés de la vie commune, opposa le doyen des huissiers, qui à 72 ans pouvait se réclamer de vingt-sept ans de service à la Cour, à l'un de ses jeunes collègues qui prenait plaisir à exaspérer le vieillard en l'épiant furtivement d'une fenêtre du corridor commun. Le doyen ayant obturé la vitre avec du papier, le jeune homme n'hésita pas à la briser. Un tableau ayant remplacé la vitre fut détruit puis un rideau déchiré. Au terme de cette guérilla, le doyen se plaignit d'avoir pris froid dans le courant d'air créé par la brèche[12].

Les changements incessants d'occupants détérioraient les logements, surtout du fait des jeunes militaires qui se souciaient peu d'entretenir leur casernement provisoire. Si les réparations tardaient, les locaux devenaient vite inhabitables. Même les gentilshommes servants connaissaient ces problèmes et, en 1778, leur logement était dans un tel état que seule une moitié des officiers en quartier pouvait y vivre. Ils adressèrent donc un placet au directeur général des bâtiments du Roi : « Les gentilshommes servants du Roi ont l'honneur de représenter à M. le comte d'Angiviller que leur service exige qu'ils soient neuf par quartier et que, de tout temps, le Roi leur a accordé, tant pour eux que pour leurs domestiques, un logement au troisième étage du Grand Commun. La facilité de trouver des logements en ville leur ayant fait négliger pendant longtemps ce dont ils doivent jouir par le droit de leurs charges, la rareté et la chèreté actuelles les leur rend absolument nécessaires. Encore se trouvent-ils réduits à ne pouvoir en occuper que cinq qui sont habitables, mais le déficit peut être rempli par l'entresol qui fut fait par vos ordres il y a deux ans au-dessus de leur salle à manger, ce qui fournirait déjà un logement, et par la réparation de trois logements impraticables à l'entresol, dont l'on tirerait aisément parti à l'instar de ceux des valets de chambre du Roi[13]. » Il fallut six ans pour mener ces réparations urgentes à leur terme !

Les corps d'officiers avaient généralement un chef dit « ordinaire » qui servait toute l'année et jouissait d'un logement à part. Parmi le personnel permanent, on comptait aussi une foule de femmes de chambre servant auprès de la reine, de la Dauphine et des Enfants de France. Que leurs exigences fussent élevées ou modestes, ces dames usaient de leur crédit – et parfois de leurs charmes ! – pour obtenir les meilleurs appartements du Grand Commun et y installer leurs familles. Les officiers de la Cour épousant souvent des filles de collègues, beaucoup de ceux qui, servant par quartier, avaient droit à une indemnité de logement demeuraient dans l'appartement de leur épouse qui servait toute l'année. Cela ne faisait pas l'affaire du gouverneur du château et de la cité, le jeune comte de Noailles, qui entendait ménager les deniers du Domaine, et le fit savoir clairement : « La règle est de ne donner qu'un logement [en argent] quoiqu'on occupe plusieurs places[14]. » Un officier ne pouvait, en effet, percevoir deux indemnités, même si le total lui permettait à peine de louer une maison en ville pour sa famille. Dans le meilleur des cas, un serviteur du roi comme François Charles Cécire, qui détenait deux charges de valet de chambre-barbier, recevait une augmentation, mais son « logement en argent » fut de 400 livres et non de 600 comme il l'avait demandé[15]. Bridés par cette règle du non-cumul, les officiers de la « Petite Cour » ne cessaient d'intriguer pour obtenir un logement plus grand, mieux placé, plus confortable et mieux équipé et, en attendant, multipliaient les demandes de réparations et d'améliorations, tandis que les femmes de chambre se livraient à une série sans fin d'échanges de locaux ou d'annexions.

Une crise du logement de plus en plus grave

Les logements de fonction proprement dits étaient rares et réservés aux titulaires de charges importantes. Les quatre secrétaires d'État disposaient de véritables maisons avec caves et attique dans les deux ailes bordant la grande avant-cour, dite des Ministres. Le garde des Sceaux, quand il résidait à Versailles, habitait un hôtel particulier qu'occupe aujourd'hui le conservatoire de musique, mais certains de ces hauts dignitaires, notamment Pontchartrain, le trouvaient trop éloigné du château.

Au retour de la Cour, en 1722, le roi acheta l'ancien hôtel de Beauvillier à l'angle de l'actuelle rue de l'Indépendance-Américaine et de la rue de l'Orangerie, pour y installer la résidence et les bureaux du contrôleur général des Finances, que son activité amenait à passer beaucoup de temps à Paris. En face, l'hôtel de la Surintendance était réservé au directeur général des bâtiments du Roi. Ces résidences étant des logements officiels, si le ministre était disgracié, son successeur s'y installait. Les autres grands officiers ne jouissaient du logement de fonction de leur charge que lorsqu'ils étaient en quartier ou en année. Le plus important de ces appartements était celui des capitaines des gardes du corps qui accompagnaient le roi en permanence. Pendant leur quartier, ils demeuraient juste au-dessus du cabinet du Conseil et des cabinets intérieurs du Roi. Ils disposaient en outre d'un appartement privé au château.

Au XVIIIe siècle, le comte de Noailles voulut réserver certains appartements aux détenteurs des principales charges de la maison du Roi : « Le comte de Noailles, écrivit-il au souverain, prend la liberté [...] de faire représentation à Votre Majesté qu'il lui paraîtrait convenable que toutes les grandes charges de Votre Majesté gardassent toujours leurs logements et qu'ils les passent aux successeurs sans nul changement. Ce serait une grande diminution d'embarras et de dépense[16]. » Le roi approuva cette suggestion, mais le système ne fut jamais mis en place.

À chaque vacance, plusieurs candidats se mettaient en campagne en usant de toutes leurs armes – faveur royale, liens de famille, réseaux d'amitié, placets et lettres. Quand le vieux maréchal de Biron abandonna son appartement, en 1747, onze courtisans le sollicitèrent auprès du comte de Noailles[17]. Le premier atout était le rang du personnage et sa place ou son office à la Cour, et la priorité était donc accordée aux grands officiers de la Couronne et aux chefs des principaux services des Maisons royale et princières. Le grand aumônier de France, le grand chambellan de la chambre du Roi, le grand maître de la maison du Roi, les capitaines des gardes du corps, le grand maréchal des logis devaient absolument avoir un logement sous le même toit que le roi. C'était à eux que songeait le gouverneur lorsqu'il proposait de créer des appartements de fonction permanents. D'autres courtisans détenant des offices moins prestigieux se voyaient souvent contraints d'accepter des logis dans les étages supérieurs, peu confortables ou mal entretenus.

Le second facteur pris en compte pour l'attribution des locaux était la nature de l'office et son degré de proximité auprès du souverain. Ainsi les chefs du service de la Grande et de la Petite Écurie firent-ils valoir le prestige de leur fonction et leur présence continuelle auprès du roi pour obtenir un logement au château, en addition de leurs appartements aux écuries. De même, les dames d'honneur et les dames d'atours des chambres de la Reine, de la Dauphine et de Mesdames de France devaient être logées près de leurs maîtresses. On leur accorda donc des appartements dans l'aile des Princes, de plain-pied avec celui de la reine. Les dames du palais ou dames de compagnie étaient installées dans les logements de l'attique couronnant l'édifice. L'obligation d'être sans cesse proche du monarque donnait droit au premier médecin et au premier chirurgien à un appartement près du corps central du château, tandis que l'apothicaire était logé plus loin, dans une aile. D'autres officiers, comme le secrétaire du Roi ayant la plume, ne pouvaient prétendre qu'à un logement dans le pavillon de l'aile des Ministres, le roi n'ayant pas constamment recours à leurs services.

Les besoins personnels du courtisan n'étaient pris en considération qu'en tout dernier lieu. Marié et vivant avec son épouse, il lui fallait un plus grand appartement, surtout si tous deux avaient des postes à la Cour. Les célibataires, les hommes jeunes et les veuves avaient moins de chances d'obtenir un bon logement, car ils n'étaient pas censés tenir une table ni recevoir, en dehors des intimes.

Hormis les Enfants de France et les jeunes princes du sang, les bébés, enfants et adolescents n'avaient pas leur place à Versailles et ils n'y paraissaient qu'en visite ou quand ils atteignaient l'âge de faire leur cour ou de rechercher un mariage ou un office.

Tels étaient les usages – mais on y dérogeait souvent, car, en dépit de ce que l'un de ses subordonnés dépeignait comme son « flegme glacial », le comte de Noailles n'était pas sans cœur. En 1761, le prince de Tingry fut délogé de son appartement dans l'aile des Ministres quand le duc de Praslin, nouveau secrétaire d'État aux Affaires étrangères, demanda ce logement comme annexe de son appartement officiel. Noailles, qui n'aimait guère le nouveau ministre, suggéra un logis temporaire au-dessus de l'appartement de la Reine : « M. le comte de Noailles propose à Votre Majesté de l'accorder au prince de Tingry, qui n'a point de charge mais qui paraît mériter cette distinction par son assiduité à faire sa cour à Votre Majesté. Sa santé qui n'est pas très bonne et sa première jeunesse qui commence à passer, le mettent dans le cas de désirer cette grâce. Il en rendra un de mari et femme dans l'avant-Cour qu'il sera bon de donner à deux personnes s'il est possible[18]. » Lorsque, quelques années plus tard, Tingry fut nommé capitaine des gardes du corps, il reçut à ce titre un appartement grand et commode.

Des « cascades » de déménagements

Une nouvelle attribution pouvait entraîner des déménagements « en cascade ». Ainsi, en 1748, Mme de Pompadour, au comble de la faveur de son royal amant, avait été établie dans un grand appartement double au-dessus du salon de Mercure et du salon d'Apollon. C'était auparavant l'appartement de la duchesse de Châteauroux, qui avait installé sa sœur et confidente, la duchesse de Lauraguais, dans un appartement voisin. Cette dernière avait su profiter de sa faveur en se faisant nommer dame d'atours de la Dauphine, fonction permanente qui lui permit de conserver son appartement plusieurs années après l'avènement de Mme de Pompadour. Les deux logements partageaient escalier et corridor, et quoique Mme de Lauraguais fût bonne courtisane, sa présence équivalait, pour la nouvelle favorite, à un déplaisant rappel du passé. Au demeurant, Mme de Pompadour souhaitait installer dans l'appartement sa confidente, Mme d'Estrades, en attendant d'obtenir un appartement plus prestigieux au rez-de-chaussée.

On suggéra à Mme de Lauraguais de déménager pour s'installer auprès de la Dauphine dans l'aile des Princes. Or le comte et la comtesse de Rubempré-Mailly occupaient l'appartement visé. Pour régler le problème, le comte de Noailles proposa, en mars 1748, la « cascade » que voici :

« Le logement de Mme la duchesse de Lauraguais à Mme la comtesse d'Estrades ;
« Le logement de M. le duc de Lauraguais à M. le bailli de Froulay (*commandant de l'ordre de Malte et donc souvent absent*) ;
« Le logement de M. le comte et Mme de Rubempré à Mme la duchesse de Lauraguais ;

« Le premier logement vacant à M. le duc de Lauraguais[19]. »

Le roi approuva la proposition, mais elle n'avait pas entièrement résolu le problème posé. Le duc de Lauraguais, si peu considérable fût-il, ne pouvait être traité aussi cavalièrement, et les Rubempré-Mailly n'étaient pas gens à se laisser faire. Le comte étant premier écuyer de la Dauphine et la comtesse l'une de ses dames de compagnie, le couple répondait aux critères requis pour un bon appartement, si bien que le duc de Luynes put écrire : « M. de Rubempré étant fort attaché à son logement, tant parce qu'il l'a fait accommoder que par la commodité de sa position, pour son service, a demandé et obtenu de le conserver[20]. »

En avril, le marquis des Marets, grand fauconnier, étant mort, le roi ordonna que son appartement allât « au successeur s'il n'a point de logement et, s'il en a un, à Mme de La Rivière, dame de Mesdames[21] ». Toutefois, Mme de Pompadour eut vite fait de convaincre son amant d'octroyer la charge du défunt à son favori, le duc de La Vallière, qui, à l'époque, demeurait dans l'attique de l'ancien hôtel de la Surintendance, annexe au sud de l'aile des Princes. L'appartement de feu Marets – cinq pièces et deux entresols dans les mansardes de l'aile du Nord et trois petites pièces au-dessus – étant ainsi libéré, le gouverneur revit sa copie et prépara un état qui tenait compte d'une seconde vacance due à la mort soudaine de M. de Champagne à la mi-juin. Le 27, il reçut l'accord royal pour une nouvelle cascade :

« Le logement de Mme la duchesse de Lauraguais à Mme la comtesse d'Estrades ;

« Celui de Mme la comtesse d'Estrades à M. et Mme de Coigny ;

« Celui de M. et Mme de Coigny à la duchesse de Lauraguais ;

« Celui de M. le duc de Lauraguais à Mme la comtesse d'Egmont ;

« Celui de Mme la comtesse d'Egmont à M. le duc de Lauraguais ;

« Celui de M. des Marets à Mme la marquise de La Rivière ;

« Celui de Mme de Champagne à Mme la marquise de Civrac ;

« Celui de Mme la marquise de Civrac à M. le Prince Constantine ;

« Celui du M. le Grand Prieur à M. le chevalier de Montaigu (Monsieur le Dauphin désire ce changement) ;

« Celui de M. de Bissy, dans l'avant-cour, à M. de Crémille, pour être à portée de son travail[22]. »

Que dix logements changent ainsi d'occupants n'était pas rare. Dans ce cas précis, l'ébranlement originel était le désir de Mme de Pompadour d'avoir son amie pour voisine et de disposer de tous les logements de l'attique au-dessus des grands appartements, y compris les couloirs par lesquels le roi passait pour venir chez elle et qui étaient plus ou moins fermés au public. Outre son désir de satisfaire sa maîtresse, il voulait trouver un appartement pour la marquise de La Rivière, l'une des premières à accepter le poste de dame de compagnie de Mesdames

Henriette et Adélaïde. Onze autres dames nobles furent nommées à ce nouveau service la même année, et le comte de Noailles dut donc trouver dix logements de plus. La situation se compliqua encore lorsque les filles cadettes du monarque, Mesdames Victoire, Sophie et Louise, revinrent de leur couvent, et qu'on établit pour les servir une série d'offices : une dame d'honneur, une dame d'atours et neuf dames de compagnie. Noailles dut fournir onze logements à cette Maison semi-officielle. La même époque vit l'entrée en scène d'une nouvelle génération, celle des enfants du Dauphin. En 1759, Noailles écrivit au roi : « Votre Majesté paye sur son Domaine pour plus de 80 000 francs de logement, et à la naissance de chaque Enfant de France, cette dépense augmente de 8 à 10 000 livres[23]. »

Quand les fils du Dauphin Louis atteignaient leurs sept ans, ils passaient, selon l'usage des mains de leurs gouvernantes, sous-gouvernantes et femmes de chambre à celles d'un gouverneur assisté d'une équipe de lecteurs et maîtres de diverses disciplines. Le rite de passage, particulièrement éprouvant, consistait en l'examen public de l'enfant, entièrement nu, par les médecins avant que les femmes le remettent aux hommes chargés d'assurer son éducation. Les gentilshommes de la manche et les menins – nobles compagnons et mentors de l'enfant – le surveillaient et l'accompagnaient constamment pour lui enseigner les bonnes manières et l'usage du monde. Tout ce personnel devait être logé : la situation devint d'autant plus difficile que le Dauphin eut quatre fils entre 1751 et 1757. Ainsi, quand l'aîné, le duc de Bourgogne, passa aux mains des hommes, le comte de Noailles, ne sachant à quel saint se vouer, écrivit au roi :

« Il paraît absolument nécessaire, pour parvenir à faire un arrangement solide et n'être pas dans le plus grand embarras pour l'augmentation indispensable quand M. le duc de Berry [futur Louis XVI], Monseigneur le comte de Provence [futur Louis XVIII] et Monseigneur le comte d'Artois [futur Charles X] passeront aux hommes, que Votre Majesté ait la bonté de défendre au comte de Noailles de lui proposer de donner aucun logement, de tel espace qu'il puisse être […] et de garder en réserve tout ce qui viendra à vaquer jusqu'au mariage de M. le duc de Bourgogne[24]. »

Louis XV, effaré par la liste jointe des 23 membres des maisons honorifiques qui avaient droit au logement, ratifia la suggestion, mais rien ne changea pour autant et, dès 1761, Noailles se plaignait de voir « le nombre des logements diminuant et le besoin augmentant tous les jours[25] ». Il n'était pas au bout de ses peines, car cette même année vit la mort du duc de Bourgogne, qui était de tempérament maladif. Devenu dauphin en 1765, le duc de Berry fut servi, selon l'usage, par les officiers de la maison du Roi, ce qui apporta un léger répit au gouverneur. En 1767, la dauphine de Saxe mourut, puis, l'année suivante, la reine. Les officiers de sa Maison conservèrent postes et logements afin de pouvoir servir, le jour venu, la future dauphine Marie-Antoinette[26]. Puis Louis XV établit de nouvelles Maisons pour le comte de Provence et le comte d'Artois quand ils se marièrent, l'un en 1771 et l'autre 1773, sans licencier pour autant les officiers des anciennes. La maison de la Dauphine passa à la comtesse de Provence, mais celles des deux frères étaient des créations nouvelles.

La crise du logement à la Cour fut encore aggravée par la démolition de l'aile du Gouvernement et la construction de l'opéra au bout de l'aile du Nord. Du coup, Noailles ne fut plus en mesure de loger les officiers de Mesdames, filles du roi. Or celles-ci refusaient de tenir compte de la pénurie. En 1770, le gouverneur adressa une suggestion au roi : « Le comte de Noailles respecte infiniment les volontés de Mesdames, mais il ne peut s'empêcher de représenter que, dans la disette extrême des logements, il y aura impossibilité totale de loger le service de Monseigneur le comte de Provence et Madame la comtesse de Provence, et c'est pour cette raison que le comte de Noailles demande de ce moment de ne plus donner aucun logement qu'au service de Votre Majesté jusqu'au mariage de Monseigneur le comte de Provence et de mettre à part tout ce qui pourra venir à vaquer[27]. »

Cette stratégie, déjà proposée sans succès, échoua de nouveau faute de critères précis et immuables d'attribution des logements, fondés sur l'ordre hiérarchique. Le roi approuva que le premier gentilhomme de la Chambre du comte de Provence et le chevalier d'honneur et la dame d'atours de la comtesse fussent logés au château[28] et Noailles dut se préparer une fois encore à subir les assauts de ceux qui multipliaient les requêtes courtoises et les appels à son amitié. Il lui fallait tout son célèbre flegme pour résister à certains arguments. « Mme la marquise de Nesle, rapporta-t-il au roi, a employé tous ses charmes auprès du comte de Noailles pour que son époux, premier écuyer de Mme la comtesse de Provence, ait la préférence pour un logement au château[29]. »

L'« état affreux » du Grand Commun

Restait une solution, et une seule : recourir au Grand Commun. Toutefois, au début des années 1770, l'énorme édifice avait grand besoin d'être rénové. En 1772, le contrôleur des bâtiments du Roi chargé du département des Dehors de Versailles, rappela son délabrement quand on proposa de loger au Grand Commun plusieurs membres des maisons honorifiques : « Les appartements [...] étant dans le plus grand délabrement, n'ayant pour la plupart pas été occupés depuis la création du Grand Commun, il est nécessaire d'y faire des grosses réparations et changements pour les rendre habitables. » Les logements étaient, en effet, « dans un état affreux, sans portes, ni croisées ». Pour six d'entre eux, il demanda d'inscrire 6 000 livres au prochain budget, ajoutant : « Il est absolument nécessaire de faire un fonds pour refaire tous les corridors du Grand Commun qui sont dans le plus mauvais état par la quantité de bois qui se décharge dans ce lieu. Je pense qu'il faudrait les refaire en bonnes dalles de pierre dure[30]. »

Les dames préféraient le Grand Commun à un logement en ville qui leur eût imposé de payer chaque jour des porteurs de chaises pour gagner le château. Néanmoins, le mot « commun » les indisposait d'autant plus que, traditionnellement, l'immeuble était affecté à des subalternes, sous-gouvernantes, femmes de chambre, valets ou huissiers. En revanche, le dernier des trous à rats du château vous faisait voisiner avec ceux qui, s'ils n'étaient vos égaux, étaient du moins vos pairs : le roi, sa famille et la noblesse.

Dans les années 1770, il fallut pourtant se résigner au Grand Commun quand Louis XVI eut pourvu de Maisons, outre ses frères et leurs épouses, Mesdames Adélaïde, Victoire et Sophie, ses tantes, et eut doté ces vieilles filles des écuyers, chevaliers d'honneur et officiers ecclésiastiques naguère réservés aux seules sœurs du souverain. Pour dorer cette amère pilule, les dames de la Cour auraient au Grand Commun des logements bien plus spacieux que ceux qu'elles pourraient espérer au château.

Lorsque l'abbé Terray fut nommé, en 1774, directeur général des bâtiments du Roi, il demanda des informations sur les sous-locations abusives de leurs appartements par certains officiers. Noailles saisit l'occasion pour rédiger un rapport sur l'ensemble des problèmes qu'il rencontrait : « Il peut y avoir certainement plus d'abus dans les logements du Grand Commun que dans ceux du Château parce qu'ils sont regardés de moins près et occupés par des personnes moins considérables, mais depuis la soustraction des logements que M. Gabriel nous a faite par la bâtisse de l'opéra et l'escalier[31], les 78 personnes à charge qui ont droit de logement ont demandé à être au Grand Commun faute du Château. N'étant pas assez bien, Mesdames ont fait même souvent à leurs dépens pour leurs dames un seul logement de trois. Le Roi y a consenti : il ne m'aurait pas convenu de m'y opposer. Les domestiques de Sa Majesté qui sont dans le Grand Commun ne pouvant presque obtenir la moindre réparation ni le plus simple entretien des bâtiments du Roi, l'ont fait à leurs dépens[32]. »

Tel fut le triste cas de Marie Louise Bidé, marquise de Bonac. Elle occupait la modeste fonction de dame de compagnie de Mesdames Clotilde et Élisabeth, sœurs cadettes de Louis XVI, et avait reçu un logement au second étage du Grand Commun l'année précédente. Au terme de plusieurs échanges, elle avait réussi à obtenir, au premier étage, dit étage noble, un nouvel appartement de trois pièces, dont deux avec cheminées, et trois entresols, également à deux cheminées[33]. Ce logement étant en très mauvais état, elle demanda au directeur général des Bâtiments qu'il fût rénové : « Dans votre absence, Monsieur, j'avais demandé à M. Trouard les réparations nécessaires à l'appartement que le Roi m'a donné au Grand Commun, étant si urgentes, [et] peu considérables que je croyais qu'il ne lui serait point nécessaire d'en avoir des ordres particuliers de vous, Monsieur, et je les avais regardées comme d'un trop petit objet pour avoir l'honneur de vous les demander à vous-même et d'en appeler à votre justice pour ce logement habité successivement par MM. de la Chambre aux derniers depuis 80 ans sans qu'il y ait été fait aucunes réparations. La dégradation en est effroyable. Vous jugerez, Monsieur, par l'état ci-joint, fait par un inspecteur des Bâtiments, que je ne demande que le très nécessaire qui n'est qu'une bagatelle du dépens au Roi et une justice en ce qu'ayant accepté un logement au Grand Commun ; si j'en eusse attendu un au Château, il aurait été arrangé et approprié pour ceux qui l'auraient habité avant moi, de façon que j'aurais pu m'y loger. Je n'en y rien demandé. Il en est peut-être de même de ceux du Grand Commun qui il y a deux mois ont été accommodés pour des dames de Mesdames [et] sont encore dans l'état du temps du bâtiment et seront appropriemment convenables. Je me borne à demander l'indispensable. »

Ne recevant pas de réponse, Mme de Bonac revint à la charge : « Étant obligée d'habiter mon logement au retour de la Cour, j'ai été obligée avant votre réponse de faire travailler les peintres, menuisiers et maçons qui exigent, faute de vos ordres, que je les paye à la fin de leurs ouvrages. J'espère que vous voudrez bien vous porter à la justice de mes demandes et l'impossibilité où je suis de faire des avances au moins avec la plus grande peine [qu'ils] n'aient payé ni mes appointements ni des pensions de M. de Bonac[34]. »

Commencer les travaux sans l'aval du directeur des Bâtiments était une grave erreur et un insupportable défi à son autorité. Il ne manqua pas de contester les « ajustements » et refusa de régler la note. Mme de Bonac dut attendre trois ans un remboursement partiel. Du moins avait-elle pu installer sa famille dans l'appartement qu'elle transmit à sa belle-fille quand elle se défit de sa charge en sa faveur. Reste que les Bâtiments faisaient montre d'une certaine hypocrisie, car lorsqu'on avait commencé à loger les dames de la Cour au Grand Commun, le contrôleur avait noté, en proposant les travaux : « Une part de ces réparations sont faites, l'argent ayant été avancé par les locateurs avec promesse pour la plupart du consentement de M. le Directeur général d'être remboursé[35]. » Il est vrai que depuis lors, les responsables avaient changé.

Tandis que Mme de Bonac s'installait dans son nouveau logis, la marquise de Flamarens fut nommée dame de compagnie de Madame Adélaïde. En 1776, après une attente de quatre ans, elle accepta un appartement au Grand Commun. Elle eut de la chance, car il se trouvait à l'étage noble et possédait 11 pièces, dont il est vrai plusieurs petites garde-robes ou bas entresols, et avait été rénové de fond en comble[36]. Elle rejoignit au Grand Commun Mme de Bonac, et une autre dame de compagnie de Mesdames Clotilde et Élisabeth, la marquise de Sorans. Cette dernière se vit attribuer l'appartement de la famille Vassan dans laquelle l'office de capitaine des levrettes de la chambre du Roi se transmettait de père en fils depuis près d'un siècle. Noailles salua l'attitude du jeune Vassan : « Enfin j'ai trouvé un homme honnête et qui entend raison, Monsieur, sur l'article des logements[37]. » L'appartement en cause était « très bien arrangé » et les inspecteurs le décrivirent comme ayant « trois croisées dans l'angle du côté de la chapelle [...], deux grandes pièces à cheminée et deux autres petites et à l'entresol trois pièces et deux garde-robes... Il est au premier sur le balcon ». Les Bâtiments n'eurent qu'à y installer les glaces. Au bout de sept ans, la comtesse exigea plus de luxe, une alcôve en place d'une ancienne cheminée, de « grands carrés de verre et des doubles châssis[38] ».

Au fil des ans, plusieurs autres dames de compagnie daignèrent accepter des appartements au second étage du Grand Commun et même dans l'attique, où la marquise d'Esterno, dame de la comtesse d'Artois, dut se satisfaire de deux réduits précédemment occupés par des cuisiniers. Après rénovation, l'endroit devint convenable, et il passa à la vicomtesse de Damas quand elle lui succéda.

Les courtisans ne cessaient jamais de rêver d'un logement au château. M. d'Avaray et son épouse, officiers des maisons des Princes, parvinrent à y obtenir un petit appartement dans le galetas du pavillon de la Surintendance, mais ce fut seulement parce que leur logement du

Grand Commun était assez grand pour être divisé, une moitié allant à la marquise de Ganges et l'autre à la marquise de Montmorint de Saint-Hérem, toutes deux attachées au service de Madame Sophie.

Sous Louis XVI, le manque de logements eut des conséquences importantes sur la vie de cour. Les grands seigneurs ne consentirent plus à demeurer à Versailles en dehors de leur temps de service, et ils habitèrent Paris deux semaines sur trois. D'ailleurs, le roi ne souhaitait pas la présence permanente que Louis XIV avait exigée. Marie-Antoinette, entourée d'un petit cercle d'élues de cœur, les préférait aux dames de la noblesse que leur naissance appelait à servir dans sa Maison. Les filles de Louis XV, « Mesdames les Tantes », vieillissaient, et leur neveu leur avait fait don de la maison de campagne de Mme de Pompadour à Bellevue, où elles demeuraient pendant la belle saison avec des compagnes aussi ennuyeuses qu'elles. Madame Élisabeth était restée à Versailles, entourée de dames trop pauvres pour vivre ailleurs. La Cour ne s'amusait guère et Mme de Chastenay notait : « La Cour était si peu de mode qu'il est arrivé à Maman de se trouver, les Princesses comprises, elle douzième aux bals de la Reine[39]. » Rang surprenant, en effet, étant donné la modestie des ses origines.

Le règne avait commencé sous de brillants auspices, mais la Cour avait peu à peu perdu son charme et la vie parisienne avait plus d'attrait pour la noblesse. L'étiquette rigide, les batailles de préséances et un état d'esprit désuet décevaient les mondains et la nouvelle génération. Le comte de Ségur, écrivant après la Révolution, a souligné le contraste entre le milieu intellectuel de la capitale et le climat régnant à Versailles : « Jamais il n'y eut à la Cour plus de magnificence, de vanité et moins de pouvoir. On frondait les puissances de Versailles et on faisait sa cour à celles de l'*Encyclopédie*[40]. » Mme de Genlis, écrivant elle aussi longtemps après la chute de la monarchie, se souvenait : « Il était de bon air de braver en tout la Cour et de se moquer d'elle. On n'allait faire sa cour à Versailles qu'en se plaignant et se gémissant ; on répétait que rien n'était ennuyeux comme Versailles et la Cour et tout ce que la Cour approuvait était désapprouvé par le public[41]. » Dans ces conditions, pourquoi diable vivre dans un petit logement – souvent, comme on l'a dit, en mauvais état et inconfortable ?

Pour remédier à cette situation, plusieurs plans de rénovation du château furent élaborés, mais les architectes se souciaient avant tout des grandes salles de réception et des appartements royaux. En 1784, Louis XVI acheta 6 millions de livres le château du duc d'Orléans à Saint-Cloud pour Marie-Antoinette, et le château et le parc de Rambouillet pour lui-même la même année au prix vertigineux de 16 millions. Il entendait les utiliser comme résidences temporaires pendant la rénovation de Versailles. Il ne fit qu'aggraver la crise financière et s'exposer aux accusations de dilapidation.

Les réformes des années 1780 – celle de la Maison-Bouche et commune, puis des Écuries, enfin des officiers de la chambre du Roi et de la chambre de la Reine – limitèrent les abus, mais leurs réductions de personnel et de dépenses n'avaient d'effet que progressif et le public ne les appréciait guère. Alors que la monarchie perdait son éclat à l'approche de la crise de 1787-1788, la restauration du prestige de la cage dorée où elle s'était enfermée relevait de l'illusion.

La « Bouche à la Cour »

« Tables d'honneur » et « tables secondaires »

Les personnes de qualité ne pouvant, pas plus que les simples mortels, réussir l'exploit de vivre sans manger, la plupart des courtisans s'interrogeaient constammment sur l'endroit où trouver table ouverte. La vie à la Cour supposait, en effet, une constante quête d'invitations inévitablement liées au rang et à la position hiérarchique. L'invitant conférait une grâce, fût-elle mineure, et, en l'acceptant, l'invité pouvait contracter une obligation et courir le risque d'être traité avec une offensante condescendance ou assis à une place inférieure à celle qu'il pensait lui être due.

Si tous les courtisans étaient les hôtes du roi, ses officiers étaient ses « commensaux » – compagnons de table, selon l'étymologie latine du terme. Entre autres droits et prérogatives, les officiers domestiques du roi et ceux des autres maisons étaient censés être nourris par leur maître.

La « Bouche à la Cour » prenait diverses formes. Les officiers de rang élevé recevaient une généreuse allocation, la livrée leur permettant de tenir table ouverte pour leurs visiteurs, amis et subalternes. Deux des officiers de la Couronne, le grand chambellan et le grand maître de la maison du Roi, tenaient des « tables d'honneur », avec maîtres d'hôtel, sommeliers, huissiers et garçons, lorsque le roi résidait à Versailles. La plus prestigieuse avait été celle du grand maître de la maison du Roi, avant qu'au XVIIIe siècle le capitaine des gardes du Roi lui succédât dans son devoir d'hospitalité. Vingt-deux places étaient inscrites au budget pour le dîner servi au début de l'après-midi et le souper du soir. Dix-sept d'entre elles étaient réservées aux officiers du Roi et les cinq autres offertes aux visiteurs distingués – parfois des princes du sang se trouvant à la Cour sans leur suite habituelle. En 1718, un service en argent fut commandé pour 24 convives. Il comportait une pièce d'orfèvrerie servant d'écrin aux couverts que l'on disposait à la place d'honneur pour y figurer la symbolique présence du roi. L'usage fut maintenu jusqu'en 1780, mais perdit en prestige tandis que le nombre des convives atteignait presque 40, la plupart d'entre eux étant des courtisans qui avaient suivi le roi à la chasse.

La seconde table d'honneur était celle du grand chambellan, qui disposait pour la tenir d'un personnel permanent. Son budget prévoyait 12 convives deux fois par jour, mais les chiffres pouvaient varier. Elle accueillait les « personnes de qualité qui se trouvent auprès du Roi[1] ». Nul officier royal n'y avait de place assignée, mais le premier gentilhomme en année dînait à cette table quand il le souhaitait. Tous les autres devaient être invités, notamment le mardi, jour où les ambassadeurs étrangers paraissaient à la Cour.

Dans les années 1740, le grand chambellan renonça à présider la table en échange d'une somme substantielle compensant le bénéfice qu'il faisait précédemment sur son budget. Après lui, le marquis de Livry, premier maître d'hôtel du roi, transporta la table d'honneur dans son appartement, élargit le nombre des convives et introduisit l'habitude de jouer gros jeu après le souper. À sa mort, les officiers de la Prévôté dénombrèrent « cinq tables de bois de noyer sur leur pied couvert de drap vert[2] » dans la salle de compagnie. L'office de premier maître d'hôtel passa au jeune héritier d'un financier à qui ses extravagances valurent d'être interdit et enfermé par sa famille. La table fut temporairement suspendue et ne fut reprise qu'en 1769, sur une échelle bien plus modeste, revenant ainsi à sa vocation originelle : offrir l'hospitalité officielle aux visiteurs distingués.

Une cuisine disposant d'un personnel particulier, le Petit Commun, préparait les repas des deux tables d'honneur. Bien que nous ne disposions pas des menus, nous savons que les six plats qu'ils comportaient brillaient par l'abondance et la variété et visaient à satisfaire aussi bien les yeux que l'estomac. Le service était très différent de celui de nos repas officiels. Ainsi, les attentions discrètes des domestiques servant les convives tour à tour ne remontent qu'au milieu du XIXe siècle, où elles caractérisèrent le « service à la russe ». Le service à la française, pratiqué par les élites européennes au XVIIIe siècle, était ostentatoire[3]. Les mets principaux, exposés simultanément sur la table, formaient des motifs décoratifs et symétriques. Les « potages » – souvent des viandes en sauce – étaient alignés au centre, flanqués des entrées et cernés par les hors-d'œuvre. On servait quatre différents potages – deux « consistants », par exemple chapon et perdrix – et deux « petits » – par exemple des pigeons – ainsi que quatre entrées petites et grandes, qui pouvaient inclure jambon, saucisses et pâtés, souvent accompagnés d'une sauce. Après le bénédicité dit par un aumônier, les convives se servaient eux-mêmes lorsqu'ils n'étaient pas assistés de leur domestique personnel, qui, debout derrière eux, avait pour principale mission de leur verser à boire.

Le service à la française exigeait que, le premier plat enlevé, le second fût présenté sur-le-champ, la table n'étant jamais complètement desservie. Aux potages succédait le plat principal dit « rôti », viande, volaille ou poisson cuits à la broche et accompagnés le plus souvent de légumes. Les tables d'honneur offraient cinq rôtis à celle du grand chambellan et six à celle du grand maître de la maison du Roi. Après le plat principal, deux sortes d'entremets : ris de veau, hachis de viande à la gelée, pâtés, œufs sous toutes les formes, asperges ou champignons. Puis venaient les salades et deux plats de fruits cuits en confiture, secs ou de saison. Enfin paraissaient les « compotes » : tartes, gâteaux et toutes sortes de biscuits. Ces desserts figuraient au budget comme « assiettes du four ».

Il va sans dire qu'une extrême magnificence régnait à la table du roi quand il dînait en public – dans le langage de la Cour, « au grand couvert » : huit potages, dix entrées, quatre rôtis, huit entremets, deux salades, quatre fruits et six compotes. Louis XIV, gros mangeur, dînait régulièrement en public. Louis XV, plus frugal, ne le faisait que lorsque le protocole l'exigeait et préférait prendre ses repas avec la reine dans les premières années de son règne, puis, en privé, dans les Petits Appartements.

Louis XVI suivit cet exemple, mais ce bon père de famille aimait dîner avec Marie-Antoinette, ses frères et ses belles-sœurs. Le grand couvert devint une cérémonie relativement peu courue, et la première antichambre de l'appartement du Roi, où l'on établissait sa table, prit l'aspect décrit, en juillet 1771, par le marquis de Marigny dans une lettre à l'abbé Terray : « Dans un état si peu décent par la noirceur et la malpropreté des boiseries et du plafond qu'il n'est pas possible de se dispenser de la rétablir. J'en ai fait faire en conséquence le devis par M. Gabriel, qui porte la dépense de ce rétablissement à environ 9 000 livres, en supposant toutefois que lorsque les menuiseries seront démontées et les vieux plâtres enlevés, il ne se trouvera rien de vicié dans les murs et dans les charpentes[4]. »

Si négligé que fût devenu le grand couvert, la cuisine du Roi et les offices du Gobelet-Pain et du Gobelet-Vin demeurèrent en place avec leur important personnel jusqu'à la réforme de 1780. La prodigalité de la table royale n'était pas seulement destinée à faire grande impression ; elle servait aussi à nourrir de ses reliefs, de degré en degré, les officiers puis le personnel subalterne.

Les plats qui n'avaient pas été entamés – la « desserte » – étaient distribués aux neuf gentilshommes servants du roi, lesquels servaient par quartier, ainsi qu'à cinq autres officiers. Deux « serdeaux » – terme dérivé de « serveur d'eau » – étaient chargés de les transporter de la salle où le roi avait pris son repas à la salle à manger des gentilshommes servants, au rez-de-chaussée du Grand Commun. Ce vaste hall, dit le « Serdeau », était situé au coin de la rue de la Surintendance. Chacun des gentilshommes servants avait le droit de convier l'un de ses valets privés, de sorte que les plats préparés pour la table du roi nourrissaient successivement deux autres tables. Toutefois, la profusion était telle que ces officiers de bouche pouvaient encore revendre d'abondants restes à de petits boutiquiers : les marchands de serdeau. Ces derniers avaient obtenu la permission de construire des échoppes de bois ou de plâtre coiffées d'ardoises contre les murs du Grand Commun, la rampe conduisant au château, l'aile gauche des Ministres et la rue voisine de la Chancellerie. La moitié supérieure de la cloison donnant sur la rue était souvent munie de gonds permettant de transformer le rabattant en étal. Citadins, soldats et domestiques pouvaient ainsi emporter l'ultime reliquat de la table du roi au terme d'une longue cascade. Celui-ci était, cuisiné, arrangé, maquillé (c'est l'origine de l'arlequinade, par exemple) et toujours saucé pour masquer les corruptions naissantes.

Les officiers de rang inférieur servant le roi dans son appartement, sa garde-robe ou la chapelle royale disposaient de 5 tables secondaires dans trois salles du rez-de-chaussée du Grand Commun ; le long de la partie de la rue de la Chancellerie, anciennement rue de la Poste (actuelle rue Pierre-de-Nolhac). Une « cuisine-commun », située entre la cour du Grand Commun et la rue des Récollets, préparait les repas dans un vaste hall surnommé l'« enfer » à cause de la chaleur des cheminées et des rôtissoires. La seconde table du grand maître de la maison du Roi offrait 22 places à des officiers, militaires et civils. Lorsque ces convives avaient dîné, un second service était présidé par l'un des maîtres d'hôtel du roi. Grâce à ces deux services, le roi était assuré d'avoir toujours sous la main tous les officiers dont il pouvait avoir besoin : ainsi deux des quatre huissiers de la chambre du Roi dînaient au premier service et les deux autres au second.

Les deux tables offraient les six plats habituels, mais il va sans dire que qualité et présentation des mets et des vins étaient moins raffinées qu'à la table du roi ou aux tables d'honneur. Les restes nourrissaient 44 officiers du Grand Commun attachés aux services de la Panneterie, de l'Échansonnerie, de la Fruiterie et de la Fourrière, servis chacun en son office, et leurs restes allant à leurs 38 assistants. La seconde table du chef de la Maison royale et la table du maître d'hôtel nourrissaient au total 126 personnes.

Deux autres tables secondaires étaient dressées au Grand Commun. Celle des valets de chambre accueillait les serviteurs personnels du roi au nombre de 22 et parfois 26 ; la table des aumôniers servait les 10 ecclésiastiques de la chapelle et de la maison du Roi ainsi qu'un maréchal des logis. Chacune était dotée d'un maître d'hôtel commissionné et de plusieurs domestiques nourris des restes. Au total, plus de 225 personnes étaient nourries par trois cuisines. Ce chiffre incluait la plupart des officiers secondaires de la chambre du Roi, garde-robe, chapelle et Maison-Bouche, ainsi que divers officiers des gardes militaires. Le Dauphin avait un établissement analogue dont les membres, tous commissionnés, étaient assistés par le service du roi. La maison de la Reine, celles de la Dauphine et des Enfants royaux étaient calquées sur ce modèle : cuisine pour la table du maître ou de la maîtresse, cuisine-commun pour les officiers, enfin tables secondaires. Les officiers ayant acheté leurs charges en étaient donc propriétaires. Ils constituaient une énorme bureaucratie culinaire, le service du roi comptant 430 offices vénaux et celui de la reine 213.

Quand la banqueroute menaça, il fallut réduire cette armée dispendieuse et non exempte de corruption. Le service du roi fut réformé en 1780 et celui de la reine en 1787, Marie-Antoinette ayant longtemps résisté. La plupart des postes furent alors supprimés avec promesse de remboursement, et l'on ne conserva que le minimum de cuisiniers et d'officiers. Leurs charges n'étaient plus vénales et, pour réduire dépenses et tentations, ils ne pouvaient plus pratiquer la revente de comestibles comme dans l'ancien système.

De l'hôtel de luxe à la table d'hôte

Aux nombreux commensaux n'ayant pas de place assignée à l'une des tables, le roi assurait une allocation en argent dite « nourritures ». Certains recevaient du pourvoyeur royal une ration déterminée de viande, de poisson, de beurre ou d'huile, de pain et de vin. En principe, ces fournitures étaient destinées aux officiers qui, tel l'arquebusier, exerçaient des fonctions ne leur permettant pas de prendre place à l'une des tables secondaires. Toutefois, beaucoup d'officiers qui avaient de grandes familles établies de façon permanente à Versailles cherchaient à obtenir cette dotation en nature, souvent assez importante pour nourrir une maisonnée. Lorsque la Maison-Bouche et le Commun furent réformés et les tables secondaires abolies, la plupart des officiers reçurent 5 livres par jour au lieu des 1 à 3 livres qui leur étaient allouées jusque-là et l'augmentation fut jugée généreuse.

Les établissements hôteliers de Versailles, grands ou petits, possédaient une table d'hôte. La civilité n'y régnait pas toujours, si l'on en croit Sébastien Mercier dans son *Tableau de Paris* : « Armés de mâchoires infatigables, les habitués dévorent au premier signal. Leur langue épaisse et inhabile à articuler sait en revanche faire descendre dans leurs estomacs les plus gros et les meilleurs morceaux. Ces athlètes [...] dégarnissaient la table des plats[5]. » On pouvait toutefois se faire servir à part, dans une chambre ou dans un cabinet particulier, et Casanova rapporte d'innombrables exemples de ces repas, plus agréables, certes, pour le client de passage mais trop coûteux pour la plupart des officiers recevant une allocation quotidienne et, en toute hypothèse, inaccessibles à une femme seule. Cette interdiction ne s'appliqua toutefois pas au chevalier d'Éon, qui, dans ses féminins atours, descendit à l'hôtel de Modène rue Vieux-Versailles en janvier 1785, accompagné de sa femme de chambre. Le logement ne coûta à l'illustre travesti que 4 livres, les dîners 3 livres plus le vin – 1 livre 5 sols –, et le pain – 3 sols. Souper non compris, il lui fallait donc débourser chaque jour 8 livres 8 sols. Prendre pension dans un hôtel bourgeois à Versailles coûtait, aux environs de 1750, de 10 à 15 livres par jour[6].

Plus tôt dans le siècle, une compagnie qui n'était pas des meilleures vint un soir festoyer dans une auberge de la rue Saint-François. Elle réunissait deux commis du bureau des voitures de la Cour, un concierge de Porchefontaine, un garde du roi et l'un de ses amis. Tous avaient appétit d'ogre et grande soif. Pour un dîner de fricassée de poulet aux champignons accompagnée de 6 pigeons, pain, dessert et 6 bouteilles de bourgogne, l'addition se monta à 13 livres 2 sols, soit plus de 2,5 livres par tête. Les convives, enhardis par le bourgogne, commandèrent 3 bouteilles de champagne et, quand 12 livres se furent ajoutées à la note, les esprits s'échauffèrent tant qu'il fallut faire intervenir la police.

Les petits officiers, particulièrement ceux qui ne servaient qu'un seul quartier de l'année, n'avaient pas place aux tables du roi et recevaient une allocation en argent pour leur nourriture. Ils prenaient vraisemblablement leurs repas chez un traiteur ou dans des maisons privées. Les chambres qu'ils louaient jouaient un rôle important dans l'économie locale et quand la Cour quittait Versailles, que ce fût pour un temps limité ou longuement, comme entre 1716 et 1722, la prospérité de la ville déclinait.

Les échoppes qui revendaient les restes du serdeau, à consommer froids ou à réchauffer à domicile, préfiguraient la vente à emporter moderne. À un niveau supérieur, on trouvait les traiteurs, auxquels s'adressaient par exemple les deux sœurs de Nesle, Mme de La Tournelle et Mme de Lauraguais.

Au début de sa liaison avec Mme de la Tournelle, quand il lui rendait visite, le roi faisait livrer chez elle leur repas, mais la favorite estimait que son statut exigeait carrosse et cuisine. Le duc de Luynes, qui suivait l'intrigue avec grand intérêt, remarqua en 1743 : « Mme de La Tournelle persiste toujours à ne vouloir point que le Roi fasse porter son dîner chez elle ; elle dit qu'elle ne demande pas mieux que de dîner avec lui quand il l'aura mise en état qu'elle lui en donne ». En effet, les sœurs « envoient quérir leur souper chez le traiteur, n'ayant ni l'une, ni l'autre que le potage que leurs femmes font dans leur garde-robe »[7]. Le recours aux traiteurs se maintint durant tout le siècle : sur les 20 000 livres de dettes que la comtesse Dillon laissa à sa mort, en 1782, on relève « cinquante livres dues au sieur Rousseau, traiteur à Versailles »[8].

Faute de cuisine au château, on pouvait aisément en avoir une en ville. On l'a vu, Louis XIV avait encouragé ses courtisans à y bâtir et presque tous les commensaux pouvaient obtenir un terrain à cet effet.

Les propriétaires de ces nobles demeures avaient le droit d'orner leur portail de la prestigieuse mention : « Hôtel de... ». D'autres se contentaient de louer des locaux pour leurs serviteurs, cuisines et chevaux. Il fallait en effet disposer d'écuries, et les constructeurs de ces maisons demandaient sans cesse aux bâtiments du Roi de leur accorder l'adduction d'eau indispensable. On avait également besoin de cuisines pour nourrir les serviteurs et leur maître lorsqu'il donnait des dîners en petit comité au château. Le duc de Saint-Simon n'a sans doute jamais habité son hôtel versaillais, qui, situé à 700 mètres seulement du château, lui semblait trop éloigné pour convenir à son rang. Il est même probable qu'avant 1709, date à laquelle la duchesse, nommée dame d'honneur de la duchesse de Berry, obtint à ce titre un appartement avec cuisine, certains des dîners du couple ducal étaient préparés avenue de Saint-Cloud et apportés au château.

Cuisines « de tolérance » et réchauffoirs clandestins

Rien ne valait un appartement au château disposant de sa propre cuisine, mais cette commodité n'avait pas été prévue dans les plans originaux. Dans l'aile des Princes, à l'exception des cuisines destinées à servir le roi et la reine ou la famille royale, la seule cuisine existant avant le

XVIIIe siècle donnait sur la cour des Apothicaires, sous le pavillon de la Surintendance, dit plus tard pavillon de Monsieur. Encore s'agissait-il d'un élément du pavillon primitif, incorporé au château quand l'aile du Sud y fut ajoutée, peu avant que la Cour s'établisse à Versailles de façon permanente en 1682.

Dans l'aile du Nord, une grande cuisine avec de larges cheminées pour rôtisserie semble avoir été comprise dans la construction originale de 1689. Elle était destinée à desservir les princes dont les appartements étaient dans l'aile ou dans la moitié nord du corps central et fut plus tard divisée en plusieurs petites cuisines pour un plus grand nombre d'usagers.

Près de là, sous l'aile qui reliait les appartements donnant sur la façade du jardin à ceux sur la rue des Réservoirs, se trouvait la cuisine qui fut plus tard utilisée par le duc de Saint-Simon. En dehors de ces trois locaux et des cuisines des ailes construites pour loger les ministres, toutes les cuisines du château étaient installées dans des espaces d'abord destinés à d'autres usages ou dans les masures construites contre les murs des cours intérieures.

À partir de 1740, la correspondance des Bâtiments mentionne de plus en plus fréquemment l'existence de cuisines – certaines improvisées et d'autres clandestines ou « de tolérance ». Le comte de Noailles, devenu en 1775 duc et maréchal de Mouchy, finit par perdre patience. Rappelant ses cinquante années à la Cour et la résidence de sa famille à Versailles depuis l'an 1661, quand elle fit bâtir l'une des premières maisons de la place d'Armes, il adressa aux bâtiments du Roi un mémoire sur les abus auxquels donnaient lieu cuisines et réchauffoirs : « Il n'y en avait point dedans le Château pendant tout le règne de Louis XIV. M. le maréchal de Noailles [son aïeul] qui avait vingt et deux enfants dont douze mangeaient à toutes les heures du jour chez lui, n'avait de cuisine qu'à sa maison. Les porteurs à l'heure du dîner apportaient une ou deux barquettes dans lesquelles il y avait des réchauffées et l'antichambre servait de réchauffoir. Cela a duré longtemps du temps du feu Roi, mais l'on s'est relâché et, à la fin, les galeries sont devenues des cuisines pour toute la Cour, quoique les personnes en place aient toutes des cuisines. M. le maréchal et Mme la maréchale de Mouchy n'ont jamais imaginé d'avoir des semblables réchauffoirs et se sont contentés de leur cuisine [ci-devant celle de Mme de Saint-Simon]. M. le prince de Dombes et M. le comte d'Eu n'en ont jamais eu que dans leurs antichambres, et ils avaient cependant leurs cuisines dans l'avant-cour. Il paraîtrait de bonne police de les supprimer en entier et de ne permettre dans les croisées des galeries que des coffres à bois qui ne sont pas de mal propriété[9]. »

À qui incombait-il de régler le problème ? Dans un échange de lettres avec le gouverneur en 1775, le comte d'Angiviller, directeur général des Bâtiments, suggéra un partage des tâches : « Sur la partie des réchauffoirs, cuisines et boutiques de charbon qui infectent les galeries, nos fonctions se confondent en quelque sorte. Tout ce qui est mobile demeure dans l'ordre de la police ou l'inspection de propreté journellement par les gagistes qui sont sous vos ordres et aux gages du gouvernement, tout ce qui forme établissements tenant aux murs émane de mon administration[10]. »

Dans sa réponse, Noailles saisit l'occasion pour soulever un autre problème tout en mettant, en bon courtisan, les dames de son côté : « C'est à M. le Directeur général de prendre les ordres du Roi pour faire ôter les réchauffoirs, lavoirs, coffres à charbon, étuis de chaises à porteurs et généralement tout ce qui peut gêner le passage, dégrader les murs et infecter les galeries, et cela à un tel point que les dames de la Cour y perdent leurs habits[11]. » Puis le directeur proposa au gouverneur un effort commun contre « la malpropreté la plus révoltante, surtout par rapport à la majesté des lieux. C'est sur ce même ton que je m'en suis toujours expliqué avec vous et que je vous ai même pressenti sur l'avantage que j'envisageais et que j'envisage encore à nous réunir, vous et moi, pour présenter au Roi un mémoire sur lequel Sa Majesté puisse nous donner ses ordres d'une manière assez précise pour que personne ne puisse en éluder l'exécution[12] [...] Il est très nécessaire, ajouta-t-il, premièrement que Sa Majesté les donne irrévocablement, ajoutant dans sa propre main et sans espoir de changement[13] ».

Le gouverneur avait d'abord en tête la propreté, et le directeur des Bâtiments, les risques d'incendie. Par crainte du feu, la plupart des cuisines étaient établies au niveau du rez-de-chaussée, où l'eau était plus accessible. En conséquence, elles étaient nombreuses autour de la cour de l'Opéra dans l'aile du Nord, et de celles de l'aile des Princes, où des « lignes [conduites] d'eau » étaient proches.

Les appentis temporaires de bois édifiés ici et là posaient un problème signalé en 1769 par les inspecteurs des Bâtiments dans la cour de la Bouche, près de la cuisine du Roi : « La cuisine de Mme la comtesse de Tessé douairière [...] étant tombée en ruine, il y a plusieurs années, fut démolie après en avoir eu prévenu M. le comte de Noailles, vu qu'elle infectait le voisinage par les vidanges des bassins et ordures croupies qu'on y jetait dessus continuellement, s'étant trouvée au-dessous de la balustrade des galeries des Princes, ce qui obligea de couvrir cette cuisine en plomb, sur laquelle s'amassaient des matières si épaisses et si puantes qu'on était obligé de les faire ôter par les vidangeurs, les couvreurs ayant refusé de s'en charger. Cette cuisine ne fut faite que comme un réchauffoir pour M. le duc de Villeroi, que le Roi ne voulut pas lui refuser à cause de l'éloignement de son hôtel de la Ville, car avant lui il n'en avait jamais été question[14]. »

Les appentis temporaires, équipés de poêles à charbon, présentaient non seulement des risques d'incendie, mais occultaient vue et lumière dans les couloirs. Les autres cuisines étaient reléguées dans les attiques, lieux élevés où les odeurs étaient plus aisément dissipées. Ainsi, les cuisines privées du roi destinées aux Petits Appartements se trouvaient dans les attiques de la partie centrale du château. La duchesse de Châteauroux obtint d'en annexer une partie pour servir son appartement. Plusieurs autres courtisans parvinrent à installer des cuisines de fortune dans des recoins, au-dessus des Grands Appartements.

À cette exception près, les cuisines étaient interdites dans la partie centrale du château : deux installations non autorisées furent très vite supprimées. L'une d'elles avait été improvisée dans le dédale du rez-de-chaussée à l'origine appelé le « péristyle », qui avait servi de passage, sous Louis XIV, entre la cour de Marbre et les jardins. Le gouverneur en avait signalé les nuisances au directeur des Bâtiments : « Il y a [...] dans le corridor du petit appartement de la Reine une pièce qui sert de cuisine à la femme de garde-robe aux habits de Madame Victoire ; le charbon dont l'odeur se communique dans ce corridor incommode le Roi et la Reine. Je ne vois d'autre moyen pour remédier à cet inconvénient que de retirer cette cuisine qui va servir de réchauffoir pour le déjeuner de la Reine et pour chauffer l'eau des bains quand Sa Majesté se baigne dans sa chambre[15]. »

Congédier un serviteur de la garde-robe était chose facile : affronter la formidable duchesse de Brancas était une tout autre affaire. Logeant dans une série de chambres prises sur l'appartement de la Dauphine au rez-de-chaussée, là où le corps central du château rejoignait l'aile des Princes, l'ancienne dame d'honneur des filles de Louis XV avait installé une cuisine dans l'une des antichambres. Lorsque le roi du Danemark en visite se vit accorder l'appartement pour la durée de son séjour, les inspecteurs des Bâtiments se hâtèrent d'éliminer cette « chose infâme[16] ».

Dans l'attique de l'aile des Princes, des cuisines sont mentionnées dans 6 des 11 appartements sur la façade du jardin ; il est probable que les 5 autres en possédaient, ainsi que 3 des 6 qui regardaient le jardin dans l'attique de l'aile du Nord, une autre usant d'un réchauffoir. Il était fréquent de cloisonner un large couloir pour former une petite cuisine, souvent éclairée seulement par une fenêtre ouvrant sur le passage public.

Les réchauffoirs fonctionnaient généralement au charbon, dangereux pour les domestiques qui risquaient d'être asphyxiés dans cet espace clos, mais qui présentait l'avantage de ne pas produire beaucoup de fumée. Noailles, lui, les combattait avec détermination. En 1775, il écrivit au roi :

« Il y a une discussion des plus vives entre M. le marquis de La Suze et Mme la comtesse de Narbonne sur une cuisine qui est dans l'intérieur du logement de M. le Grand Maréchal [M. de La Suze] et que la dame d'atours de Madame Adélaïde ne veut pas rendre. Le maréchal de Mouchy [...] a en horreur les nouveaux réchauffoirs établis dans les galeries qui font une malpropreté indécente. » Il recommandait d'affecter à Mme de Narbonne « un petit espace dans l'une des cuisines d'origine de la cour en bas[17] ».

Auparavant le comte de Rouillé, dont l'appartement était proche de celui de M. de La Suze, avait demandé une cuisine sur ladite cour et l'inspecteur des Bâtiments avait donné un avis favorable : « Il m'assure que c'est un objet essentiel puisqu'en continuant de se servir de réchauffoir, il court le risque de mettre feu au Château... Il m'offre d'ailleurs d'en faire la dépense à ses frais[18]. »

L'art de « piquer » les tables des ministres

La plupart de ces cuisines étaient installées dans les appartements des dames des maisons honorifiques, dont la charge n'était ni un office au sens strict du terme, ni une commission. Il était entendu qu'elles seraient logées au château ou, si c'était absolument impossible, dans l'un des vastes appartements du Grand Commun, quitte à réunir à cet effet plusieurs des petits appartements. Leur pension était de 4 000 à 6 000 livres et, en principe du moins, leur nourriture restait à leur charge. Mais elles recevaient souvent des allocations en argent, les « livrées », ce qui leur imposait de tenir table ouverte. Une princesse de la famille de Condé, Mlle de Clermont, était gratifiée de 30 000 livres et la princesse de Lamballe de 50 000 livres, traitement auquel venait s'ajouter un supplément de 85 000 livres sur le Trésor royal. La première passait pour avaricieuse et la seconde ne brillait pas par son sens de l'hospitalité.

Sous Louis XV, la dame d'honneur de la reine, la duchesse de Luynes, avait une pension de 12 000 livres et recevait presque tous les soirs. Ses soupers étaient tenus pour mortellement ennuyeux par la jeunesse de la Cour, mais les dames du palais étaient toujours sûres d'y trouver place. Marie Leszczynska, qui y dînait fréquemment, se trouva moins bien disposée à l'égard de la belle-fille de Mme de Luynes, la duchesse de Chevreuse, qui reçut la charge de dame d'honneur en 1751 et maintint la tradition d'une ennuyeuse hospitalité. En 1751, le marquis d'Argenson notait : « Au reste, il n'y a rien à dire contre Mme de Chevreuse, sinon qu'elle a peu d'esprit, on ne saurait moins, mais elle est sage. Elle et son mari sont très riches et généreux. Ils tiendront pour le moins une aussi bonne maison que leur belle-mère ; c'est, dit-on, le seul souper qu'il y ait à Versailles[19]. »

La plupart des dames d'honneur des autres maisons féminines poussaient les hauts cris si le gouverneur s'avisait de leur proposer un appartement dépourvu de cuisine et, comme Mme de Narbonne, elles insistaient pour que celle-ci fût toute proche de leur logement. Les simples dames de compagnie avaient moins de chances de voir ce vœu exaucé et devaient chercher des invitations au-dehors. Leur nombre variait selon le rang de la Maison où elles assuraient leur service hebdomadaire en petits groupes, dits « semaines ». Ainsi, la dame d'honneur n'avait-elle pas charge de plus de quatre d'entre elles à la fois. La variété étant le piment de la vie sociale, ces dames cherchaient à se faire inviter hors de ce cadre immuable. Le comte de Durfort de Cheverny observait : « Les dames de la Cour, logées sous les toits à Versailles [...] piquaient les tables de ministres, du premier maître d'hôtel du Roi et du premier maître d'hôtel de la Reine, celles de M. de Beringhem ou du duc de Gesvres[20]. » Ce Beringhem, premier écuyer du Roi, était chargé des carrosses et autres véhicules et le siège de son office se trouvait à la Petite Écurie. Lui et son supérieur nominal, le grand écuyer, lequel vivait à la Grande Écurie, y jouissaient de deux des plus vastes cuisines de Versailles et vivaient sur un pied princier avec maître d'hôtel personnel et eau courante.

Quant à M. de Gesvres, premier gentilhomme de la chambre du Roi, il était la fable de Paris car il s'était vu intenter un procès pour impuissance. Les frères Goncourt parlent de lui comme d'une « femmelette » et un contemporain le décrit ainsi : « Le duc de Gesvres avait publiquement toutes des façons des femmes ; il mettait du rouge ; on le trouvait chez lui, ou dans son lit, jouant de l'éventail, ou à son métier faisant de la tapisserie. Il aimait à se mêler de tout ; son caractère était précisément celui d'une caillette. Avec tout cela, parvenu à un certain âge sans changer de façon d'être, il avait de la considération : toute la Cour abondait chez lui[21]. » Il disposait, pour servir sa table, d'une petite cuisine située dans l'attique de la Vieille Aile. Une parenthèse pour clore le portrait de cet original : sa famille possédait un établissement de jeu à Paris, ce qui lui permit de vivre dans l'extravagance jusqu'en 1741, date à laquelle Louis XV fit fermer son casino et le gratifia d'une indemnité de 100 000 livres et de 20 000 livres de pension annuelle. Ce n'était que le sixième des revenus du jeu et seuls les usuriers lui permirent de ne pas réduire ses prodigalités.

Pour dîner en noble compagnie, l'idéal était de « piquer » les tables des quatre secrétaires d'État, chefs des départements de la Guerre, de la Marine, des Affaires étrangères et de la maison du Roi, ce dernier portefeuille incluant aussi d'ordinaire les affaires religieuses. Chacun d'eux jouissait d'un très vaste appartement dans l'une des deux ailes indépendantes du château, au nord et au sud de la cour des Ministres. Des cuisines en sous-sol s'ouvraient sur les rues adjacentes, et l'on trouvait au niveau de la cour les antichambres et les bureaux des ministres dont les secrétaires travaillaient dans les attiques. Au premier étage, ces hauts personnages disposaient de vastes et élégants salons de réception et, au second, de logements privés pour leur famille. Tous tenaient table ouverte quand ils étaient en résidence à Versailles et, si un rapport de police de 1775 porte que « les ministres ne tiennent plus table ouverte ; ils prient leur monde par billet », c'est seulement parce qu'il s'agit de dîners à Paris[22].

Le comte de Dufort de Cheverny, qui n'avait pas de place assignée à une table, tenait pour la meilleure de toutes celle du duc de Choiseul, nommé secrétaire d'État pour les Affaires étrangères en 1758 : « Jamais ministre n'a poussé la représentation plus loin. Dans ce temps-là, on dînait à deux heures précises, et tous les étrangers présents, tous les courtisans étaient admis chez lui. La grande table était de trente-cinq couverts, et il y en avait une autre toute prête, sans qu'il y parût. Un valet de chambre comptait les entrants, et dès que le nombre dépassait trente-cinq, l'autre table était dressée. Sa vaisselle, extraordinairement abondante, était magnifique, toute travaillée en argent, ce qui la rendait d'un éclat éblouissant. Lorsqu'il y avait une seconde table, il m'avait prié une fois pour toutes d'en faire les honneurs ; elle se dressait dans une pièce à part et souvent les ambassadeurs qui n'aimaient pas l'affluence venaient s'y réfugier[23]. » Dufort fut par la suite un habitué de la table du cousin et successeur de Choiseul, le duc de Praslin : « J'étais dans l'habitude, tous les lundis, d'aller souper chez la duchesse de Praslin, où se trouvait toute la Cour, ainsi que les ambassadeurs qui ne voulaient pas partir de trop grand matin, le mardi, pour le lever du Roi. Dès que vous arriviez dans la seconde antichambre, un valet de chambre vous invitait, de la part de Mme la duchesse, à rester à souper. On faisait toujours son brelan à cinq, et j'étais des habitués. On ne jouait qu'en gros 10 écus [30 livres]. Un valet de chambre vous changeait les écus sales contre d'autres qu'on avait fait récurer. On perçait dans la nuit jusqu'à trois heures du matin ; alors ceux qui n'étaient pas des habitués s'en allaient, il ne restait que quelques dames de la Cour[24]. »

Les gens de qualité de passage à Versailles étaient toujours les bienvenus à la table des ministres. Le duc de Croÿ, qui venait plusieurs fois par an consulter les premiers commis du secrétaire d'État à la Guerre sur les affaires de son commandement de Calais, dînait avec 40 convives chez M. de Vergennes et le prince de Montbarry donnait des dîners de 160 couverts[25]. Lorsque le roi était à Marly, la tradition de l'hospitalité ministérielle était observée. À propos d'un dîner de Montbarry dans les premières années du règne de Louis XVI, Croÿ nota : « Nous étions tout ce qui peut tenir dans les pavillons[26]... » À Versailles il précisa : « J'allais, comme tout le monde, dîner le vendredi pour revenir le dimanche au soir, les ministres n'y étaient pas les autres jours[27]. » Sans une de ces tables providentielles, Croÿ n'aurait su vers qui se tourner. Arrivant à Versailles en février 1781, quelques mois après la réforme de la Maison-Bouche et au lendemain d'un remaniement ministériel, il essuya pourtant une déconvenue : « Je me trouvai comme perdu. Mes deux dîners d'usage avaient disparu, savoir chez M. de Sartine et M. de Montbarry. La table de M. de Créquy [premier maître d'hôtel du comte de Provence] était supprimée, ainsi que d'autres. M. de Ségur, mon nouveau ministre, était invisible, accablé de goutte, et je ne savais réellement plus où aller[28]. »

Dîners d'apparat et buffets fastueux

Durant le règne de Louis XV, l'invitation à dîner la plus recherchée était celle des Petits Appartements. Peu amateur de dîners, en public, le Bien-Aimé fit aménager, à la fin des années 1730, un petit paradis au-dessus de ses cabinets intérieurs et près de l'appartement de ses maîtresses : une cuisine dans l'attique, deux salles à manger – d'hiver et d'été – et un salon où les hôtes jouaient aux cartes tandis que le roi, à ce que l'on disait, préparait le café de ses mains. Les candidats à une invitation s'assemblaient dans la chambre du Roi à son retour de la chasse. Avant le souper, à l'entrée du cabinet du Conseil ou au bas de l'escalier privé du roi, l'huissier lisait la liste des heureux élus. La favorite du jour prenait place à la table ronde du roi, les invités plus ou moins près de lui, selon leur faveur plus qu'en raison de leur rang. On ajoutait une ou deux tables si besoin était. Le roi aimant inviter ses compagnons de chasse, les hommes étaient en majorité et nombre d'entre eux devaient dîner debout, assiette à la main, ce qui offrait l'avantage de pouvoir parler au souverain sans avoir été prié à sa table. L'étiquette était encore moins rigide en campagne militaire et dans les maisons de plaisance.

Quand le roi prenait seul son repas, le plus souvent à souper, le service était dit « petit couvert ». Louis XIV faisait installer une table dans sa chambre et y admettait quelques courtisans et officiers de la Chambre et du Gobelet. Seul Monsieur, frère du roi, était admis à s'asseoir à la table du petit couvert à Versailles. Au grand couvert, cérémonie publique, le roi dînait avec la reine et parfois quelques autres membres de sa famille et, à l'occasion, un cardinal venant de recevoir de ses mains la barrette. Des tabourets étaient disposés en demi-cercle devant la table royale ; princesses, duchesses, épouses des maréchaux de France, dames de la Cour dont les maris avaient le titre de Grands d'Espagne y étaient placées selon leur rang, devant les courtisans moins considérables et la masse des spectateurs. Ces repas spectaculaires se raréfièrent quand Louis XV se retira dans les Petits Appartements, et un visiteur, au milieu du siècle, remarqua que les assistants n'y étaient pas des plus distingués.

Dès son avènement, Louis XVI ferma le petit paradis de l'attique et chassa la dernière maîtresse de son grand-père, Mme du Barry, des Petits Appartements. Le mentor du roi, le vieux comte de Maurepas, et son premier valet de chambre se partagèrent les lieux ; dans les années suivantes, plusieurs pièces furent détachées des cabinets intérieurs du premier étage et baptisées « Petits Cabinets ». Sous Louis XVI toujours, on aménagea pour les repas informels à l'extrémité de cet appartement privé du roi une salle à manger et un buffet adjacent, dits les « salles Neuves ». Le roi y invitait ses compagnons de chasse placés sans cérémonie autour d'une grande table. Le menu était présenté et servi par le contrôleur de la seconde section de la maison-bouche du Roi. En 1776, Thierry de Ville d'Avray, contrôleur des Petits Cabinets, estimait que le roi invitait environ 40 personnes à souper huit fois par mois à Versailles ou dans ses maisons de plaisance, surtout dans le minuscule pavillon de Saint-Hubert où il faisait halte durant la chasse[29]. Dans ce dernier cas, la compagnie était presque exclusivement masculine.

De son côté, Marie-Antoinette souhaitait attirer les grands à la Cour. En 1780, le comte de Mercy, ambassadeur d'Autriche, fit part à l'impératrice Marie-Thérèse d'une initiative de sa fille qu'il jugeait être de bonne politique : « Sa Majesté, après quelques réflexions sur le passé, a cru devoir s'occuper sérieusement et avec suite des moyens de rendre à Versailles son ancien lustre, et il ne tardera pas à y être rétabli, si la Reine persiste dans la pratique des principes qu'elle semble avoir adoptés. Les deux soupers par semaine qui ont recommencé dans les cabinets attirent bien du monde. Pourvu que la faveur n'influe pas trop le choix des personnes admises, ce sera un moyen qui produira le plus grand effet. Je me suis permis d'exposer cette remarque et d'y en ajouter une autre qui n'est pas moins essentielle pour rendre constamment la Cour nombreuse : ce serait de bannir pour jamais le gros jeu de chez la Reine[30]. » Hélas, Marie-Antoinette, se souciant peu de ces considérations, laissa vite le roi souper avec ses chasseurs pour prendre ses repas à Trianon en compagnie de son petit cercle d'amies.

Ni les courtisans ni les dames du palais n'étaient admis à la table du roi quand il dînait au grand couvert chez la reine à Versailles. Lorsqu'il dînait avec ses frères et leurs épouses, les officiers de la bouche des Princes et Princesses étaient présents, mais si la table était mise dans les salles Neuves ou dans l'antichambre de la reine, il fallait de nombreux domestiques, car tout plat présenté à chacun des membres de la famille royale était préparé par ses cuisines et servi par ses officiers personnels. Aussi, quand le comte de Provence s'installa au pavillon de la Surintendance, ces soupers impromptus devinrent un cauchemar pour ces équipes surnuméraires, qui se gênaient. En 1787, on trouva la solution : installer une série de réchauffoirs le long du couloir reliant le château au bâtiment voisin. L'inspecteur Heurtier confirma : « Le Roi s'est aperçu de l'embarras que les gens du service des bouches causent et éprouvent dans le corridor public [...] toutes les fois que la famille royale se rassemble chez Madame [la comtesse de Provence] pour y souper. Sa Majesté a pensé que pour obvier à cet embarras, il serait possible d'élever au-dessus des offices de Mesdames des réchauffoirs au moyen desquels les gens des bouches au service de la famille royale feraient librement leur service sans être gênés et sans nuire à personne [...] Je pense aussi que rien n'est plus facile que de pratiquer ces réchauffoirs [...] et que ces réchauffoirs pourraient être même construits de manière à ne pas cacher le jour du corridor[31]. »

L'étiquette était aussi rigoureuse pour la reine que pour le roi. Marie Leszczynska dînait régulièrement en public, servie par ses dames et observée par la Cour. Casanova raconte que cette princesse polonaise avait un gros appétit et n'aimait guère qu'on se répétât la liste des plats qu'elle avait engloutis. On ne s'étonnera donc pas qu'elle ait préféré les repas plus discrets avec sa dame d'honneur, Mme de Luynes.

Marie-Antoinette dînait en public contre son gré, car elle détestait tout cérémonial et son appétit d'oiseau se contentait d'une aile de poulet et d'un verre d'eau. Comme ceux de Louis XV, ses appartements privés bénéficiaient d'une salle à manger dans l'attique. Elle n'y admettait que quelques dames de sa suite, et il en allait de même à Marly ou au pavillon Saint-Hubert.

La plupart des courtisans briguaient une invitation dans ces retraites privées, fort déçus quand le silence répondait à leur « Sire, Marly ? ». Pourtant, on ne manquait pas de place à Marly, qui offrait 140 logements pour la famille royale, les courtisans et la haute domesticité. Il en allait tout autrement au Grand Trianon où l'on était très à l'étroit, comme le montre une *Liste des personnes qui se proposent pour le voyage du Roi à Trianon du 4 au 10 janvier* [année inconnue], préparée par le comte de Noailles. Rédigeant la rubrique « Pour coucher », le gouverneur écrivait au roi : « Il y a six lits à donner et celui de M. le premier [écuyer] fait sept. L'on pourrait en donner cinq, et le sixième et septième alternativement, si Votre Majesté l'approuve, aux quatre derniers seigneurs. » Modestement, le duc de Fleury et le comte de Saint-Florentin se proposèrent, souhaitant seulement faire leur cour pendant le voyage ». Le roi consentit et ajouta le marquis de Marigny. En revanche, les sept courtisans qui sollicitèrent « pour souper le mardi » se heurtèrent à une fin de non-recevoir, tandis que les quatre candidats « pour souper mercredi » reçurent le « Bon du Roi ». Plus heureux encore, le duc de Nivernais et le comte d'Hessenstein s'entendirent accorder les mercredi et jeudi. Des cinq autres candidats au jeudi, quatre virent à côté de leur nom la petite croix signalant l'accord du roi, mais le comte de Guerchy fut remplacé par le prince de Beauvau. Enfin, « pour souper vendredi », le roi approuva trois noms et ajouta celui du marquis de Lujac. Le dernier soir au Trianon, neuf personnes se mirent sur les rangs, dont cinq dînèrent avec le roi[32]. En fin de compte, il y avait eu 44 demandes de participation au voyage, toutes présentées par des hommes, dont 34 souhaitaient être invités aux soupers. Douze de ces derniers furent écartés et il y eut 22 privilégiés.

En octobre 1682, peu après l'installation de la Cour à Versailles, le marquis de Sourches annonça le programme des fêtes qui permettraient à Louis XIV d'occuper sa Cour : théâtre trois fois par semaine, bal le samedi et « appartement » les autres soirs. Dès six heures de l'après-midi, les courtisans s'assemblaient dans les salons regardant le parterre du Nord. Dans l'un, on dansait au son d'un orchestre de violons et de hautbois sans contrainte de respecter le formalisme des bals de la Cour dans le choix des partenaires. Les deux salons suivants étaient consacrés au jeu de la reine – auquel Louis XIV se joignait de temps à autre – et à celui du Dauphin et son épouse. Des tables couvertes de tapis verts étaient destinées aux autres joueurs. Le quatrième salon disposait d'une table de billard et, dans le cinquième, note Sourches, « il y avait un magnifique buffet de rafraîchissements où chacun allait boire ou manger ce qui lui plaisait [...]. Ce qui le faisait vraiment charmant, c'était le sens de liberté et d'aise donné par le Roi qui ne voulait pas de cérémonie du tout dans ces événements[33] ».

On imagine l'aubaine que représentait, pour le courtisan affamé et dépourvu d'une invitation en bonne et due forme, cette débauche de présentoirs chargés de mets et de boissons de toutes sortes. Hélas, au XVIIIe siècle, les fêtes se firent de plus en plus rares. En 1751, le marquis d'Argenson annonça le programme des divertissements pour le retour de la Cour : « On a décidé qu'on ne donnera point de spectacle à Versailles cet hiver ; on représente à Fontainebleau ce qu'on devait donner à cette époque. Il y aura seulement à Versailles un feu d'artifice à l'arrivée du Roi et Leurs Majestés y tiendront trois fois appartement avec de la musique[34]. » L'éclat des fêtes de cour, que Louis XV n'appréciait guère, pâlit encore davantage sous Louis XVI et les « appartements » se firent si rares que l'ambassadeur de Suède crut devoir signaler ceux de janvier et de décembre 1781 à Gustave III[35].

La disparition des fastueux buffets dut être cruellement ressentie par nombre d'officiers de rang inférieur qui en furent réduits à des expédients. Les dames des Maisons féminines mineures, comme celles de Mesdames de France, connurent, semble-t-il, un sort pire encore. Servant toute l'année une semaine sur trois, elles ne recevaient pas d'indemnité pour se nourrir, leurs fonctions n'étaient pas assez prestigieuses pour leur valoir un appartement avec cuisine, et rares étaient celles à qui leur naissance, leur esprit ou leur beauté valaient d'être priées souvent à dîner. Leur charge avait d'ailleurs perdu de son attrait. La famille de la jeune Victorine de Chastenay souhaitait la marier au second fils de la marquise de Sérente, qui engagea des négociations sur l'éventuelle cession à la promise de la charge de dame d'atours de la sœur de Louis XVI, la bienveillante Madame Élisabeth. En 1788, cet emploi avait si peu d'attrait pour une jeune fille de 19 ans qu'elle rejeta l'alliance fondée sur sa promotion : « Je ne pus supporter l'idée de m'enchaîner au service des Princes dans la nécessité d'y vivre de mes gages. Fonder son pot-au-feu enfin sur un regard de faveur me paraissait une chose ignoble[36]. »

L'eau

Une difficile et coûteuse conquête

Le coût total de la transformation du pavillon de chasse de Louis XIII en résidence principale pour son successeur et sa cour fut estimé à 70 millions de livres, dont plus de 39 furent consacrés au seul approvisionnement en eau du château, des jardins et de la ville de Versailles[1]. Entre 1664 et 1689, durant la période d'expansion du château, le coût des installations dans ce domaine représenta près de la moitié des dépenses.

D'emblée, Louis XIV avait manifesté un très vif goût pour les fontaines, et il ne devait jamais cesser d'ajouter à son palais de nouveaux étangs, jets d'eau, et toutes sortes de créations sculpturales ou architecturales en rapport avec les eaux. Il en ornait ses jardins, et il aimait tant à les y admirer qu'il alla jusqu'à rédiger lui-même un guide à l'intention des visiteurs[2]. Ces réalisations hydrauliques participaient à sa gloire, et pour s'assurer prestige et pouvoir il organisait des démonstrations à l'intention des ambassadeurs et des représentants des corps provinciaux qui avaient voté des subsides[3].

À l'origine, le site des futurs jardins, inondé par le drainage naturel des collines environnantes, n'était rien d'autre qu'un marais malsain. Il fallut corriger la nature en transformant les divers étangs en un lac artificiel, le Grand Canal. Plus tard, l'opération principale et la plus dispendieuse fut de détourner assez d'eau – d'abord du territoire avoisinant Versailles puis en allant la chercher de plus en plus loin – pour apaiser la fringale de fontaines du souverain. Avant l'invention des pompes recyclantes, le problème technique consistait à déplacer, par l'effet de la pression due à la position plus élevée des réservoirs, assez d'eau pour alimenter les hauts jets et les dispositifs divers et complexes. Dans les premières années, l'eau était, pour l'essentiel, fournie par un vaste étang situé au nord-est, près du château de Clagny. Le premier réservoir fut installé au-dessus de la grotte de Thésis. En 1667, les trois réservoirs de glaise qu'on voit dans le tableau de Pierre Patel furent remplacés par deux autres, construits un peu plus au nord, d'une capacité de 170 000 litres[4]. En 1672, l'eau fut collectée dans des réservoirs voûtés supplémentaires, sous le parterre du Nord et le parterre d'Eau, et 3 400 mètres cubes assurèrent une pression suffisante pour alimenter les fontaines du niveau inférieur. Au fond du jardin, des moulins à vent dits « de retour » pompaient et relevaient l'eau[5].

Dans les années 1660 et 1670, de nouvelles ressources – cours d'eau et réservoirs – furent rattachées au système en expansion. Des dérivations furent ajoutées, au sud et au nord-ouest, pour accroître le volume disponible. Un expert estimait alors que les chapelets d'étangs et de rigoles contenaient plus de 9 millions de mètres cubes d'eau[6].

Pourtant, il en fallait toujours davantage, et deux gigantesques projets furent soumis au roi. Le premier allait connaître un triomphe technique, le second un désastre tant financier qu'humain.

La « machine de Marly » hissait l'eau de la Seine au niveau de Versailles par le moyen d'une gigantesque suite de pompes[7]. Inventée par un ingénieur militaire de Liège, cette merveille pour l'époque comportait 14 larges roues à aubes disposées entre une île et le cours principal du fleuve. La force du courant actionnait 253 pompes qui élevaient l'eau de 154 mètres jusqu'à Marly, 1 236 mètres plus loin. Lorsque la machine fut achevée, en 1686, une série de réservoirs, conduites et aqueducs permit d'atteindre Versailles. Un demi-siècle plus tard, en 1737, le jardinier de Marly répondit franchement à une question du duc de Luynes que la machine était souvent en panne et que ses performances s'étaient réduites de 30 %[8]. Cette dégradation se poursuivit durant tout le siècle, et en 1738, l'on estima que ce chef-d'œuvre du génie civil ne délivrait plus que 2 500 mètres cubes d'eau par jour ; le chiffre tomba à 1 000 en 1785.

Ne jugeant rien d'impossible à sa grandeur, Louis XIV envisagea de détourner les eaux de l'Eure sur Versailles en creusant un canal et en jetant un long et haut aqueduc à travers une vallée marécageuse[9]. Selon Saint-Simon, ce projet avait été conçu pour complaire à Mme de Maintenon dont il devait enrichir le domaine. D'autres y virent une ruse permettant de dissimuler une concentration de troupes en vue d'une nouvelle guerre. Tous jugeaient l'entreprise pharaonique et, selon Racine, historiographe du roi, 30 000 hommes y travaillèrent ; Mme de Sévigné en estimait le nombre à 40 000. Le nombre exact est difficile à déterminer, mais on sait que le coût tant humain que financier de l'entreprise fut fabuleux. Le marquis de Sourches rapporte que le roi se vit contraint de renvoyer à leurs garnisons les hommes de 36 bataillons appelés pour aider à l'ouvrage ; 20 000 d'entre eux souffraient de fièvres ou étaient morts[10].

L'épidémie de 1687 n'affecta pas que les soldats. Beaucoup de grands seigneurs et deux princes du sang en furent frappés et le roi songea à annuler son voyage d'automne à Fontainebleau. Il y renonça, car, à en croire Sourches, « l'air y était toujours meilleur qu'à Versailles, où il avait toujours été très mauvais ». La plupart des contemporains attribuaient le mal au mauvais drainage des jardins. À en croire Saint-Simon, l'« eau d'égout » de Versailles n'était pas même bonne à abreuver les chevaux, et un observateur italien estimait que les installations hydrauliques « putrides » infectaient l'air.

Au XVIIIe siècle, le médecin du roi et l'administrateur de la ville estimaient encore l'eau insalubre[11]. Dans les années 1770, Marmontel, alors secrétaire des Bâtiments à Versailles, observait : « La seule incommodité que j'ai éprouvée était le manque de promenades. Le croira-t-on ? Ces jardins magnifiques étaient impraticables dans la belle saison. Surtout, quand venaient les chaleurs, ces pièces d'eau, ce beau canal, ces bassins de marbre, entourés de statues où semblait respirer le bronze, exhalaient au loin des vapeurs pestilentielles[12]. » Les fièvres malignes des années 1730 à 1734, qui décimèrent la population de la cité royale, furent attribuées à un manque d'eau de rivière forçant les Versaillais à boire celle, malsaine, des puits.

Pour remédier à la situation, le duc d'Antin, surintendant des Bâtiments, commanda une nouvelle canalisation en grès amenant l'eau de Marly à Versailles, mais des malfaçons obligèrent à la remplacer, en 1743-1744, par une conduite de 4 pouces de diamètre (10,8 centimètres)[13] qui se révéla, à son tour, défectueuse. Dix ans plus tard, elle fit place à une canalisation de diamètre double et de 975 mètres de long qui, grâce à un dénivelé de 45 mètres, apportait l'eau de rivière à un premier réservoir des hauteurs de Picardie et, de là, à un second situé à Montboron, colline à l'est de la ville. Chacun de ces réservoirs contenait 228 096 muids (170 000 litres) et les conduites qui en partaient aboutissaient au château d'eau.

Les besoins étaient immenses. Une gravure du château d'eau de l'époque est légendée : « Lorsque toutes les fontaines vont [...] elles dépensent 69 000 muids [514 000 litres] d'eau en trois heures de temps. Ce réservoir contient 4 224 muids [31 000 litres] d'eau et lorsque les fontaines jouent, il se vide en 41 minutes et se remplit en 39. Les eaux y viennent de la butte de Montboron par trois conduits d'un pied de diamètre et deux autres de dix-huit pouces. Par un signal placé que l'on met à côté de la fenêtre du pavillon, et lorsque l'on ferme aussi de blanc ladite fenêtre [...] le garde qui fait le guet sur ladite butte lâche toutes les soupapes. [Le réservoir] a 7 pieds de profondeur ; le bassin est de grandes lames de cuivre roux étamées. Il est posé sur 30 piliers de pierre dure et ne touche nullement à sa cage. » C'était là l'ouvrage tel que l'avait dessiné l'architecte, mais les tuyaux percés, la ponction des fontaines publiques et, surtout, les nombreux branchements accordés à des particuliers manquant d'eau courante à domicile réduisirent peu à peu de façon considérable le temps de remplissage du château d'eau.

Au sud de la ville, puisant dans les réservoirs du Parc aux Cerfs, trois grosses conduites, deux de 50 centimètres de diamètre et la troisième de 33[14], alimentaient des réservoirs situés sous la cour des Princes et fournissaient cette aile du château. Des embranchements desservaient les nouveaux chenils, les hôtels des gardes du Roi et des chevau-légers, le potager du Roi, la Ménagerie et, enfin, le Grand Trianon[15].

« Les eaux bonnes à boire sont à la veille de manquer »

Les eaux arrivant au château en provenance des grands bassins de glaise du Parc aux Cerfs alimentés par les étangs du sud de la ville étaient dites « blanches », en raison de la présence de sédiments. En revanche, celle fournie par la machine de Marly était tenue pour une eau de rivière. Toutefois, aucune n'était assez pure pour être bue sans risque. On ne se procurait, à grands frais, qu'une quantité d'eau réduite et, lorsque la Cour s'installa à demeure à Versailles, on rechercha une solution définitive. En 1682, l'Académie royale des sciences fut priée de tester les sources et retint plusieurs d'entre elles. La plus appropriée se trouvait dans la forêt de Marly, près de Rocquencourt, à une altitude qui permettait d'amener l'eau au niveau du rez-de-chaussée du château sans avoir à employer de pompes. Cependant, la nécessité d'ouvrir une tranchée de 28 mètres sur 3,5 kilomètres pour l'aqueduc fit monter le coût de l'entreprise à 578 741 livres. Bien que presque bloquée et d'un débit considérablement réduit, cette installation était encore en service en 1866[16].

Colbert, en sa qualité de surintendant des Bâtiments, se voyait tenu de procurer une quantité suffisante d'eau fraîche à une population croissante. L'Académie des sciences fut chargée d'analyser l'eau potable fournie à la ville. « Les eaux de Versailles, assurèrent les savants, équivalent à ce qu'il y a de meilleur », et ils ajoutèrent prudemment : « Pour avoir une complète certitude de leur qualité, il ne reste qu'à s'informer du long usage des habitants, qui est certainement le meilleur juge de la qualité de l'eau[17]. »

Les premières fontaines d'eau potable avaient été installées en 1671. Dix autres suivirent. Le contrôle des vannes se trouvait dans la maison des Fontainiers, construite en 1683 à l'angle sud-ouest des écuries de la Reine sur la rue de la Pompe[18]. Ce modèle de l'architecture domestique que Louis XIV voulait imposer aux habitants de la cité royale était bâti en briques, vraies et fausses, et en pierre taillée, avec un étage et des mansardes sous un toit d'ardoises. La maison qu'on peut voir encore aujourd'hui au 11, rue Carnot en donne une juste image. À l'arrière de l'édifice, placé sous la double autorité du gouverneur de Versailles et du directeur général des Bâtiments, se trouvaient les conduites et les réservoirs de l'eau potable provenant des sources de Bailly et du Chesnay qui, dans les premières années, fournit les résidents au nord de l'avenue de Paris.

Au XVIIIe siècle, le ravitaillement en eau potable s'avéra de plus en plus insuffisant. La ville en recevait 80 mètres cubes par jour vers 1733, volume qui passa à 160 vers 1738 et à 260 après 1744. C'était si peu qu'au printemps 1763, les principaux officiers des Bâtiments sonnèrent le tocsin[19] : « Les eaux bonnes à boire sont à la veille de manquer totalement à Versailles. » Ils jugèrent indispensable de faire venir l'eau de rivière de Marly jusqu'à un « dépôt à Versailles qui pût la bonifier », solution qui exigeait de construire un réservoir supplémentaire sur la butte de Picardie, ce qui demandait du temps alors qu'un été chaud aggravait la situation. En août, Noailles pressa les Bâtiments de poursuivre les travaux et les assura de la gratitude des 70 000 citadins qui étaient alors obligés d'utiliser la pièce des Suisses ou de payer 12 ou 14 sols pour 30 litres d'eau potable.

Des mesures d'urgence furent requises, car on ne pouvait espérer aucun apport sérieux avant le printemps suivant et tous les étangs entourant Versailles étaient à sec. Les réservoirs de Montboron n'accusaient plus qu'une hauteur d'eau de 3 mètres et elle baissait de 16 centimètres par jour. En septembre, il fallut détourner celle des hôtels des gendarmes, du grand maître, des chevau-légers et des écuries des gardes du Roi et réduire la ration des Petites et Grandes Écuries. Le jardinier du potager du Roi fut avisé qu'il ne serait fourni en eau que trois heures deux fois par semaine, et que l'Orangerie en serait totalement privée. En octobre, le fontainier en chef Denis soumit à l'administration un choix drastique : force était de couper l'eau soit aux hôtels particuliers disposant de petits branchements, soit aux Écuries et aux chasses royales.

Le dispositif supplémentaire ne fournissait d'eau claire qu'au prix d'un travail incessant du fontainier de la butte de Picardie. En 1771, le contrôleur fit valoir que son subordonné, dont les gages et frais n'avaient pas été payés depuis 1766, ne pouvait plus poursuivre sa tâche, et il nota, à propos du nouveau réservoir : « Depuis sa création, par la vigilance et le travail du nommé Masson, fontainier, l'eau est toujours pure et bonne et personne ne s'en plaint, mais il faut tous les mois laver les pierres et citernaux dans les baquets faits exprès, les brosser et les remettre en place, et tous les ans ôter la bourbe de la pièce, la laver et nettoyer les joints des murs pour prévenir l'odeur. Au moyen de ces précautions, l'eau se trouve rendue à Versailles aussi belle et aussi claire que si elle provenait d'une fontaine sablée. »

L'objet de la requête – régler 800 livres sur les 7 400 restant à payer – était modeste, mais une phrase pouvait inquiéter : « J'aurai [...] l'honneur de vous mettre sous les yeux la nécessité et la possibilité de remédier au manque total pour la ville entière, inconvénient qui me fait trembler, ces nouveaux arrangements ayant rendu Versailles absolument dépendant de la machine de Marly qui peut périr facilement ou, au moins, exiger des réparations longues. » En juin suivant, le contrôleur revint à la charge : « Mon devoir m'oblige de vous rendre les plaintes qui se font journellement à Versailles pour l'eau bonne à boire qui, faute des nettoyages habituels, s'empuantit de manière qu'elle n'est pas buvable. Les médecins commencent à répandre qu'une partie des maladies de Versailles provient de la mauvaise qualité de ces eaux. Je reçois continuellement des prières d'y remédier. »

Cette menace sur la santé publique permit d'obtenir le paiement de 900 livres à Masson[20]. L'année suivante, le contrôleur exposa le remède qu'il avait conçu : améliorer l'écoulement des eaux venant des sources au nord de la cité. En effet, le courant naguère puissant qui emplissait les réservoirs de la maison des Fontainiers n'avait plus que le débit d'un tuyau de 4 centimètres de diamètre. En restaurant le réseau collectant les eaux de source et en nettoyant les aqueducs, on assurerait le ravitaillement de la ville en eau potable et on affranchirait le château de la dépendance de la machine de Marly[21].

Quels étaient les besoins de la ville en eau potable ? La plupart des boissons matinales, soupe des petites gens, infusion, café, thé récemment mis à la mode, coûteux chocolat ou le « bouillon de santé » qui constituait habituellement le déjeuner du roi, demandaient de l'eau, bouillie par mesure d'hygiène. En revanche, tout le monde buvait du vin aux repas et parfois durant la journée. Sur 150 mètres le long de la rue de la Chancellerie, 6 des 27 baraques autorisées par les Bâtiments en 1736 étaient tenues par des cabaretiers et la septième par un marchand de vin. Ce n'était pas une concentration exceptionnelle, car le commissaire de police estimait la même année à 800 le nombre des cabaretiers[22]. Le Versaillais assoiffé ne dédaignait pas la bière : ainsi, la veuve Verdier avait une brasserie à l'extrémité de l'avenue de Paris, près de la grille dite du Petit Montreuil. Insensible aux protestations et pétitions répétées des voisins à propos de l'odeur des effluents déversés dans le drainage public le long des contre-allées, Noailles prit sa défense : « Je ne peux me dispenser de vous représenter, écrivit-il au directeur des Bâtiments, que l'établissement de cette brasserie n'est pas moins utile et nécessaire aux habitants de Versailles qu'aux intérêts du Domaine[23]. » Bière pour le peuple égalait taxes pour le roi ! L'ardente soif des Versaillais était, en effet, la principale ressource dont disposait le gouverneur pour l'entretien des paroisses, des écoles, de l'hôpital, de l'infirmerie, et les secours aux pauvres. Pour ne prendre qu'un exemple, en 1754, la Régie des aides frappa de 113 503 livres de taxes les boissons introduites dans la ville, soit 182 240 litres d'eau-de-vie, 19 698 litres de vin de liqueur, 6 377 631 litres de vin ordinaire, 996 960 litres de cidre et poiré, enfin 445 617 litres de bière[24].

Exigeant une grande quantité d'eau, les fontaines des jardins royaux n'étaient pas très souvent mises en service, surtout au XVIIIe siècle. Dès que le château d'eau et les réservoirs de l'extrémité de l'aile du Nord étaient remplis, la majeure partie de l'eau fournie à Versailles pouvait donc être utilisée pour la toilette, la cuisine et les écuries. Cependant, les fontaines de distribution étant pour la plupart à débit permanent, beaucoup d'eau allait se perdre dans les rues. Lorsqu'une fontaine fut installée dans le nouveau marché du Parc aux Cerfs, le contrôleur des Bâtiments signala le mécontentement qu'elle suscitait ; tout le voisinage était inondé et les rues devenaient des patinoires en hiver[25] : « Depuis que la fontaine du Marché neuf fournit de l'eau dans ce quartier, la populace est furieuse contre cet établissement et si elle pouvait, elle le détruirait. » On y jeta des pierres, si bien qu'elle dut être équipée d'un grillage de protection et défendue par un garde[26].

Pourtant, les flots déversés sur la voie publique n'étaient pas inutiles en un temps où le contenu des pots de chambre finissait dans la rue, ainsi que les déjections des animaux de toute espèce qui y divaguaient et les déchets de cuisine. Exception : la litière souillée des étables était généralement revendue aux jardiniers. Des ordonnances imposèrent aux concierges de nettoyer les « ordures » devant leur maison et d'empiler les déchets contre les murs afin qu'ils puissent être chargés dans sa carriole par un contractant municipal. Cette réglementation ne fut que mollement appliquée et, en 1779, le problème était devenu si préoccupant que le directeur général des Bâtiments fit afficher cette ordonnance : « Défendons à tous particuliers de jeter [sur la voie publique] des animaux morts ou autres ordures infectes, ni de défaire les tas des balayeurs sur les revers du pavé[27]. » Le plus souvent, on se borna à pousser les détritus dans la rigole centrale de la rue, d'où la pluie et les eaux perdues les entraînaient vers les égouts publics qui, saturés, débordaient, inondaient les caves où ils gâtaient le vin et le bois qui y étaient conservés.

La puanteur incommodait tout autant les courtisans se promenant dans les jardins du château, car les déchets provenant des rues du nord et du sud de la ville aboutissaient à deux principaux égouts souterrains, l'un situé près de la grille à l'angle des rues de l'Orangerie et de la Surintendance, l'autre à l'angle des rues des Réservoirs et de la Pompe. Jusqu'en 1737, ces eaux urbaines mêlées aux ordures aboutissaient au Grand Canal, qui risquait fort – comme ce fut le cas d'un petit étang de ramassage des eaux – de mériter lui aussi le nom de « pièce puante ». Cette année-là, un contrat fut signé pour la mise en place d'une canalisation souterraine amenant l'eau usée à la Seine par Villepreux, donc au-delà du Grand Canal. Le coût initial fut estimé à 600 000 livres pour une longueur de 7 000 mètres. On draina et cura le canal pendant que le roi passait l'été et l'automne à Compiègne et Fontainebleau[28].

En 1765, après des années de réclamations portant sur l'insuffisant drainage de la rue de l'Orangerie, on découvrit une erreur fatale de conception commise précédemment. En effet, l'égout de la rue de l'Orangerie ayant perdu de sa capacité en raison d'un accident, la nouvelle canalisation passait à un pied au-dessus de la précédente. Celle-ci étant saturée sur un cinquième de sa longueur sous rue, les eaux usées auraient dû s'élever d'un pied pour être recueillies et évacuées par le système mis en place en 1737[29].

« Le bain est superflu et très dommageable »

Au XVIIe siècle, l'eau ne jouait qu'un rôle secondaire dans l'hygiène personnelle et, en 1655, un auteur de guide assurait : « Le bain, hors l'usage de la médecine en une pressante nécessité, est non seulement superflu mais très dommageable aux hommes. Le bain extermine le corps et le remplissant, le rend susceptible de l'impression des mauvaises qualités dans l'air. [...] Le bain emplit la tête des vapeurs[30]. » Notons au passage que la promotion du bain au rang de pratique de première nécessité est relativement récente. En 1954, un logement sur dix en France disposait d'une salle de bains, d'une baignoire ou d'une douche. En 1968, ce n'était encore le cas que pour 17 % des habitations rurales[31].

Trois siècles plus tôt, un manuel de 1640 conseillait aux gens de qualité de se laver les mains chaque jour, et le visage presque aussi souvent[32]. Au XVIIIe siècle, lady Mary Montague, élégant bas-bleu, s'entendant reprocher ses mains sales par un voisin à un dîner mondain, l'invita en riant à se pencher pour voir ses pieds ! Pour la plupart des courtisans, un coup d'éponge suffisait à la toilette quotidienne et la pousser plus loin paraissait excessif et fastidieux. L'*aqua simplex* venait souvent après les diverses eaux de toilette dont le parfum ne parvenait guère à masquer les odeurs corporelles. Tout en la matière était affaire de goût personnel et de tolérance. Madame la Princesse, épouse du chef de la maison des Condé, passait pour avoir « un gousset [odeur d'aisselles] fin qui se faisait suivre à la piste, même de loin[33] ». La princesse Palatine s'inondait de poudres de senteur si puissantes que la Dauphine défaillait à son approche[34].

Enfant, Louis XIV avait appris à se laver le visage, les mains et la bouche, et il avait intégré cette pratique au cérémonial du lever[35]. Plus tard toutefois, n'ayant pas la barbe forte, il ne se faisait pas raser quotidiennement par ses valets de chambre-barbiers[36]. Sur ses vieux jours, il commençait sa journée par un rapide massage du corps, en raison de suées nocturnes, dues vraisemblablement au fait que son médecin lui prescrivait un épais dessus-de-lit contre la goutte[37]. Lorsque cette toilette élémentaire était terminée, les entrées commençaient, selon le rang et l'office. Le rituel du lever était l'objet de la curiosité générale et chaque étape offrait au roi l'occasion d'accorder à un courtisan le privilège convoité, baromètre de sa faveur, de lui tendre tel ou tel vêtement. L'almanach officiel de la Cour, les *États de France*, codifiait rôle et prérogatives de chacun des acteurs du cérémonial, mais il n'y est question nulle part d'un bain royal, fût-ce en privé ; et ce silence n'est certainement pas dû au souci de ménager la pudeur d'un homme qui enfila sa chemise en public presque tous les jours de sa vie.

Le bain était considéré comme un acte relevant de la sensualité plus que de l'hygiène, et c'est d'ailleurs dans l'épanouissement de sa vie amoureuse que Louis XIV se fit aménager un somptueux appartement des Bains sous les salles de l'État. Ses premières amours avec Mlle de La Vallière avaient eu le charme innocent d'une idylle pastorale. Un roi jeune, beau et vigoureux, une belle, charmante et timide damoiselle allaient ensemble rechercher la solitude et le plaisir d'être l'un à l'autre, entourés d'un petit cercle d'intimes, qui, comme les chevaliers de jadis, recevaient en signe de compagnonnage le convoité justaucorps bleu leur permettant de se dispenser d'invitation[38]. Mais, à la trentaine, le Roi-Soleil eut d'autres exigences, et les réticences et scrupules religieux de la timide jeune femme ne resistèrent pas à la sensualité luxuriante et à l'esprit acéré de celle qui lui succéda dans son lit. L'élévation de Mme de Montespan coïncida, à la fin des années 1660, avec le projet d'un ensemble de nouvelles constructions enveloppant le château de Louis XIII.

L'appartement des Bains que Louis XIV lui offrit par la suite fut, en quelque sorte, un monument élevé à l'enthousiasme sensuel du roi : il s'agissait d'un large bassin destiné aux délices du bain à deux. Commencé en 1671, il ne fut complètement achevé qu'en 1680. Son décor de marqueterie, de marbre et de fresques rivalisait avec la galerie des Glaces de l'étage supérieur. Au centre de la façade Nord, un vaste vestibule précédait deux salons orientés à l'ouest, et les fenêtres du second donnaient sur le parterre du Nord et le parterre d'Eau. Sous la galerie se trouvait la chambre considérée comme indispensable pour prendre quelque repos après les effets débilitants de l'eau chaude. Enfin, le cabinet des bains était équipé d'une baignoire octogonale de marbre massif longue d'un peu plus de trois mètres et profonde d'environ un mètre, pourvue de marches et de sièges sur les côtés. Plus tard, deux petites baignoires, peut-être destinées au rinçage, furent ajoutées du côté de la cour intérieure où se trouvait un grand chauffoir d'eau. La disposition de l'ensemble évoquerait, à nos yeux, une élégante version du bain californien, et l'emploi que l'on faisait d'herbes et d'encens s'appellerait aujourd'hui aromathérapie.

Hélas, la passion qu'avait inspirée ce décor retomba avant qu'il fût achevé. Lorsque Mme de Montespan quitta son appartement proche de celui du roi, au sommet de l'escalier des Ambassadeurs, pour emménager dans l'appartement des Bains, la royale liaison était terminée. À l'approche de la quarantaine, Louis XIV se tournait vers la religion et, tombant dans les filets de la prude Mme de Maintenon, abandonnait son ardente, vive et aristocratique maîtresse pour la félicité au coin du feu et la piété douillette de la gouvernante de ses enfants illégitimes. Quand Mme de Montespan quitta définitivement la Cour, l'appartement des Bains passa au duc du Maine. Plus attaché à Mme de Maintenon qu'à sa propre mère, le jeune bâtard royal, qui venait de se marier, prit au mot une requête que la délaissée avait eu la maladresse de formuler comme un ultimatum : il lui renvoya ses effets à Paris en faisant passer les meubles par les fenêtres des terrasses au lieu de choisir le chemin plus discret des cours intérieures[39]. Quelques années plus tard, son jeune frère, le comte de

Toulouse, lui succéda dans l'appartement, suivi par son fils, le duc de Penthièvre, en 1749. La baignoire de marbre massif fut alors débarrassée de la plate-forme qui la dissimulait et, comme elle était trop large pour passer par la fenêtre, on envisagea un instant de la briser. Finalement, il ne fallut pas moins de 22 hommes équipés de cordes et de poulies pour la déplacer et la transporter à l'Hermitage, retraite de Mme de Pompadour. La baignoire y resta jusqu'en 1934, date à laquelle elle fut transférée au jardin de l'Orangerie[40].

Les bains assis de Louis XV

Au fil du XVIIIe siècle, des normes d'hygiène plus exigeantes s'imposèrent, si bien qu'en 1790, le voyageur anglais Arthur Young put noter : « Au sujet de la propreté [...] les Français sont plus propres sur leur personne et les Anglais dans leurs maisons [...] Un bidet en France est chose commune dans tout appartement, comme un lavabo pour se laver les mains, ce qui est un trait de propreté personnelle que je souhaiterais plus commun en Angleterre[41]. »

Ces progrès avaient atteint Versailles, et lorsque Louis XV revint au château en 1722, il réclama aussitôt de pouvoir prendre des bains. En 1728, la reine Marie Leszczynska, agrandissant ses appartements privés, y inclut l'une de ces pièces intimes qui comportaient une baignoire individuelle amovible. Celle du roi, à la différence du fastueux marbre de son arrière-grand-père, était en cuivre et se trouvait dans une petite pièce fonctionnelle carrelée en Delft[42]. Celle de la reine présentait une décoration d'un luxe plus féminin. Toutes deux étaient flanquées de l'indispensable chambrette avec lit de repos et dotées d'un entresol où chauffer l'eau[43]. Comme il en fallait peu, les serviteurs l'apportaient dans des seaux, alors que la volumineuse baignoire de Louis XIV nécessitait le recours aux réservoirs.

Curieusement, il semble que Louis XV ne s'immergea jamais dans son bain. L'eau chaude versée d'abord dans la baignoire – l'eau froide n'y étant ajoutée qu'ensuite – rendait le cuivre brûlant. Le baigneur s'asseyait sur une chaise placée dans la baignoire, revêtu de vêtements de bain et protégé de surcroît par une sorte de tente, tandis qu'aux portes, des tentures faisaient écran contre les courants d'air[44].

Le premier établissement public de bains de Versailles avait été ouvert, au milieu des années 1670, à l'enseigne des Bains royaux par Claude Roger, valet de chambre du duc d'Orléans. Titulaire d'un monopole, il l'installa au centre de la cité, rue Dauphine, à l'emplacement de l'actuel 7, rue Hoche[45]. Au château, les courtisans utilisaient surtout, semble-t-il, des cuvettes, des brocs et quelques baignoires portatives. Au XVIIIe siècle, les installations sanitaires privées se multiplièrent, et l'appartement des membres de la famille royale, en particulier celui des Princesses, incluait de plus en plus fréquemment un bain. C'était le cas de celui de Mesdames de France dans l'aile des Princes quand il fut remodelé en 1747[46], et dans leur nouveau logement, au rez-de-chaussée du corps central du château, elles partagèrent un bain sur la cour des Cerfs[47]. De même, Mme de Pompadour se fit installer un bain lorsqu'elle fit rénover une série de pièces du rez-de-chaussée regardant le parterre du Nord[48].

Beaucoup de courtisans pourtant ignoraient encore le plaisir de l'eau et quand, en 1765, la comtesse de Durfort demanda au marquis de Marigny, directeur général des Bâtiments, l'installation d'un bain, elle s'attira cette réponse : « Comme il est sans exemple qu'on ait fait des bains pour qui que ce soit, à l'exception de la famille royale – et quelques Princes du sang n'en ont jamais eu chez le Roi – je ne saurais prendre sur moi de faire faire ceux que demande Mme la comtesse [...] sans être autorisé par Sa Majesté [...] mais certainement le Roi ne le permettra pas. C'est une planche dangeureuse à faire. » Cinq jours plus tard, le directeur manda à un subordonné : « Sa Majesté n'entend point qu'il soit fait aucun bain pour quelques personnes qu'il soit à l'exception de la famille royale. Elle me l'a défendu expressément[49]. » Les courtisans se le tinrent pour dit.

Avec l'avènement de Louis XVI, le bain devint plus commun. Marie-Antoinette se lavait les jambes tous les jours à son lever et se baignait fréquemment. Après avoir converti la salle de bains de Marie Leszczynska en bibliothèque, la jeune reine fit installer dans sa chambre une des baignoires partiellement couvertes pour bain assis, que leur forme faisait appeler « bains chaussons ». Elle y prenait un frugal déjeuner avec café ou chocolat sous les yeux de ses servantes, pudiquement vêtue d'une robe de flanelle boutonnée au cou qu'elle ôtait derrière une draperie la protégeant des regards[50].

Au fil du siècle, le bain perdit son statut exceptionnel et se vit même recommandé par les médecins. Dans les appartements des courtisans, l'état de l'ameublement montre la présence de divers accessoires sanitaires. Ainsi,

Mme de Saulx-Tavannes se fit installer un « cabinet servant de bain » au-dessus de sa chambre et « une baignoire de cuivre rouge posée sur son châssis de bois d'hêtre » accompagnée des accessoires nécessaires : « Une petite chaise sanglée, [...] un petit écran, deux fauteuils en suite et deux petites encoignures de bois de poirier découpées. » La bouilloire était placée dans une étroite garde-robe au-dessous. Dans une autre garde-robe pratiquée dans son cabinet, elle utilisait « un bidet garni de son bassin de faïence, avec son couvert de maroquin rempli de crin[51] ».

L'évêque de Chartres, premier aumônier de la reine, disposait d'une petite garde-robe à côté de son cabinet, au-dessus des appartements de la reine. Lorsque le prévôt de l'hôtel du Roi dressa un inventaire après sa mort, en 1780, il y inscrivit « un petit bidet de bois de hêtre garni de sa cuvette de fer blanc et sa seringue d'étain et sa couchette [avec] une chaise de commodité de pareil bois garni de son seau de faïence[52] ». *Mens sana in corpore sano*, telle était donc la devise du très orthodoxe prélat. À la Cour, toutefois, ces installations ne pouvaient être, faute de place, que simples et, la plupart du temps, amovibles et temporaires. Ailleurs, elles étaient de plus en plus luxueuses. En 1760, le duc de Chevreuse fit aménager des salles de bain dans son château de Dampierre et sa maison de campagne de Passy. On détruisait alors l'escalier des Ambassadeurs, et le duc en profita pour orner son bain de marbres provenant des enjolivures du premier style de Versailles[53].

Les bains publics proposés à la même époque ne pouvaient prétendre à tant d'élégance. Le sieur Dauges, valet de chambre-baigneur du Roi, loua une maison dans la rue du Vieux-Versailles avec l'intention « d'y faire construire des bains pour l'utilité des seigneurs et dames de la Cour ». Pour mener à bien son projet, il demanda que fût installée une ligne spéciale d'eau. Dix ans plus tard, le sieur La Bouche, qui se qualifiait lui-même de « baigneur », proposa de prendre en charge l'immeuble, mais comme il voulait y mettre aussi en location des chambres garnies, sa requête fut rejetée. Pour le directeur général des Bâtiments, le risque d'incendie était trop grand dans un édifice mitoyen de la salle des Tableaux du roi et de sa propre résidence. La Bouche trouva un autre endroit rue de Maurepas, dans un nouveau quartier éloigné[54]. Il continuait toutefois de rêver d'un bain public au centre de la ville et, en 1787, sollicita à cet effet l'octroi de 544 mètres carrés dans le jardin du grand maître qu'on venait d'ouvrir au public. Dans sa requête, il fit valoir sa bonne réputation : « Le bon ordre, la décence et la propreté qui règnent toujours chez lui ont attiré les seigneurs et dames de la Cour qui l'ont honoré de leur suffrage [...] mais cet établissement étant situé à une des extrémités de la Ville très loin du Château, des maisons militaires et de l'ancien quartier, toute la faculté et les habitants ont engagé le sieur La Bouche à former un nouveau projet. » Le grand plan accompagnant la requête portait : « Bains à plusieurs tarifs, couloir des hommes, couloir des dames, chambres pour les curistes étrangers. » Les prix indiqués étaient assez élevés, hors de portée du Versaillais ordinaire. Des notes annexes prévoyaient « deux corridors pour les personnes qui désirent être servies à 2 livres 8 sols ; deux corridors séparés pour les deux sexes à 1 livre 4 sols sans linges. Comme les maisons militaires étaient censées n'avoir que le linge de corps, « La Bouche leur fournira le linge nécessaire sans aucune augmentation de prix de 1 livre 4 sols. Au bout de chacun des deux corridors, deux salles de bains où l'on sera reçu gratis en apportant un billet signé d'un médecin, chirurgien ou curé, et le linge destiné à ces deux salles ne servira qu'à cet effet seulement. Il y a aussi des douches ascendantes pour les deux sexes, bains de vapeur, bains de fumigation, étuves et douches tombantes. Comme les personnes non domiciliées à Versailles demandent souvent au sieur La Bouche de loger chez lui pour suivre le traitement ordonné par la faculté, il y aura plusieurs chambres particulières ». Trop ambitieux et exigeant trop de terrain public, le projet se heurta à un refus[55].

« Cabinets des affaires » et chaises percées

Les recoins écartés des appartements princiers comprenaient fréquemment un lieu d'aisances, mais, jusqu'au milieu du XVIIIe siècle, celui-ci était dépourvu de tout système d'évacuation. Or en Angleterre, dès 1678, le château de Longford possédait un dispositif de nettoyage utilisant l'eau de pluie[56]. Au fil du siècle, l'esprit d'innovation britannique fit de tels progrès qu'en France, les rares toilettes de ce type étaient dites « cabinets à l'anglaise[57] ». La pièce où elles se trouvaient portait le nom de « cabinet des affaires ».

Sur les plans d'architectes, on trouve le plus souvent l'euphémisme « garde-robe », qui s'appliquait en principe à une pièce de rangement plus vaste, mi-dressoir, mi-lingerie. Le pot de chambre en était l'élément essentiel et, chez la plupart des courtisans, ce vase de céramique était encastré dans un siège plus ou moins confortable ou élégant : la « chaise percée ». Elle pouvait prendre la forme d'une simple boîte au siège matelassé ou d'une sorte de trône sous lequel le pot était glissé. On en usait le plus souvent en privé mais, la princesse Palatine rapporte qu'un couple de courtisans avait l'habitude de bavarder galamment en répondant à l'appel de la nature[58]. Les proches de Louis XIV avaient accès à son cabinet des affaires, et la duchesse de Bourgogne recevait les dames sur la chaise – ce qui ne surprenait pas de la part de celle qui n'hésita pas, un jour, à se faire administrer un lavement en présence du roi. Mais le cas le plus frappant est celui du duc de Vendôme. Connu pour son manque d'hygiène, il scandalisa l'émissaire de Parme, car, non content de le recevoir assis sur sa chaise percée, il se torcha le cul en sa présence. Le diplomate s'enfuit mais le jeune et ambitieux abbé Alberoni ne se montra pas aussi délicat. Lorsque l'offense fut répétée, le futur cardinal et Premier ministre d'Espagne, extasié, s'exclama : « *O culo d'angelo*[59] ! » La flatterie dut être irrésistible pour l'homosexuel vieillissant qu'était Vendôme, car il favorisa par la suite la carrière d'Alberoni.

Un érudit du XIXe siècle dénombra 274 chaises percées à Versailles sous le règne de Louis XIV[60]. Ces commodités étaient attribuées aux membres de la famille royale ; 200 d'entre elles étaient couvertes de damas rouge et bleu avec des sièges en maroquin ; 60 avaient des couvercles amovibles et quelques autres étaient déguisées de façon bouffonne, telle celle qui avait la forme d'une pile de livres intitulés *Voyage aux Pays-Bas*. Le véritable problème restait l'évacuation de leur contenu. Deux officiers du roi portant le titre de « porte-chaise d'affaires » avaient pour fonction de lui fournir les serviettes de linge faisant office de papier-toilette et d'enlever et vider son pot de chambre. Ils ne le faisaient que lorsque les médecins royaux avaient daigné venir inspecter « ces dernières misères auxquelles il a plu à la mère nature de nous assujettir », et les porte-chaise devaient donc passer un peu plaisant quart d'heure avant de se diriger vers la fosse avec leur fardeau. Un ragot accusait protestants et jansénistes d'avoir soudoyé le porte-chaise pour apprendre les secrets du pot de chambre royal[61].

Sous Louis XV, on installa dans l'appartement privé du roi un cabinet qui possédait un mécanisme de chasse d'eau et sous Louis XVI, cette petite pièce devint le séjour favori d'un chat angora qui se plaisait à ronronner dans la fraîcheur du marbre et de la céramique. Quand le roi prenait place sur le siège, la contre-attaque de ce colérique félin faisait décamper le monarque tenant d'une main sa culotte et, de l'autre, sonnant furieusement ses serviteurs.

Au XVIIIe siècle, certains courtisans réussirent à obtenir des bâtiments du Roi de petits espaces cloisonnés à usage de garde-robes. Chez les Saulx-Tavannes, cette retraite était meublée, selon l'inventaire, d'« une chaise de commodité [et] un bidet, le tout de bois de noyer garnis de leur bassin de faïence, avec leurs couvertures remplies de crin et couvertes de maroquin rouge ». Sur une « table de nuit aussi de bois noyer avec un dessus de marbre », il y avait « cinq pots de différentes faïences. » La fenêtre sur la cour de l'Apothicairerie était tendue d'un rideau de mousseline, et un pot-pourri de terre témoignait du goût délicat de la comtesse[62].

Rares étaient les endroits où l'on pouvait déposer les « misères de Mère nature ». Les pots de chambre des résidents du château et de leur domesticité étaient vidés dans plusieurs latrines collectives, dites lieux publics, qui, dotées de sièges doubles, ignoraient la séparation des sexes et n'offraient nulle discrétion aux usagers. La plupart se trouvaient dans les attiques, près des escaliers publics où, du moins en principe, une ventilation naturelle pouvait dissiper les odeurs. Hélas, divers accidents et épanchements avaient mis le sol dans un tel état que les liquides nauséabonds pénétraient dans la maçonnerie des murs, le plâtre des cloisons et les planchers de bois. Lorsqu'un membre du Conseil des Finances se vit offrir un appartement mal situé, les inspecteurs des bâtiments du Roi notèrent : « La chambre est infectée du voisinage des lieux communs qui sont dans le corridor en retour ; les crevasses des cloisonnages transpirent l'odeur dans cette chambre, ce qui la rend inhabitable. » Le haut personnage protesta de son côté : « Ce logement [...] n'est pas habitable tant par rapport à la puanteur d'un privé public qui est adossé à la chambre et au mur duquel il paraît y avoir des fenêtres par lesquelles l'odeur se communique, que par l'état où se trouvent les planchers[63]. »

Ce « temple de l'abomination » se trouvait dans le pavillon de la Surintendance, à l'extrémité sud du château. Dans l'aile du Nord, construite plusieurs années plus tard, le plan original avait prévu des lieux publics plus perfectionnés. Deux puits centraux de maçonnerie permettaient de ménager quatre sièges sur chaque palier de l'escalier public. Toutefois, aux étages inférieurs, la ventilation n'était assurée que par le passage commun, et

Voltaire, qui logeait près de là, qualifiait l'endroit de « trou merdeux le plus puant de Versailles ». Il se plaignait de l'absence de porte et demandait que des gouttières fussent orientées de façon à faire nettoyer les fosses par l'eau pluviale[64]. Ce remède ne suffisait pourtant pas, car les tuyaux disposés dans le sens souhaité étaient aussitôt bouchés par toutes sortes de déchets.

« Des gens pissent dans tous les coins… »

Nulle part la situation ne fut aussi critique que dans la cuisine de la Reine, en tout cas si l'on en croit l'inspecteur des Bâtiments : « Un tuyau des latrines du Château, qui est souvent engorgé, est rempli de fentes, lesquelles laissent passer les matières qui coulent et empoisonnent dans toute la Bouche de la Reine. J'ai conseillé de faire supprimer sur-le-champ le siège de cette latrine, et je pense qu'à l'avenir ce siège peut rester supprimé[65]. » Cela régla le problème, non sans aggraver le manque de commodités, dont le nombre était loin de correspondre à l'importance de la population du château, courtisans et domestiques compris. Cette pénurie amenait ceux qui éprouvaient un besoin pressant à se soulager dans les couloirs, les escaliers et les cours. C'était tout particulièrement le cas dans l'aile des Princes, et en 1702, Madame Palatine, qui résidait à l'extrémité de la galerie, s'en plaignit en ces termes : « Il n'y a qu'une malpropreté à la Cour à laquelle je ne m'habituerai jamais : les gens [militaires] stationnés dans les galeries en face de votre chambre et qui pissent dans tous les coins. Il est impossible de quitter son appartement sans voir quelqu'un pisser[66]. » Les choses avaient si peu changé en 1745 qu'il devint nécessaire de pourvoir de barreaux les arcades de la galerie pour empêcher les gens de se soulager à cet endroit[67].

Il y avait pire : des domestiques vidaient les pots de chambre par les fenêtres du château. En 1775, le gouverneur fut obligé de menacer le marquis de Montesquiou, la comtesse de Bruegnon, la princesse de Guistelle, et Son Éminence le cardinal de Luynes de mettre des barreaux aux fenêtres de leurs appartements si cette pratique ne cessait pas chez eux. Chacun des réprimandés nia les faits et jura que ses domestiques étaient irréprochables. La princesse de Guistelle ajouta qu'elle avait elle-même été victime du procédé et que les fleurs de son balcon avaient été souillées par les inondations venant d'au-dessus[68].

L'avertissement du gouverneur semble avoir été efficace, mais il n'ignorait pas que la pratique se maintiendrait si le problème de fond n'était pas résolu. Faute de mieux, il dut se contenter du maintien en bon état des commodités existantes. Tel n'était pas toujours le cas. En 1773, le secrétaire du comte de Noailles adressa une plainte aux Bâtiments : « Il y a des réparations à faire aux privés du château de Versailles qui sont en partie dégradés au point qu'on ne peut plus les nettoyer et où les accidents sont à craindre... » Le gouverneur appuya la requête : « Je vous demande pardon, Monsieur, de vous importuner d'un détail de cette espèce, mais c'est l'intérêt de tous les seigneurs et dames de la Cour, et même de la famille royale, qui en sont souvent incommodés. » Il proposa, quelques mois plus tard, de construire des latrines dans le jardin : « L'une derrière le bosquet du Dauphin, et l'autre près de la salle du bal. Chaque fosse aurait douze lunettes séparées et aurait une porte avec loquet. C'est le seul moyen de donner de la propreté dans le château qui manque de commodités et, en même temps, de prévenir la destruction des nouvelles plantations du jardin[69]. » La suggestion resta lettre morte et Angiviller répondit à Noailles : « Je vous avoue que j'envisage des difficultés, c'est l'établissement des deux cabinets d'aisance dans les jardins. Vous n'ignorez point l'horrible malpropreté qui règne dans ces établissements dès qu'ils sont livrés même au plus médiocre concours, et il vous est aisé d'imaginer ce qu'ils seront bientôt dans un endroit aussi public que les jardins de Versailles. Tous les soins d'un gagiste attaché à un de ces cabinets ne suffiront peut-être pas pour y maintenir de la propreté et d'ailleurs, l'espèce d'asile qu'ils favorisent ne peut-il pas favoriser des désordres – comme on en eut le triste exemple dans les chaises à porteurs dont le château est inondé ? Mais en me bornant seulement à la propreté et à la décence des jardins, ne serait-il pas blesser l'une et l'autre que de faire l'établissement que vous désirez dans les emplacements qui seront précisément les plus à portée de la promenade ? J'ajoute que cet établissement pourrait ne remplir ni vos vues ni les miennes parce qu'il est une trop grande multitude d'hommes vis-à-vis desquels les précautions les mieux combinées sont inutiles[70]. »

Le gouverneur usa alors d'un argument irréfutable : « Je regarde cet établissement comme absolument indispensable, vu la quantité énorme des personnes qui ne savent où aller faire leurs besoins et qui prennent le parti de les faire dans les corridors, dans les galeries à présent fermées, ou dans le parc à découvert[71]. » Le budget fut accepté, mais aucun nouveau cabinet d'aisances ne fut créé[72]. Les usagers potentiels n'étaient donc pas mieux traités par le directeur des Bâtiments que les touristes qui, il n'y a pas si longtemps encore, faisaient d'interminables queues dans la cour des Princes pour jouir du privilège d'user, à titre onéreux, de très sales et très insuffisantes commodités.

Le besoin étant immuable, le problème subsistait et, en 1780, le prince de Poix, fils et successeur de Noailles, proposa de poster devant chacune des fosses d'aisances un gagiste qui jouerait le rôle de notre moderne « dame pipi ». Il se vit opposer par le directeur des Bâtiments des objections qui lui parurent fondées : « D'après le compte qui m'a été rendu [...] il n'était pas possible d'établir dans chacun des lieux d'aisance des hommes à qui on ne donnerait que douze sols ; ils demanderaient à ceux qui viendraient dans ces endroits, et ce serait autant de pauvres qui ne tarderaient pas à importuner. Or pour que ce service soit fait avec tout le soin et l'attention qu'il exige, on ne pourrait se dispenser de donner moins de vingt sols par jour à chacun des journaliers qui seraient obligés d'être à leur poste depuis cinq heures du matin jusqu'à neuf heures du soir. Comme il y a 29 fosses d'aisance, vous conviendrez que cette augmentation de dépense annuelle sur le Domaine, qui est déjà trop chargé, est trop forte [...] mais je vais recommander à la personne chargée du service des balayeurs de redoubler d'attention jusqu'à ce qu'il soit possible de faire un nouvel arrangement[73]. » Au bout du compte, le souci de l'économie triomphait du sens de l'odorat !

Le feu

Un chauffage au bois peu efficace

La liste officielle des logements du château mentionnait les pièces et entresols de toutes dimensions, de la chambrette aux appartements princiers, et le nombre des cheminées permettant de les chauffer. La plupart des pièces principales en étaient munies mais au XVIIIe siècle, de nombreux poêles vinrent s'y ajouter pour améliorer le chauffage. En y comprenant les ailes des Ministres, l'*État* de 1783 dénombrait 1 169 cheminées dans le château. Presque toutes brûlaient du bois plutôt que du charbon, plus usité en Angleterre alors que les Français l'employaient à la cuisine et, surtout, dans les réchauffoirs. Le bois de chauffage était fourni gratuitement à la plupart des officiers du roi par le Domaine royal ou la maison du Roi. Lorsque les Enfants de France étaient en âge d'avoir leur propre Maison, leurs officiers installaient des fourrières qui fournissaient combustibles et bois. À l'origine, Colbert avait spécifié que les personnes invitées au château en seraient dotées[1], mais lorsque Versailles devint la résidence officielle du monarque, il révisa un peu sa générosité. Faute de preuves, on suppose que les courtisans n'ayant pas d'office leur assurant le bois de chauffage s'approvisionnaient auprès d'un marchand, probablement le sieur Pépin, protégé du comte de Noailles.

La fourrière de la maison du Roi fournissait les bûches et les fagots d'allumage, ainsi que du charbon pour les cuisines et les offices. Elle avait 20 chefs, soit 5 par quartier de l'année, et 15 aides de fourrière. Quoique jouissant des privilèges des officiers de la Maison, ils n'avaient que peu de prestige, n'étant guère que des intermédiaires entre la Cour et les fournisseurs. Ils tiraient de la différence entre le prix du bois porté au budget royal et celui du marché un bénéfice qu'ils se partageaient, les quartiers d'hiver étant bien entendu les mieux dotés. Le plus gros du travail était assuré par les garçons qui allaient chercher le bois dans les dépôts du sous-sol du Grand Commun. Deux officiers commissionnés portaient le titre de garçons de la Fourrière, et la part la plus prestigieuse de leur charge était d'apporter le bois à la chambre du Roi et d'allumer son feu le matin. Ils recevaient 60 livres par an pour leur outillage, 144 pour leurs brosses et torchons, ainsi qu'un habit valant 120 livres chaque année[2]. Le plus souvent, Louis XV s'était levé et avait quitté sa chambre avant leur arrivée. Le duc de Luynes notait en 1737 : « Il y a quelques jours que le Roi, parlant à son souper du grand froid qu'il faisait ici dans sa chambre à coucher, qui l'obligeait même de passer quelquefois dans son cabinet lorsqu'il se lève le matin avant que l'on soit entré chez lui, j'eus l'honneur de lui dire que, puisqu'il trouvait son cabinet plus chaud, il me semblait qu'il en pourrait faire usage plus souvent. C'est pour cela qu'il me répondit : "Lorsque je me lève avant que l'on soit entré, j'allume mon feu moi-même et je n'ai besoin d'appeler personne. Si je passais dans mon cabinet, il faudrait appeler ; il faut laisser dormir ces pauvres gens, je les en empêche assez souvent[3]." »

Est-ce sa prévenance qui valut au jeune monarque d'être affligé de toux et de rhume cette année-là[4] ? En tout cas, il invoquait sa santé pour passer la nuit dans son cabinet intérieur, réservant la chambre du Roi, ses courants d'air et ses deux étages sous plafond aux seules cérémonies du lever et du coucher. Dès qu'il apparut que cette habitude deviendrait permanente, les premiers valets de chambre demandèrent qu'on leur affectât une cave toute proche pour y garder une réserve de bois. Les apothicaires, auxquels à l'origine cet espace était alloué, reçurent en échange un appentis dans la cour près de leur laboratoire[5].

Le Domaine royal de Versailles fournissait pour sa part bois et fagots d'allumage aux appartements d'État et à une liste de bénéficiaires qui, en 1747, portait 130 noms de plusieurs corps d'officiers et des personnes et institutions aussi diverses que les Sœurs de la Charité de Marly et le premier gondolier du Grand Canal. La liste s'ouvrait, cela va sans dire, par le nom du gouverneur du château et s'achevait avec les frotteurs. Le total de ces fournitures, grandes et petites, était considérable : 985 cordes de bois et 78 430 fagots[6]. À l'époque, une corde de chêne valait 37 livres et une corde de hêtre 39. Le contrat fut accordé, après un semblant d'enchères publiques, au favori de Noailles pour 34 livres la corde et 10 livres par millier de fagots, soit, approximativement, 36 000 livres[7]. La liste de 1756 mentionne 1 266 cordes et 81 750 fagots[8]. Le bois rangé sous le grand escalier de la cour centrale de l'aile des Princes, dite de ce fait cour du Grand Escalier, était probablement réservé aux cuisines du Roi et de la Reine. Les Grands Appartements, en particulier ceux qui possédaient une des rares cuisines privées, amassaient du bois dans le sous-sol des ailes du Nord et des Princes. Le reste des coffres à bois se trouvaient dans les appartements de l'attique, probablement pour éviter d'avoir à hisser chaque jour des bûches dans des escaliers étroits et parce que les vastes combles étaient impropres à tout autre usage.

En 1757, le ministre sortant des Affaires étrangères, logé temporairement dans l'aile du Nord, demanda à l'inspecteur des Bâtiments « un endroit qui puisse servir à renfermer une petite provision de bois ; il n'y en a aucun dans l'appartement qu'on puisse destiner à cet usage et vous jugerez aisément de la difficulté d'en faire venir chaque jour du dehors. Je vous serais très obligé de me procurer, s'il est possible, ou une cave qui puisse y suppléer ou au moins une travée dans la galerie et de donner vos ordres en conséquence à M. l'Écuyer afin que le coffre soit prêt pour la saison[9] ». Il essuya un refus, fondé sur le fait que les arcades de la galerie devaient toujours demeurer ouvertes, et il fut prié de s'adresser au gouverneur du château pour obtenir une cave.

La comtesse de Clermont-Gallerande eut plus de chance. En novembre 1764, se trouvant installée dans un appartement dont les grandes portes-fenêtres donnaient sur le parterre du Nord, elle écrivait au directeur : « L'approche d'hiver me faire sentir toute l'utilité d'un coffre à bois[10]. » Sa demande fut bien accueillie par Marigny, qui écrivit à son contrôleur : « Donnez vos ordres tout au plus tôt pour qu'il en soit fait ainsi et recommandez toute la diligence possible, autant que la saison où nous sommes le permet, pour se procurer un pareil meuble. Mme de Clermont en a plus besoin que personne dans l'exposition où elle est[11]. »

Tout en disposant de réserves de bois bien fournies, les appartements princiers donnant sur le jardin étaient mal chauffés par leurs cheminées, car, dans ces vastes et hautes pièces, toute la chaleur s'échappait vers les plafonds et les énormes bâtis des fenêtres laissaient passer les courants d'air. Même la vigoureuse Madame Palatine, qui, dans sa jeunesse, faisait ouvrir grandes les fenêtres de son palais familial de Heidelberg, se plaignait de ce que les croisées rendissent son appartement glacial[12]. L'une des premières requêtes adressées au surintendant des Bâtiments quand l'aile du Nord fut achevée fut de doter les fenêtres de doubles vitrages[13].

Les occupants des appartements en attique auraient dû, en principe, bénéficier de la chaleur des feux des étages inférieurs, mais ils étaient surtout enfumés par leurs cheminées[14]. Cet inconvénient était dû au désir qu'avait eu Louis XIV de préserver l'harmonie et la symétrie de la façade classique donnant sur le jardin. La balustrade et les trophées décoratifs n'étant ni assez hauts pour cacher les cheminées, ni celles-ci assez larges pour assurer un bon tirage, la fumée était rabattue par le vent dans les appartements. Saint-Simon n'était pas seul à dire que, vu du jardin, le palais semblait avoir brûlé[15]. On ne s'étonnera pas qu'enfumés de la sorte, les courtisans aient pris en grippe les cheminées. En 1781, la marquise d'Onnisan, qui logeait dans l'attique de l'aile du Nord, s'en plaignit : « Ma chambre est la seule pièce de mon appartement qui ne soit pas boisée et, comme elle [la cheminée] fume horriblement, les meubles s'y noircissent promptement. Pour éviter cet inconvénient, je ne connais rien de mieux que de pouvoir blanchir tous les ans. Ma chambre sera moins sombre, moins triste. »

N'obtenant pas de réponse, elle revint à la charge l'année suivante : « Vous souviendriez-vous […] je vous ai sollicité en vain depuis quatre ans pour ma chambre. Permettez-moi de vous représenter combien elle m'est nécessaire. Ma chambre est petite et triste et noire de fumée. » Nouvelle tentative en 1783 : « La raison qui me force de vous importuner tous les ans […] pour vous prier de donner des ordres pour faire blanchir mon appartement ne change point. Je suis accablée de fumée, ce qui rend mon habitation triste et sombre. » Les peintres vinrent enfin, mais la cheminée ne put être réparée[16].

Sa voisine, la comtesse de Chabannes, imagina pour sa part de remplacer la cheminée par un poêle : « Je suis extrêmement frileuse et vous me rendrez […] un grand service d'avoir la bonté de mander de ne plus s'opposer à la construction de mes poêles […] Je trouve un grand avantage à boucher les cheminées qui me poussent un air très froid[17]. » Pour comble de disgrâce, les cheminées permettaient à la pluie d'entrer. La comtesse de Tessé, qui logeait dans les attiques de l'aile du Nord, jugeait « absolument nécessaire de supprimer deux trous de cheminée qui sont à jour, où il pleut continuellement et qui pourrissent les bois du plancher en question et détachent les plâtres au point qu'il y a risque dans l'antichambre[18] ».

Dans le Grand Commun, c'est à tous les étages que l'on souffrait des cheminées. Au premier, Mme de Bussy trouva une oreille favorable auprès des inspecteurs, qui, en ordonnant des réparations, estimèrent que son appartement était « noir de fumée comme une cuisine[19] ». La vicomtesse d'Aumale joignit sa voix au chœur des pleureuses : « Mon appartement fut inréchauffable une partie de l'hiver dernier par la fumée affreuse[20]. » La comtesse de Castellane tenta de sauver sa dignité en parlant d'elle-même à la troisième personne : « Elle est enfumée à ne pouvoir plus tenir dans son appartement au Grand Commun. » Elle obtint du moins un répit quand une ventouse fut installée[21]. Moins chanceuse, Mlle La Baune, une des femmes de chambre de la reine, qui vivait au second étage, tenta d'inspirer la pitié : « Touchée, Monsieur, de la bonté avec laquelle vous me faites l'honneur de me répondre, je vous demanderai par grâce dans ce temps-là de me faire mettre [en état] la cheminée de ma chambre qui est la seule que j'ai en tout – ayant une fumée affreuse et j'y passe tout l'hiver avec ma fenêtre ouverte sur mon dos, ce qui agrandit de beaucoup les infirmités que j'ai[22]. » En 1765, un inventeur proposa une machine « pour empêcher que les cheminées ne fument ». Marigny s'intéressa à l'idée et donna ordre à son subordonné L'Écuyer de faire deux essais, l'un au château et l'autre à Saint-Hubert, mais ceux-ci ne parurent pas convaincants[23].

Si leur appartement était bien situé, les courtisans pouvaient se réfugier dans une pièce intime où un bon feu entretenait une chaleur agréable. Le duc de Saint-Simon avait la chance de posséder une cheminée dans le cabinet de travail de chacun de ses deux appartements. Le premier était un entresol où, à l'en croire, il discutait du futur gouvernement de la France avec le duc de Chevreuse.

Dans le second, outre le cabinet où son bureau était rivé au sol, il eut plus tard un arrière-cabinet, secrète retraite qu'il appelait sa « boutique » et où le mémorialiste recevait ses visiteurs[24].

Avoir un feu dans sa cheminée était le premier but à atteindre, le second étant d'exiger que celle-ci fût élégante. Trônant au milieu de chaque pièce, elle indiquait, en effet, le rang et la dignité de l'occupant des lieux. Au plus bas de l'échelle, elle n'avait qu'un manteau de bois, à peine plus qu'une tablette. Le cardinal de Choiseul-Beaupré, qui se vit assigner l'un des plus modestes appartements, avait « une cheminée peinte et une tablette de marbre », mais elle était si proche de l'escalier conduisant aux entresols qu'elle en brûlait la porte de ses brandons et étincelles[25]. Au degré suivant de l'échelle sociale, la cheminée était en pierre provenant le plus souvent de la carrière de Liais. On la sollicitait d'ordinaire en faisant valoir qu'elle réduisait le danger d'incendie, mais rares étaient les courtisans à se satisfaire longtemps de l'austère beauté de la pierre naturelle. Voltaire sollicita avec concision « un chambranle de cheminée de pierre ; peur de feu[26] ». Sa maîtresse, la marquise du Châtelet, obtint un petit embellissement : « Une cheminée de pierre peinte en marbre au lieu du chambranle de bois auquel le feu peut prendre[27]. » Mais ce faux marbre n'était en somme qu'une bourgeoise contrefaçon de la glorieuse production des carrières du roi.

En 1782, la duchesse de Fitz-James demanda une cheminée ornementale de marbre des Flandres, mais elle dut se contenter de la pierre. Ne se laissant pas décourager, elle renouvela sa requête quatre ans plus tard[28], montrant par là sa détermination. Mme de Chalons n'en fit pas davantage mystère quand elle sollicita « une cheminée de marbre, cela serait bien utile à ma petite chambre qui a grand besoin d'ornement ». La réponse ordinaire était « adhésion, si le magasin peut fournir[29] ».

Peu de courtisans pouvaient espérer une pièce de cheminée nouvellement sculptée. La plupart recevaient une restauration venant du magasin des bâtiments du Roi. En effet, lorsque les appartements étaient remodelés, leurs cheminées étaient envoyées au magasin des marbres pour conservation et réparation avant d'être réutilisées selon les besoins et demandes. Elles étaient si étroitement liées au statut social que, lorsque la modeste Mme de Maulde perdit son appartement lors de la construction de l'opéra, elle en fut consolée par la permission d'installer le manteau de marbre de sa cheminée dans sa nouvelle résidence de Saint-Germain[30]. L'appartement de son voisin, le prince de Beauvau, fut tout simplement détruit, mais les Bâtiments transportèrent au magasin une longue liste des cheminées que ce favori avait dans son ancien appartement : « Une cheminée de marbre vert de Campan à console, carrée sur face avec sculpture dans le milieu ; une autre de Campan à grosses moulures et console carrée ; une autre de Languedoc à oreilles ; [...] une autre de Campan à pilastres carrés [...] plus deux cheminées de pierre [...] une cheminée de Giotte[31]. » La faveur décidait de l'élégance d'une installation dont le luxe dépendait de la quantité et de la variété de la pierre employée. Par exemple, Mme d'Antin, à qui on demanda de bien vouloir quitter son appartement pour laisser la place à la maîtresse du roi, fut récompensée par une cheminée provenant de la bibliothèque du roi[32]. Le directeur général des Bâtiments, le marquis de Marigny, se réserva la meilleure part : une pièce décrite comme « bleu turque[33] ».

Les méfaits des « cheminées postiches »

Au milieu du XVIIIe siècle, le poêle offrait aux courtisans une solution partielle au problème du chauffage. La plupart étaient en métal, et on les désignait de diverses façons. La vicomtesse de Choiseul se proposait d'installer « une petite cheminée à la Prussienne ». Quelques années auparavant, le contrôleur du département du château L'Écuyer répondait à une requête du directeur des Bâtiments que « l'introduction des cheminées de Nancy ne devait point être permise dans les maisons royales vu le danger du feu [...] j'ai cru devoir m'opposer à la pose de celle du petit cabinet de Mme la comtesse de Tessé la jeune [...] non par cette crainte, mais pour lui en faire connaître la conséquence de l'empêcher d'en parler à qui que ce soit, en supposant, Monsieur, que vous voulussiez lui en accorder la permission, d'autant que la cheminée en question, qui est de fer, est pour mettre dans une cheminée ordinaire qui existe, dont elle ne peut faire usage à cause de la fumée et dans laquelle passerait jusqu'en haut un tuyau de tôle ainsi que l'on fait pour les poêles[34] ». L'Écuyer avait compris le danger d'installer ceux-ci en des lieux où les courtisans, le premier une fois autorisé, oublieraient restrictions et précautions. Pour sa part, le concierge du château demandait un « poêle de faïence pour placer dans sa salle à manger, attendu qu'on ne peut faire usage de la cheminée de cette pièce à cause de la fumée. Ce poêle procurera le double avantage d'échauffer sa salle à manger et le cabinet[35] ». De même, la duchesse de La Vauguyon demanda au directeur des Bâtiments « de faire en sorte que le poêle de l'antichambre puisse chauffer les deux pièces[36] ».

De telles pièces de céramique étaient bien connues dans l'Europe du Nord et de l'Est, où elles joignaient l'utilité à l'esthétique. Le moins élégant des poêles métalliques, dit « de Franklin », à la suite des améliorations que l'Américain venait d'apporter au modèle de base européen, n'apparut pas à Versailles avant 1778, date à laquelle l'inspecteur général Heurtier mentionna cette nouveauté dans une lettre au directeur général : « La cheminée franklinienne a été prouvée hier chez M. le duc de Villequier. Je crois que, à la décoration près qu'elle gâte un peu, elle remplit son objet. Il y aurait moyen d'ajuster ces cheminées à nos usages, et je me propose de vous en présenter un modèle ajusté le plus tôt que possible[37]. »

Quand Franklin fut au zénith de la célébrité, on se disputa son dispositif. Heurtier écrivait : « Mgr [le] comte d'Artois m'ayant demandé de faire pratiquer dans la cheminée de son nouveau cabinet à Versailles un modérateur qu'a imaginé M. Franklin pour empêcher la fumée [...]. Ce moyen, qui vous est sûrement connu puisqu'il est fondé sur ses principes physiques, consiste à mettre toujours en équilibre l'air intérieur de la chambre avec la capacité du tuyau de cheminée au moyen d'une trappe de tôle, qu'il nomme régulateur et qu'on fait mouvoir à discrétion, de manière que quand le volume d'air vient à augmenter, on puisse diminuer l'ouverture de la cheminée. Cet expédient n'est sujet ni au danger du feu, ni à aucune construction considérable en plâtre[38]. »

L'inconvénient de ces poêles tenait au tuyau de métal qui les reliait à la cheminée. S'il était court, il y avait peu de danger d'incendie, mais les soucis des courtisans n'étaient pas ceux des Bâtiments. En 1762, la comtesse de Marsan, qui occupait l'importante charge de gouvernante des Enfants de France, voulut faire passer son tuyau de poêle par la vaste galerie des Princes, dans l'aile du Midi. L'inspecteur rapporta au directeur les propos qu'elle lui avait tenus : « Je lui ai représenté que cela n'avait jamais été permis vu l'inconvénient de la décoration du dedans de cet escalier que cela gâterait, celui des gouttes d'eau de suie qui tomberaient sur les passants et les conséquences de l'exemple dont on ne manquerait pas de profiter. Sa réponse ayant été que ce qui était fait pour les Enfants de France ne pouvait autoriser ailleurs, le passage du poêle en question n'étant que pendant l'hiver seulement ; sur cela je lui ai assuré d'avoir l'honneur de prendre vos ordres, ce qu'elle attend avec empressement, étant très déterminée à vouloir absolument le passage de ce tuyau de poêle. Vu qu'il n'y a pas d'autre endroit, si c'était votre volonté, Monsieur, d'en parler au Roi, sa décision empêcherait toutes les répétitions qu'elle pourrait faire à ce sujet. »

Le roi confirma l'interdiction, mais Mme de Marsan était une personne déterminée. En 1766, elle tenta sa chance auprès d'un autre inspecteur, qui, visiblement agacé, rendit compte de sa démarche au directeur : « Elle ne manquera pas de dire et d'attribuer à mauvaise volonté de votre part le refus qui lui en a été fait et en vous y opposant cette année, sur ce qu'elle a dit à M. Gillet, elle fera parler Madame la Dauphine, ce qui est fort désagréable pour vous, Monsieur. » Une fois de plus, le roi approuva les Bâtiments, mais même le monarque n'était pas de force à tenir tête à une femme aussi obstinée et, au bout du compte, on lui permit d'avoir un poêle portable utilisant de la braise[39].

Ce fut aussi la solution adoptée lorsque la princesse de Lamballe prétendit installer un fourneau muni d'un tuyau de poêle pour chauffer l'eau de son bain. Les Bâtiments invoquèrent l'esthétique et le danger d'incendie : « Le moyen possible à la rigueur est tout plein d'inconvénients. Il faut percer l'angle du mur [...] pour y placer un tuyau de poêle lequel monterait depuis les croisées du premier étage jusqu'au haut du comble du Château, qui ferait un effet très désagréable et donnerait lieu à une foule de demandes de la même nature. » Harcelé par les gens de la princesse, le directeur des Bâtiments s'adressa à elle et lui écrivit que le projet proposé « consisterait dans une cheminée à laquelle, en perçant le mur du Château, on adapterait un tuyau de poêle qu'il faudrait prolonger par toute la hauteur du mur du Château pour le porter au-dessus des corniches. Cet expédient a été sévèrement proscrit à cause des dégradations et dangers qui en résultent ». Cette explication ne semble pas avoir convaincu la princesse. Ses officiers proposèrent de n'user que de charbon et d'installer un tuyau de cuivre et de fer-blanc moins offensant pour la vue. Les Bâtiments restèrent sceptiques : « Les domestiques feront du feu avec du bois et mettront infailliblement le feu. C'est pour éviter cet inconvénient qu'un appareil a été fait de façon à ne pouvoir contenir que du charbon ou de la braise allumée dans un poêle. » Le fourneau était en effet trop petit pour le bois. Toutefois, le désir de la princesse d'avoir un bain chaud l'emporta sur le souci de la sécurité du château[40].

Les tuyaux que les courtisans voulaient voir traverser murs et fenêtres étaient appelés cheminées postiches. La plupart du temps, les Bâtiments parvenaient à en refuser l'installation en faisant valoir qu'elle eût défiguré la façade de la résidence royale. Les courtisans se rendaient constamment visite, et si une comtesse était autorisée à faire passer un tuyau par sa fenêtre, il se trouverait aussitôt une marquise pour vouloir faire de même. Les architectes du département du Château parvinrent à obtenir gain de cause au prix de quelques concessions à la ténacité d'une Mme de Marsan ou à la faveur auprès de la reine de la frivole princesse de Lamballe. Leurs collègues du département des Dehors, chargés des nombreux bâtiments royaux dans la ville, eurent plus de mal à faire respecter l'interdiction. En 1761, le contrôleur des Dehors dénombra 54 cheminées postiches au Grand Commun et 24 ou 25 à la Petite Écurie, dont une dans l'appartement de l'écuyer commandant, M. de Croismare le Jeune : « J'ai été ce matin aux Petites Écuries, écrivit-il au directeur général des Bâtiments, pour aviser aux moyens de supprimer une cheminée postiche chez M. de Croismare le neveu sans l'incommoder. Cela a été fait à sa satisfaction. J'en étais d'autant plus flatté que je sais qu'il a l'honneur d'être de vos amis. » Il n'en ajouta pas moins : « J'ai été bien surpris de voir une entreprise que j'ose nommer téméraire – plus dangereuse cent fois que les abus que je cherche à réformer pour parer aux incendies dont la Petite Écurie est menacée –, l'ouverture d'une porte entre un des greniers et partie du logement de M. de Croismare sur lequel grenier on a pris

25 pieds d'environ pour en faire un bûcher qui n'est séparé du grand grenier que par une cloison de charpente. Cet établissement a été fait il y a environ six à sept mois sans votre ordre [...] Nulle considération ne peut m'empêcher de vous donner cet avis[41]. »

L'insouciance de Croismare était d'autant plus choquante que, quelques années plus tôt, un incendie avait détruit la moitié de la Grande Écurie. L'écuyer commandant fit mine d'avoir retenu la leçon, mais quand les Bâtiments, en 1768, refusèrent d'accéder à ses requêtes de redécoration en invoquant le danger des cheminées postiches, il demanda la démolition de 11 baraques bâties contre le mur de la Petite Écurie et appartenant à de modestes commerçants de Versailles[42]. Entre-temps, le marquis de Marigny avait écrit aux contrôleurs des deux départements : « Sa Majesté m'a ordonné de faire démolir toutes celles de cette espèce [les cheminées postiches] dans l'un et l'autre endroit pour prévenir les accidents de feu. Comme il y en a un grand nombre dans ce cas, il faudra procéder peu à peu afin d'éviter les clameurs[43]. »

Les tuyaux rouillés ne détruisaient pas seulement la symétrie : ils vomissaient une fumée qui salissait les murs et les corniches décoratives. Comme l'écrivit, en 1773, le directeur général des Bâtiments au premier architecte du roi, les cheminées postiches apportaient une « dégradation qui [...] ne pouvait qu'être choquante dans des bâtiments tels que ceux de Versailles[44] ». Dans le cas en cause, le concierge d'un prince du sang, le comte de La Marche, avait installé un tuyau « débouchant par une croisée allant de là parcourir tout la hauteur du bâtiment... On connaît la dégradation qui est la suite trop ordinaire des tuyaux ainsi placés ».

Si ce danger était du moins visible et aisément identifiable, il en était un plus pernicieux : les poêles non autorisés, dont le tuyau était frauduleusement branché sur celui d'une cheminée existante, gênant le passage de la fumée qui en provenait. L'opération était aisée : on insérait une pierre plate, comme une feuille d'ardoise, dans le conduit de la cheminée ; l'on parvenait alors à chauffer une pièce en dérivant par des tuyaux d'étain la fumée d'un poêle situé dans une seconde pièce. Dans le département des Dehors, nombre de titulaires de logements modestes dénichaient des fumistes acceptant de violer la règle qui réservait les travaux dans les bâtiments du Roi aux seuls entrepreneurs autorisés et contrôlés par leurs services. Certains des occupants n'hésitaient pas, semble-t-il, à effectuer de leurs propres mains ou à faire établir secrètement ce piratage. Les inspecteurs reconnurent qu'aux écuries du Roi, le problème était structurel et remontait à la construction originelle. Après le grand incendie de 1751, le budget de 1753 mit au nombre des travaux la nécessité de parer au danger d'incendie des Écuries : « Suivant le Bon du Roi, on doit continuer d'élever les cheminées en brique non seulement à la Grande Écurie mais aussi à la Petite, de faire des murs de refend pour séparer les greniers et faire des communications aisées sur les combles par des escaliers nouveaux au-dessus les anciens qu'il est ordonné de laisser libres en démolissant et supprimant tout ce qui peut être contraire à l'aisance du service, et même tous logements pris au dépens des greniers ou qui y communiquent[45]. »

Hélas, les fonds manquaient, et le budget de 1756 n'affecta que 800 livres à la réfection de quatre socles de cheminée[46]. Cependant, les installations clandestines se poursuivaient. À la Petite Écurie, les tuyaux bloqués par les dérivations entraînèrent le dangereux incendie de 1761. Chargé d'évaluer la situation au lendemain du sinistre, l'inspecteur Pluyette écrivit après examen des toitures : « Il est encore à remarquer [...] dans l'étage en mansarde du côté de la grande cour, que les tuyaux de cheminées des logements [...] de l'inspecteur des carrosses du Roi [et des] cochers du Roi, paraissent d'une construction nouvelle et qu'au lieu d'être érigés à plomb, ils sont excessivement dévoyés et se jettent dans les tuyaux primitifs à la hauteur de l'aire des faux greniers au-dessus. Ces tuyaux n'ont vraisemblablement été ainsi construits que pour pratiquer de petits escaliers qui communiquent auxdits greniers, lesquels sont remplis de bois, de fagots et de charbon et autres matières combustibles. Dans le principe, tous les tuyaux de cheminée affleuraient au rempart des combles et les fermetures étaient armées de bavettes de plomb dans leur pourtour ; depuis, pour éviter la fumée, les différentes personnes qui occupent ou occupaient ces logements ont fait construire sur la plus grande partie de ces fermetures un nid sur lesdites bavettes des fausses souches de cheminées qui se trouvent actuellement pourries et hors d'état de subsister, non seulement par leur mauvaise construction, mais encore parce qu'elles sont presque toutes lardées de tuyaux de poêle qui les calcinent. Ainsi était celle où le feu a pris. On observe encore qu'une partie des pannes du faux comble passent dans les souches que forment ces tuyaux. Il est à craindre que ces pannes n'aient pas assez de charges en plâtre, ce qui augmente le danger. »

Le rapport dressait donc un véritable catalogue des sources de danger : foyers illégaux, cheminées bloquées, tuyaux trop proches de matériaux combustibles, corps de cheminée fendus, pots de cheminée brisés. Les adjonctions non autorisées semblent avoir aggravé un défaut déjà observé dans les étages supérieurs du château, à savoir que les corps de cheminée étaient construits trop courts pour mieux orner la ligne du toit. À la Petite Écurie, le bricolage des occupants avait abouti à un risque réel d'incendie, chaque nouveau poêle ou foyer illégal rétrécissant progressivement les tuyaux, permettant ainsi à la suie de les bloquer aisément puis de s'enflammer, ce que rendait plus dangereuse encore la proximité des greniers où étaient entassés avoine et foin. Le rapport Pluyette décrit comment chaque intervention avait rétréci les tuyaux, accroissant le risque d'un désastre dans les logements des fourriers, empilement de chambrettes possédant un seul et unique tuyau : « Le feu du 2 janvier aux Petites Écuries du Roi a pris au logement des fourriers des logis ; aux entresols au-dessus des remises [au rez-de-chaussée] dans un tuyau d'une petite cheminée qui se rend dans celui de la cheminée de la pièce à côté, à la hauteur du plancher supérieur de ladite pièce. La cheminée de cette cuisine a vraisemblablement été faite furtivement autrefois. Son tuyau à l'endroit de communication avec l'autre n'a que neuf à dix pouces de diamètre [27 centimètres]. Il s'était engorgé de suie, ce qui a occasionné la force du feu dans le véritable tuyau qui monte à plomb jusqu'au rempart du comble. Ce tuyau, qui a été enflammé, est adossé contre le mur de refend qui sépare le logement d'avec un grenier à foin. Ce mur, qui a trois pieds d'épaisseur, forme une retraite de 20 pouces [54 centimètres] du côté du grenier à quatre pieds ½ [1,45 mètre] au-dessus de l'aire. Le surplus dudit mur en élévation reçoit trois tuyaux de cheminée et est réduit à 16 pouces [43 centimètres] y compris l'encadrement des deux tiers d'un tuyau. Le parement dudit mur du côté du grenier est lézardé, et comme à droite du tuyau encadré il ne forme qu'une languette. [La solution serait] d'ériger ce mur dans toute son épaisseur jusqu'au-dessous du rempart du comble dans la largeur seulement desdits tuyaux et le surplus, en élévation formant mur dossier [...] sera réduit à 15 pouces [40 centimètres] d'épaisseur. On jugera par la suite tous les endroits qui sont dans le même cas. Les différents particuliers qui y ont occupé ou qui y occupent des logements, voulant les étendre ou faire construire dans la hauteur du premier étage, furtivement ou par amis, des entresols dans lesquels ils ont pratiqué des cheminées, toutes ces cheminées abusives ont été faites en se servant des tuyaux des cheminées inférieures qu'ils ont divisés sur toute la hauteur en deux par une languette de séparation. Ce retranchement, qui réduit le tuyau à moitié, ne laisse plus à chaque petit tuyau que 18 pouces [49 centimètres] de passage au plus. Il y en a quelques-uns à qui il ne reste que 10 à 12 pouces [27 à 32 centimètres] de passage à droite des jambages des cheminées des entresols. Il est aisé de sentir à quels dangers sont exposés chaque jour de pareils tuyaux par l'impossibilité qu'il y a à les ramoner[47]. »

Le chapitre « Le nettoyage » développe en détail les conditions et dispositions d'entretien.

En dépit du sérieux avertissement donné par l'incendie et du zèle des inspecteurs, le problème demeura sans solution. En 1766, Pluyette fut chargé d'évaluer le dommage causé par un sinistre à la Petite Écurie : « À la cheminée dont il est question, dans un intervalle de sept pieds [2,25 mètres] de haut [il y a] trois feux, celui de la cheminée et deux autres de deux tuyaux de poêle qui rendaient dans ladite cheminée[48]. » Cette fois, le rapport fit l'effet du tocsin et, en 1763, 2 940 livres furent inscrites au budget pour régler la question. L'année suivante, Pluyette demanda 1 200 livres supplémentaires : « Aux Grande et Petite Écuries, toutes les souches de cheminée, dont partie est l'affleurement des combles et partie avec mauvaises têtes en plâtre [sont] entièrement pourries et [...] sont à craindre pour le feu[49]. » À la Grande Écurie, il concluait à la reconstruction de toutes les cheminées et le budget prévisionnel, compte tenu de la nécessaire réfection de la toiture, se montait à 247 000 livres[50]. Le projet se traîna d'une année à l'autre, alourdi d'adjonctions et de suggestions allant jusqu'à la reconstruction de l'aile occupée par les pages. Sur ces entrefaites, Pluyette mourut, mais les cheminées menaçant les Écuries restèrent l'une des grandes préoccupations des Bâtiments.

À la Petite Écurie, Pluyette, Cassandre peu appréciée par son directeur général, avait attiré l'attention sur les feux causés par l'accumulation de créosote dans des cheminées si rétrécies ou obstruées que les ramoneurs ne pouvaient pas les nettoyer. Le péril était partout : en 1778, un feu de graisse se déclara dans la cuisine du grand aumônier[51]. Là, du moins, l'eau était à portée de main, mais les amoncellements de graisse mêlée de suie dus aux nombreuses préparations de fritures, que réalisaient les servantes dans les logements de leurs maîtres, étaient beaucoup plus redoutables[52], car la graisse coulait parfois dans la cheminée même[53]. D'ailleurs, les tuyaux de poêle laissaient passer ce que l'inspecteur des Bâtiments Jourdain appelait « une liqueur grosse qui devient sèche et dure en peu de temps et qui s'enflamme à la moindre étincelle qui s'y attache[54] ». Un autre danger tenait à l'habitude d'entasser sur le feu trop de bûches ou, pis encore, trop de petit bois. En 1784, la fille de Louis XV, l'impatiente et impérieuse Madame Adélaïde, fut à l'origine d'un de ces accidents[55].

La crainte d'un embrasement général

Outre les risques tenant à la négligence humaine, des problèmes de structure architecturale étaient une autre source d'inquiétude. La duchesse de Talmont se plaignait de ce que « la cheminée de [son] cabinet à Versailles était en morceaux et qu'elle n'était retenue que par des bandes de fer ». La jugeant toutefois assez bonne pour ses domestiques, elle demanda « que l'on fasse transporter cette cheminée dans la garde-robe de [ses] femmes et porter ce qui y est dans [son] cabinet[56] ». Les tuyaux étaient parfois crevassés et l'odeur le révélait dès que de la fumée commençait à filtrer à travers les joints de la boiserie. Ainsi, la princesse de Montauban informa les Bâtiments qu'il « sort des fentes de la boiserie une fumée prodigieuse toutes les fois que Mme de Duras fait du feu dans son cabinet[57] ».

Au Grand Commun, la situation était encore plus alarmante et le vigilant Jourdain nota : « Il passait de la fumée à travers les murs comme je l'ai observé à plusieurs endroits dans cette partie des bâtiments et notamment au logement de MM. les écuyers du Roi où j'ai trouvé tous les tuyaux passant des cheminées derrière l'ancienne menuiserie tout crevassés et lézardés et en très grand danger de mettre le feu. Cela me fait présumer que dans tous les endroits du Grand Commun où l'on n'a que peu travaillé depuis son édification et derrière les anciennes menuiseries qui n'ont pas été relevées ni changées, les tuyaux passant des cheminées des étages inférieurs doivent être en très mauvais état et doivent donner les plus grandes craintes et les plus fondées concernant les accidents de feu[58]. »

Les inspecteurs avaient de sérieux motifs d'alarme. Le feu avait complètement détruit la résidence royale anglaise de Whitehall en 1698 et, bien que Saint-Simon n'ait guère regretté ce qui était à ses yeux « le plus vilain palais d'Europe[59] », chacun se souvenait de la catastrophe. Or n'importe lequel des feux signalés pouvait fort bien prendre les mêmes proportions. Certes, la plupart d'entre eux avaient été éteints sans graves conséquences, mais certains laissèrent sur le château durant des années leurs traces noirâtres.

En 1707, le feu prit dans la longue suite de trois appartements de l'attique de l'aile du Nord, dite « rue de Noailles », et il se transmit rapidement aux charpentes et au toit. Le maréchal de Noailles réussit à sauver ses meubles, mais pas moins de 4 000 hommes, soldats des diverses gardes, et jusqu'à des moines récollets, durent faire la chaîne avec des seaux pour éteindre les flammes. Selon les observateurs, s'il y avait eu le moindre vent, l'incendie aurait gagné la chapelle toute proche et, de là, le corps central du château. Les réparations coûtèrent plus de 5 600 livres[60]. La cause de cet incendie ne put être découverte, mais on sait pourquoi, quarante ans plus tard, l'autre extrémité de l'aile du Nord fut à deux doigts de flamber. Avant la construction de l'opéra, la famille Charost y avait un vaste double appartement au premier étage. Le Suisse qui gardait l'entrée s'étant assoupi, sa chandelle alluma un feu qui s'étendit rapidement aux étages supérieurs. Leurs occupants ne durent la vie qu'à leur fuite. M. de Luxembourg jeta ses meubles par les fenêtres, et le duc de Croÿ n'eut que le temps de se précipiter vers l'escalier salvateur. Une fois de plus, les soldats durent improviser une brigade de combattants du feu, et les pompes arrêtèrent l'extension de l'incendie à la galerie et aux appartements princiers de la façade du jardin. La situation relativement isolée de l'appartement et l'épaisseur de ses murs sauvèrent l'aile, mais Croÿ fit observer que si le feu avait pris de nuit ou si le vent s'était levé, il eût immanquablement brûlé vif. Il était, en effet, en train de se changer au retour de la chasse et il s'enfuit à demi vêtu, en même temps que sa voisine Mme de La Motte-Houdancourt. Leur peur commune les réconcilia alors que leur mésentente avait provoqué l'échec de négociations engagées pour la main de la fille de la dame[61].

Plus spectaculaire encore fut l'incendie de la Grande Écurie en 1751. La Cour célébrait la naissance du duc de Bourgogne, premier fils du Dauphin, et il était d'usage, après des feux d'artifice, que les subordonnés fissent des feux de joie. Des croisées de leur appartement dans l'aile des Princes, le duc de Luynes et la duchesse, dame d'honneur de la reine, virent soudain des flammes s'élever au-dessus de la Grande Écurie. Ils supposèrent d'abord que les palefreniers fêtaient la naissance du royal héritier, mais ils comprirent vite que les écuries étaient en flammes. On supposa qu'une pièce d'artifice était tombée dans les greniers à céréales de l'avenue de Saint-Cloud, et l'on sut par la suite qu'une chandelle restée allumée avait mis le feu à une réserve de matériaux très combustibles. Tout le côté nord de l'établissement fut brûlé ou sévèrement endommagé, et l'on ne vint entièrement à bout du sinistre que le jour suivant. Des membres des gardes-françaises et de la garde suisse ainsi que des citadins luttèrent contre l'incendie, un soldat y perdit la vie et une dizaine de ses camarades furent blessés. Pour la reconstruction, on ouvrit un premier crédit de 100 000 livres et le duc de Luynes estima son coût au triple de cette somme. Nous ignorons le chiffre final, mais les 289 645 livres de plomb employées pour refaire les toits donnent une idée de l'ampleur des dommages[62].

Une unité spécialisée de « pompiers-fontainiers »

Jusque vers la fin du XVIIIe, ni le château ni la ville ne disposaient d'effectifs ou de matériel spécialisés dans la lutte contre les incendies ; les volontaires accourus sur place se bornaient à se passer des seaux de main en main. C'est seulement en 1747, lors du feu de l'appartement de Charost, que furent employées les premières pompes. Gottfried Pfarr, directeur des pompes de la Ville de Strasbourg, avait vendu aux Bâtiments, que dirigeait alors le duc d'Antin, 8 engins encore primitifs associant un réservoir mobile et des tuyaux à une pompe qui ne projetait sur la source des flammes qu'une quantité limitée d'eau. Il semble qu'une partie de la « brigade des seaux » s'employait à remplir le réservoir et que les tuyaux permettaient de diriger le jet. Par la suite, il fournit une pompe plus importante, dotée d'un réservoir de 1,62 mètre de long sur 86 centimètres de large et de haut, et de tuyaux d'environ 20 centimètres de diamètre. Il ne fallait pas moins de 24 hommes pour déplacer et servir la machine. La facture, soit 3 200 livres, resta impayée après la mort du duc d'Antin en 1736, et la pompe fut déposée dans la boutique d'un maître charron à Paris. Le premier architecte, Gabriel, consulté, rendit son verdict : « Cette pompe est assez bien conditionnée et lèverait une forte quantité d'eau à une très grande élévation, mais elle serait embarrassante pour la transporter, remuer et changer de place dans l'occasion de s'en servir. » Le prix fut abaissé à 2 600 livres, dans l'espoir qu'un particulier voudrait l'acheter, et il n'est pas certain que ce curieux engin ait été apporté à Versailles[63].

Le besoin d'un matériel et d'un personnel spécialisés n'étant que trop évident, Le Normant de Tournehem, successeur du duc d'Antin, proposa en 1745 d'affecter à des pompiers un logement et un local. L'inspecteur Mollet lui écrivit avoir « eu l'ordre du Roi pour le tout, mais que les difficultés et les ménagements qu'on [lui] a opposés lorsqu'[il] a voulu en venir à l'exécution [l]'en ont empêché ». Après le sinistre de la Grande Écurie, Gabriel renouvela sa demande d'une protection efficace et une ligne de 8 000 livres du budget de la reconstruction était consacrée à l'achat de « seaux de cuir et […] une quantité d'outils propres aux incendies ». Dans le budget de 1752, 5 600 livres furent affectées à « six pompes d'augmentation avec tous leurs agrès comme tuyaux de cuir à écrou de cuivre et [la] même quantité de tuyaux de recharge (4 000 livres) ; six douzaines de seaux de cuir au moins (600 livres) ; outils et ustensiles de toutes espèces comme échelles, croix de fer, marteaux, décintrais, cognées de différentes espèces et longueurs, passe-partouts, chesnes aux cordages, lessivoirs, pelles de fer et de bois, le tout marqué avec une fleur de lys et écrit au dessus Bâtiments, environ 1 000 livres[64] ».

À la fin des années 1760, quand le roi envisagea la construction de l'opéra, la nécessité s'imposa d'un service de lutte contre l'incendie. En 1762, le directeur général des Bâtiments autorisa enfin l'achat de plusieurs pompes à 1 200 livres chacune[65]. L'année suivante, l'Opéra de Paris brûla de fond en comble en moins de deux heures. Heureusement, l'incendie avait pris dans la matinée alors que l'édifice était presque vide et il ne fit qu'une victime. Le Palais-Royal tout proche échappa de peu au désastre, et l'on ne pouvait que penser à Versailles où l'opéra devait être construit à l'extrémité de l'aile du Nord, là où se trouvait l'appartement du duc de Charost. Sans créer un corps permanent de pompiers, on décida que des gardes seraient présents durant les représentations. Lorsque le nouveau projet fut mis en œuvre, un local destiné à des pompiers y fut prévu à l'extrémité de l'aile, entre les fondations du théâtre et les réservoirs, dans un passage étroit par lequel les fontainiers accédaient aux jardins[66].

En 1768, les Bâtiments achetèrent deux pompes, l'une pour la Grande Écurie et l'autre pour la Petite, et on les installa dans un dépôt fermé à clef sous la garde du contrôleur des Bâtiments des Dehors de Versailles, du chef des fontainiers et du commandant de chaque écurie[67]. Les tuyaux de cuir étaient entreposés dans le magasin des

Bâtiments et un inspecteur reçut, pour leur entretien, 400 livres, dont 200 seulement avaient été employées quand il mourut. Le contrôleur du département du Château, constatant le mauvais état de ce matériel, proposa qu'un cordonnier, du nom de Desmoulins, ait désormais soin de ces tuyaux de cuir moyennant 300 livres. Cette solution fut acceptée, et à la mort de René Desmoulins, en 1779, son fils Pierre lui succéda[68].

Le matériel anti-incendie se composa, au bout du compte, de 10 pompes, dont 8 en magasin et 2 installées près des deux réservoirs flanquant le toit de la chapelle. En 1776, elles étaient vétustes et les tuyaux ne correspondaient pas toujours aux embouchures, ce qui risquait de retarder les manœuvres au moment critique[69]. Comme de toute évidence on ne pouvait dépendre entièrement de cet équipement, l'emploi de seaux demeurait à l'ordre du jour : 50 seaux furent mis en place chez les gardes-françaises sous la rampe gauche de la cour avant du château, et 50 autres chez les gardes suisses, sous la rampe droite[70].

Entre-temps, le gouverneur s'était efforcé d'obtenir des pompes pour éteindre les incendies urbains. En 1760, il en sollicita quatre sans succès ; et il répéta sa demande en 1763[71], mais le directeur des Bâtiments lui répondit que la protection contre le feu en ville n'était pas de son ressort[72]. « Il est vrai qu'on a ici la ressource du Château, répliqua Noailles, mais il est vrai aussi que cette ressource peut manquer par le besoin qu'on en a souvent au Château. Au surplus, le Roi a ici le même intérêt que l'habitant. » Il ajouta que, si les Bâtiments acceptaient de payer les pompes urbaines, lui-même ferait supporter les autres équipements par le budget du Domaine[73].

Les chamailleries entre les Bâtiments et le Domaine étaient une tradition, mais cette fois, le motif de discorde sembla futile à Marigny. Il fit rappeler par son secrétaire qu'une pompe coûtait 250 livres et qu'en 1755, 6 avaient été acquises à ce prix pour le château[74]. La question ne fut réglée qu'en 1765, lorsque le gouverneur réitéra sa demande. Cette fois, Marigny se sentit tenu d'agir : « Le double motif de pourvoir à la sécurité de cette Ville et de faire une chose qui vous soit agréable, répondit-il au gouverneur, l'emporte sur la considération de l'état où se trouve la caisse des Bâtiments. » Un mois plus tard, il indiqua au bailli de la ville que les pompes venaient d'arriver à Versailles et qu'elles seraient entreposées dans le bâtiment derrière la nouvelle fontaine du quartier du Parc aux Cerfs, sous la surveillance constante de gardes des Bâtiments[75].

En 1780, la création d'une brigade du feu à Paris amena le chef des fontainiers attachés aux Bâtiments de Versailles à suggérer celle d'un corps de pompiers-fontainiers pour le château et la ville : « Il ne suffit pas […] d'avoir des pompes à feu, il est encore essentiel d'avoir une quantité d'hommes suffisante, instruits de la manœuvre des dites pompes, d'en former un corps qui fût soutenu avec discipline régulière et d'être toujours en état d'agir jour et nuit. » Cette unité spécialisée présentait l'avantage de pouvoir, entre ses épisodiques interventions, entretenir et réparer conduites et tuyaux, ce qui évitait de « payer des gens oisifs, uniquement occupés à garder un corps de garde ». Le destinataire de ce projet de trois unités de 25 hommes chacune fit la sourde oreille[76] et le chef des fontainiers dut se contenter de nouveaux tuyaux en cuir pour remplacer ceux qui avaient été endommagés par la lutte contre trois feux et leur utilisation à d'autres tâches : remplir les réservoirs sur les toits du château et arroser les voiles de tissu placés devant les fenêtres de la famille royale pour lui assurer de la fraîcheur en été[77].

En 1782, Versailles n'avait pas encore de corps de pompiers professionnels et faisait appel, lors d'événements importants, à la brigade de Paris. En janvier, 12 hommes et leur chef vinrent surveiller un bal donné par les gardes du corps. En mai, ces pompiers de louage firent de même pour deux représentations d'un opéra et, en juin, pour un bal. Chaque déplacement de Paris à Versailles durait deux jours et était facturé 392 livres pour les salaires, plus 36 livres « pour avoir conduit deux pompes à incendie à Versailles et les avoir ramenées à Paris[78] ».

Enfin, un service anti-incendie propre à Versailles fut créé officiellement en 1785, quand un détachement de pompiers de Paris y fut affecté en permanence. Un fonds de 30 000 livres fut constitué pour l'achat de son équipement, et 10 000 livres inscrites sur le budget annuel pour payer le personnel. L'équipe stationnée à Versailles était commandée par Morat, capitaine du corps parisien, qui reçut un brevet pour cette charge supplémentaire[79].

Charles-Claude de La Billarderie, comte d'Angiviller, directeur général des bâtiments du Roi.

Le comte de Noailles, gouverneur de Versailles, plus tard maréchal de Mouchy.

Le marquis de Marigny, directeur général des Bâtiments, Arts, Jardins et Manufactures.

Nouveau Plan de la ville, château et jardins de Versailles, détail d'une estampe datée vers 1714.

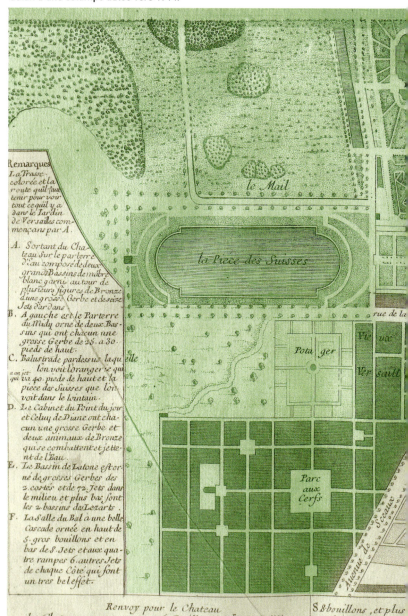

Le cabinet des affaires : une chaise percée et un bidet.

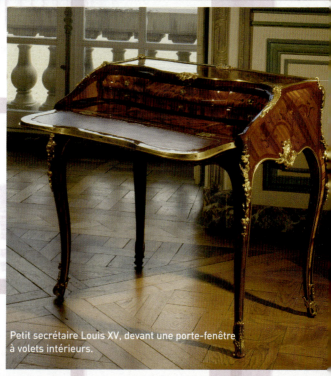

Petit secrétaire Louis XV, devant une porte-fenêtre à volets intérieurs.

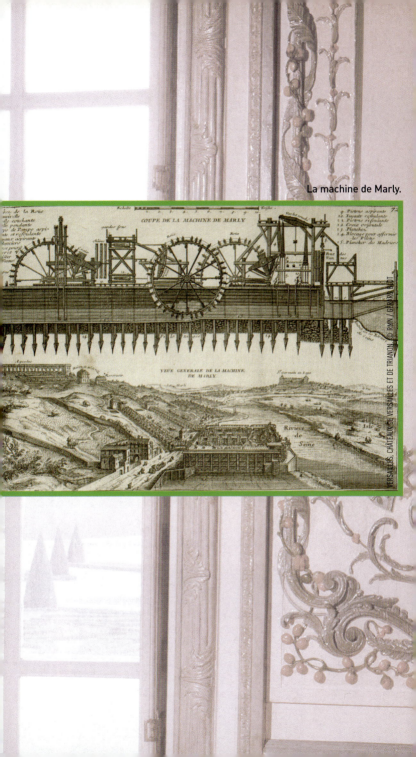

La machine de Marly.

Bal masqué donné dans la galerie des Glaces pour le mariage de Louis, Dauphin de France, avec Marie-Thérèse, Infante d'Espagne, le 25 février 1745.

Cheminée du foyer de l'opéra, encadré de deux atlantes dus à Augustin Pajou (1730-1809)

oration intérieure au début du XVIII siècle : fenêtre à carreaux scellés au plomb, glace une table de toilette, petit miroir à deux bras réfléchissant la lumière des bougies.

Vue de l'Orangerie, des parterres et du château de Versailles prise des hauteurs de Satory.
Au fond à droite se trouvaient les contre-allées où les Bâtiments permettaient au blanchisseur des princesses de sécher le linge royal.

L'éclairage

À la clarté des bougies et chandelles

L'expression siècle des Lumières ne désigne que son éclat intellectuel. Les philosophes, leurs disciples et adversaires, les nobles et, *a fortiori*, les gens ordinaires vivaient la plupart du temps dans la pénombre. En ville la hauteur des maisons bordant des rues étroites y condamnait les étages inférieurs et à la campagne une nuit sans lune était synonyme de totale obscurité. L'éclairage public était rare et inadéquat, la lumière artificielle limitée aux chandelles, flambeaux, au mieux à la lampe à huile, moyens relativement coûteux et utilisés avec parcimonie.

Hors l'illumination fastueuse des fêtes et bals, la famille royale et la Cour n'étaient guère mieux éclairées que le commerçant dans sa boutique, à ceci près que le roi assurait à ses officiers des quantités soigneusement mesurées de moyens d'éclairage. La Fruiterie fournissait la maison-bouche du Roi et les services analogues pourvoyaient les maisons de la Reine, de la Dauphine et des maisons établies pour les Enfants de France, ainsi que les principaux officiers de la Cour. Ce service procurait aussi des rameaux liturgiques et des fruits, et tenait son nom de cette dernière activité, quoique de telles fournitures ne fussent pas, et de loin, les principales. Elle possédait un corps d'officiers vénaux, soit un chef ordinaire, servant toute l'année, 12 chefs et 12 aides servant par quartiers, 2 sommiers servant chacun six mois, et de nombreux garçons, payés par les officiers. Les chefs et aides étaient des pourvoyeurs, à savoir qu'ils fournissaient des quantités déterminées de produits d'éclairage à un prix établi par le budget annuel, dit État ou Menu général. La différence entre le prix immuable figurant à ce budget et celui du marché, qui, au XVIIIe siècle, était gonflé par l'inflation, ne cessa pas de s'accentuer. Les fournisseurs de cire vendaient donc nécessairement à perte et recevaient, en compensation, diverses gratifications et indemnités. Non sans cynisme, une étude des années 1770 justifia ce système inepte : « [Les] prix ne sont [pas] changés [depuis 1715] ; ils sont aujourd'hui les mêmes. Le bien du service et l'intérêt du Roi exigent que ces prix ne soient point changés, quoiqu'il soit indispensable d'accorder à ces officiers fournisseurs des indemnités eu égard à l'augmentation du prix de toutes les denrées. Si on fixait ces prix à des taux où les officiers puissent se tirer d'affaire, ils n'auraient rien à craindre, ni à espérer. Ils pourraient se négliger et faire un mauvais service, au lieu que l'espoir d'un traitement favorable les encourage à bien faire[1]. » Les officiers de la Fruiterie pouvaient, en revanche, vendre les produits extraordinaires ne figurant pas sur la liste du budget avec un beau bénéfice. Il semble qu'ils se le partageaient, les chefs recevant un peu plus que les aides. Le budget, largement fictif, était donc en partie double puisque l'ancien et immuable État du début du règne de Louis XV était assorti de dépenses extraordinaires sans cesse croissantes.

Les bougies étaient de deux sortes : les « blanches », réservées aux tables et aux intérieurs, et les « jaunes », faites d'une cire de qualité inférieure. Ces dernières, bien que ne dégageant ni les odeurs ni la fumée des chandelles de graisse de bœuf ou de mouton, brûlaient plus rapidement que les blanches et souvent coulaient. La livre de bougie de cire valait 22 sous en 1705[2]. Dans les années 1770, le budget de la cire fournie par la Fruiterie était de 94 livres 9 sous par jour en été et de 97 livres 9 sous en hiver. Ces chiffres incluaient les bougies blanches destinées à la table du roi et aux principales pièces des appartements royaux, ainsi que celles des deux tables des officiers supérieurs et hôtes distingués qui ne coûtaient que 1,5 livre par jour. Les cinq tables secondaires, telles celles des valets de chambre ou la table des aumôniers, étaient éclairées à la cire jaune. La chandelle était aussi le moyen d'éclairage des offices et cuisines de la maison du Roi et des corps de garde des gardes du corps, des Cent-Suisses, des gardes-françaises et des gardes suisses.

L'inscription au budget d'une somme déterminée s'appliquait à tous les approvisionnements de la maison du Roi : desserts fournis par le chef de la pâtisserie royale, légumes et plats d'appoint fournis par les cuisiniers, et jusqu'aux vinaigre et oignons fournis par les verduriers. Les bougies de la Fruiterie finirent par constituer une sorte de monnaie pour les nombreux serviteurs de la famille royale. Les bougies faisaient partie intégrante des libéralités royales. Par exemple, à l'occasion de la nuit de Noël, les aumôniers en recevaient 4 livres ainsi que les chapelains et les clercs de la chapelle royale. Les chefs contrôleurs de la maison du Roi se voyaient offrir 8 livres de bougies, tandis que leur supérieur, le contrôleur général, avait droit à 3 grandes bougies dont nous ignorons le poids[3]. Cette cire n'était pas destinée à l'usage, c'était un rite lié à des cérémonies, et on la recevait vraisemblablement souvent sous forme de son équivalent en argent.

Les officiers de la chambre du Roi, valets de chambre, huissiers et garçons, et leurs collègues de la maison de la Reine, ne recevaient ni cire ni argent, mais ils avaient droit de faire porter à leur compte la valeur des bougies peu ou non utilisées qu'ils restituaient à la Fruiterie. Pour ces officiers, le rebut devenait revenu et, selon un rapport des commissionnaires pour les années 1770, cette pratique, à l'origine marque de la bienveillance royale, s'était transformée en une prérogative âprement défendue. Toujours selon ce rapport, des quantités fixes de produits d'éclairage étaient maintenues à un niveau minimum dans le budget « parce qu'il y a des occasions où, dans l'absence de Sa Majesté, elle n'est pas mise en revenants bons, attendu qu'elle fait partie des émoluments des quelques officiers de la Chambre. Si l'état en eût été conforme à la quantité qu'exigent les différents appartements qu'occupe Sa Majesté, l'objet en serait bien plus considérable et les officiers se seraient plaints des diminutions que les différents lieux auraient pu exiger ». Au bout du compte, pour limiter les « émoluments » correspondant à la grande quantité de cire inutilisée en raison de l'absence du roi, on accroissait la dépense extraordinaire lorsqu'il se trouvait à Versailles.

Le montant exact des revenus que le personnel royal tirait de la cire n'apparut clairement que vers la fin des années 1780, quand la crise des finances exigea de réformer le système. Les six garçons de la chambre du Roi estimaient, selon un mémoire, à 1 000 livres par an pour chacun d'entre eux la compensation des « bouts des bougies qui se brûlent dans la chambre du Roi, tant à Versailles que Fontainebleau et à Compiègne qu'ils avaient le droit de retirer. Ils assurent qu'ils sont en état de justifier par la communication de leurs registres que le produit de ces bougies équivalait annuellement à la somme qu'ils demandent ».

Dans le même document, les huissiers de la chambre du Roi demandaient une indemnité pour les 2 livres de bougies qui leur étaient attribuées dans le budget de la Fruiterie. Ils assuraient qu'on leur devait 4 bougies de la table de Madame Élisabeth, soit au total 3 240 livres. Leurs collègues, les huissiers de l'antichambre du Roi, dressèrent de leur côté un état minutieux des bouts de cire qui leur étaient dus : « 12 pour les bobèches du lustre de l'antichambre à Versailles pour huit mois de l'année et 12 et demi pour les mois d'hiver ; 16 bougies pour le lustre de l'antichambre à Compiègne ; 36 ¾ pour les quatre lustres de l'antichambre de Fontainebleau », et ainsi de suite pour Trianon, Marly, La Muette, et même Brunoy, résidence campagnarde du comte d'Artois. Chaque bougie ou chandelle était prise en compte jusqu'à la dernière goutte de cire. Les deux anciens huissiers de l'antichambre demandaient 1 400 à 1 500 livres chacun et le troisième n'en eut que 1 100, au motif que son office avait été créé plus tard[4].

D'accord pour revendiquer, les officiers de la chambre du Roi ne vivaient pas toujours en bonne harmonie. En

1736, tandis que le roi était à Compiègne, un concert fut donné dans l'appartement de la reine. Le premier gentilhomme de la chambre du Roi ordonna à ses huissiers de se tenir aux portes du salon et, pour ce service, ils exigèrent les bougies inemployées. Les garçons de la chambre du Roi s'opposèrent à cette prétention et les restes de cire furent mis sous séquestre jusqu'au retour de la Cour à Versailles. Les garçons finirent par l'emporter, mais ce fut seulement sur arbitrage du roi en personne[5].

Aussi longtemps qu'elle le put, Marie-Antoinette renvoya à des jours meilleurs la réforme des dépenses de sa Chambre, et ses serviteurs personnels se montrèrent encore plus exigeants que ceux du roi. Le budget de l'éclairage de son appartement était de 200 livres par jour en hiver et 150 en été. La dépense dépassait 200 000 livres par an, dont une grande partie, sous forme de « revenants bons » sur les bougies utilisées, profitait aux deux premières femmes de chambre de la Reine. Les réformateurs voulurent réduire le coût total de moitié, mais les dames engagèrent une longue bataille en faisant valoir que leurs émoluments approchaient depuis toujours 28 000 livres par an pour chacune et que, sur cette somme, elles devaient payer les simples femmes de chambre, les garçons et les huissiers de l'antichambre.

Chacun de ces officiers élevait une revendication particulière. Ainsi, les huissiers de l'antichambre, de la Chambre et du Cabinet prétendaient avoir droit aux bougies si la reine dînait dans la salle dont ils gardaient la porte[6]. Au terme de longues tractations, les premières femmes et le ministre se mirent d'accord sur 26 000 livres, bonne affaire pour les requérantes, car garçons et huissiers obtinrent, à part, les pensions compensant les sommes qu'elles leur versaient auparavant. Au bout du compte, la réforme ne permit pas d'économiser plus de 30 000 livres, soit le tiers de ce que le ministre avait espéré[7].

Un bal illuminé par 24 000 bougies

Si le budget d'éclairage des appartements était intentionnellement maintenu à un minimum par la Fruiterie, l'illumination des bals et comédies, qui dépendait du premier gentilhomme de la chambre du Roi, était fastueuse. La Fruiterie fournissait les chandelles, le trésorier de l'argenterie et menus plaisirs de la Chambre réglait la facture. Les lampions éteints, le « droit des bougies » était appliqué dans toute sa rigueur. À la comédie, les officiers du garde-meuble du roi recueillaient les reliefs de cire après la dernière scène et les divisaient en cinq parties. Quatre allaient aux compagnies des gardes militaires postés aux entrées du théâtre. Les brigadiers, sous-brigadiers et soldats se partageaient le profit, après en avoir prélevé le cinquième laissé aux garçons du garde-meuble pour leur peine[8].

En 1739, un grand bal n'exigea pas moins de 24 000 bougies[9]. Les lustres ou candélabres à plusieurs branches des plafonds étaient décorés de pièces de cristal taillé de Bohême. Ils ne furent largement utilisés à Versailles qu'au milieu du XVIIIe siècle. Jusqu'aux fiançailles de la fille de Louis XV avec l'infant d'Espagne, en 1739, la plupart des lustres étaient loués pour la circonstance. Ainsi, pour fêter le premier mariage d'un membre de la nouvelle génération, les Menus Plaisirs consacrèrent 400 000 livres à l'achat de luminaires qu'ils décorèrent de rubans : trois rangs de huit chandeliers éclairèrent la galerie en l'honneur de Madame l'Infante. Les candélabres décoratifs demeuraient en place, mais les bougies étaient fournies par divers services. S'il ne s'agissait pas d'une fête mais de l'un des divertissements hebdomadaires dits « appartements », le Domaine fournissait l'éclairage. Quand le Dauphin se maria pour la seconde fois, le Domaine fournit les bougies pour l'« appartement » précédant le souper, et les bouts furent enlevés afin que les Menus Plaisirs puissent installer de nouvelles bougies pour le bal[10].

En 1708, l'usage des grandes pyramides de chandelles pour éclairer les bals fut abandonné « parce que la fumée du grand nombre de lumières dont elles étaient couvertes pouvait endommager la peinture de la galerie[11] ». En 1751, lorsqu'on célébra la naisssance du premier fils du Dauphin, le marquis d'Argenson observa : « Tout est préparé pour ces fêtes ; on a tant orné la galerie de Versailles qu'elle en est accablée ; on y a mis tant de torchères et guirlandes qu'il en faut retrancher une partie. Il y aura 8 000 bougies ; les belles peintures de Lebrun en seront achevées de peindre. » Cet éclairage n'eut d'ailleurs pas grand succès : « Les lumières venaient de trop haut, et les femmes paraissaient âgées, car les lustres trop élevés leur donnent les yeux battus[12]. »

Les « économies de bouts de chandelle » du cardinal

Le « falotier » de la maison du Roi était chargé de l'éclairage des corridors et des espaces publics, cuisines et offices. Deux officiers vénaux assistés de garçons lui four-

L'ÉCLAIRAGE

nissaient d'épaisses chandelles pour les six falots, ou grandes lanternes du Grand Commun. Ces lumignons ne donnaient qu'une pauvre clarté et les corridors et galeries demeuraient dans la pénombre. Saint-Simon se plaignait des dangers que la ladrerie du cardinal de Fleury en ce domaine faisait courir : « Il [...] excellait aux ménages de collège et séminaire et, qu'on pardonne ce mot bas, au ménage des bouts de chandelle, parce qu'il a fait pratiquer ce dernier à la lettre, dont le Roi pourtant se lasse dans ses cabinets, et dont un malheureux valet se rompit le col sur un degré du Grand Commun[13]. »

Le cardinal se serait bien entendu avec le frère de Mme de Maintenon qui, disait-on, ne brûlait qu'une livre de chandelle par jour – une lumière dans l'antichambre, une dans l'écurie et une dans la cuisine[14]. On trouvait peu de ces avaricieux et la plupart des courtisans se servaient de flambeaux lorsqu'ils se déplaçaient la nuit. Comme en toutes choses à la Cour, l'usage était soumis à une hiérarchie. Les simples courtisans avaient droit à un page portant un flambeau, les ducs pouvaient en avoir deux, les Enfants de France et les princes du sang quatre[15]. En tant que bâtard du roi, le duc de Vendôme pouvait y prétendre, mais Saint-Simon le rencontra dans la galerie de l'aile du Nord « sans flambeau, ni valets [...]. Je le vis à la lueur des miens[16] ». Jaloux de ses prérogatives ducales, Saint-Simon retournait à son appartement tout proche avec les deux flambeaux auxquels il avait droit. À vrai dire, la préférence de Vendôme pour l'ombre pouvait s'expliquer : en semi-disgrâce, il était accompagné dans son équipée nocturne du douteux Alberoni. Ces promenades pouvaient être dangereuses, même pour les courtisans vertueux. En 1708, le duc de Lorge, qui quittait sans flambeaux l'appartement du duc de La Rochefoucauld, tomba dans l'escalier et se blessa au pied[17]. Le marquis d'Heudicourt, allant aux commodités publiques, tomba dans un escalier obscur et se blessa si gravement à la tête qu'il en mourut. Rares furent ceux qui le pleurèrent et le duc de Luynes, qui rapporte le fait, se hâte de préciser que la victime aimait fort la bouteille[18].

Après la mort du cardinal de Fleury on souhaita un éclairage moins sommaire et, en 1743, Noailles écrivait à ce propos : « Le Roi s'étant plaint des bougies fournies à Versailles pour son service, l'on propose de les faire fournir aux marchands qui vendent les cires tant blanches que jaunes en pains aussi chères que les bougies façonnées. » Pour fondre ces pains et les transformer en chandelles, on avait payé 4 000 livres par an à un sieur Le Comte, qui avait servi le Domaine comme cireur pendant plus de trente ans. Afin d'épargner au roi cette dépense, le gouverneur proposa par la suite de s'en défaire, de lui donner une pension et de s'adresser désormais à un entrepreneur qui offrait des chandelles façonnées au prix demandé pour les pains de cire.

En 1747, le comte de Noailles signa un marché de trois ans pour 40 nouvelles lanternes destinées au château. L'entrepreneur s'engageait à les allumer à la tombée de la nuit et à les éteindre à quatre heures du matin, ainsi qu'à les entretenir et remplacer, moyennant 3 sols par jour et par lanterne, soit 2 200 livres par an. Noailles ajouta prudemment : « On gardera les anciennes en cas qu'on ne soit pas content de cette nouvelle invention[19]. »

Outre l'éclairage des espaces publics et des appartements d'État, le Domaine fournissait ses propres officiers, les institutions municipales, les églises paroissiales, et même les enfants de chœur de la chapelle royale. La liste des bénéficiaires de 1747, au nombre de 130, portait 3 836 livres de cire pour les bougies et 21 805 livres de chandelles[20]. Le rang était, là comme ailleurs, le principal critère d'attribution. Au sommet de la pyramide, le comte de Noailles recevait 2 000 livres de bougies, et 3 000 livres de chandelles, tandis que les Suisses des grilles du parc n'avaient droit qu'à 12 livres de chandelles. Les prix proposés étaient de 50 sols la livre pour la bougie blanche, moins pour la jaune et 10 sols pour la chandelle. Les sieurs Trudon et fils obtinrent un contrat pour la cire blanche et jaune à 50 sols la livre, mais ils demandèrent une augmentation de 4 sols dès l'année suivante. Un certain Roblaste obtint un contrat pour la chandelle à 10 sols la livre et demanda lui aussi une augmentation de 1,5 sol par livre au terme de la première année[21]. On peut calculer sur cette base que la dépense ordinaire était d'environ 9 590 livres pour les bougies des deux sortes et de 10 900 livres pour les chandelles. Les produits d'éclairage hors budget, comme ceux que fournissait le Domaine pour les Grands Appartements, figuraient au poste des dépenses extraordinaires.

En 1750, quand l'heure sonna de renouveler les contrats, Noailles recommanda Roblaste : « [Il] fournit très bien ; il est le seul en état de fournir sans être payé régulièrement, ce qui n'est souvent pas possible. » Le gouverneur ajouta que ce Roblaste avait perdu de l'argent sur son premier contrat. Bien que l'adjudicataire eût accepté 10 sols 6 deniers pour la chandelle, Noailles recommanda de porter la somme à 11 sols et fit observer que ce prix restait avantageux, comparé aux 12 sols payés par le pourvoyeur de la Dauphine ou aux 13 de la Maison-Bouche du roi pour 14 onces seulement, alors que Roblaste offrait 16 onces. Le contrat fut donc signé pour trois ans et renouvelé sans modifications en 1753, malgré les protestations du fournisseur, lequel fit valoir en vain qu'il avait perdu de l'argent en important du suif d'Irlande[22].

Pour leur part, les Trudon renoncèrent au marché en échange du poste de cireur du château en 1749, et ils furent remplacés par le sieur Deslandes, qui, en 1751, proposa un contrat de trois ans au prix de 50 sols la livre pour la cire blanche et 42 pour la jaune. De plus, il accepta d'accorder un à-valoir de 42 sols la livre pour les bouts qui lui seraient rendus. Le gouverneur écrivit au roi : « Le comte de Noailles pense que les cires pouvant diminuer, il est de l'intérêt de Votre Majesté de ne le lui accorder que pour un an[23]. » Le noble administrateur avait le sens des affaires, car, en 1753, Deslandes dut abaisser son prix à 48 sols pour la cire blanche et 40 pour la jaune. Noailles ayant constaté que le prix de Paris n'était pas plus avantageux, il obtint le marché pour trois années de plus[24].

Dans les correspondances dont nous disposons, on ne précise pas toujours la façon dont les appartements étaient éclairés. Les allocations en argent ou en nature ne suffisaient certainement pas à illuminer un appartement et presque tout le monde à Versailles en était de sa poche. En outre, il fallait s'équiper d'une gamme de meubles servant de supports. Chez Mme de Saulx-Tavannes, les invités dînaient sous un lampion de cuivre rouge complété par deux bras de cheminée du même métal. Évalués à 12 livres, ces luminaires fixes ne représentaient que l'équipement indispensable et il fallait leur adjoindre girandoles et chandeliers, qui faisaient partie de l'argenterie du service de table. L'éclat de celle-ci et de la société ne se retrouvait pas dans l'éclairage. Dans sa salle de compagnie on trouvait deux chandeliers de cuivre avec leurs bobèches et deux bras de cheminée de cuivre verni, le tout estimé à 80 livres. C'était aussi le prix de quatre chandeliers avec bobèches de cuivre argenté et d'un petit bougeoir, lui aussi en cuivre argenté, à deux bobèches monté sur bois peint. Ce placage résistant mal au temps, un inventaire porte que, dans le cabinet de l'évêque de Chartres, un chandelier avait quatre bobèches « anciennement argentées ».

L'ornement le plus coûteux et, sans doute, le plus décoratif du salon de Mme de Saulx-Tavannes était, selon l'inventaire de son logement, « un groupe de porcelaine de Saxe représentant un Turc aux deux côtés duquel [étaient] deux chandeliers de cuivre doré avec un petit socle garni de taffetas et fleurs de porcelaine de Saxe, deux autres flambeaux de cuivre doré garnis de Chinois et fleurs en porcelaine ». La comtesse avait la passion des porcelaines, que l'on voyait partout chez elle, et la dernière citée lui avait coûté 120 livres. Le décor de sa vie sociale était donc bien éclairé, mais on remarquera l'absence des lustres de cristal qui n'avaient pas leur place dans une pièce dont le plafond avait été abaissé par la création d'un entresol. Dans les autres pièces, les notaires qui dressèrent l'inventaire ne trouvèrent que très peu d'éclairages à poste fixe et ils ne signalent dans le boudoir de Madame que « deux bras de cheminée à une bobèche à cuivre doré, deux chandeliers avec leur bobèche et un petit bougeoir de lit », le tout ne valant que 24 livres. Dans la chambre à coucher du comte, les deux chandeliers avec bobèches de cuivre argenté étaient estimés à 12 livres[25]. En somme, les pièces d'apparat étaient bien éclairées, mais les pièces privées, sombres, n'étaient illuminées que par le faible jour des croisées sur la rue et sur une cour intérieure.

Des glaces pour réfléchir la lumière

L'accessoire d'éclairage le plus commun était le bougeoir, le mot candélabre désignant habituellement un chandelier à plusieurs bras. On nommait girandole un chandelier en forme de pyramide. Celui-ci portait habituellement 3 à 6 chandelles, parfois plus. La girandole pouvait être placée sur un guéridon. La galerie des Glaces en possédait toute une série d'argent massif, abondamment sculptée. Hélas, ce fastueux mobilier d'argent fut envoyé à la Monnaie et fondu pour payer le coût des guerres de Louis XIV. Une version de la girandole destinée à être placée sur la table était d'emploi beaucoup plus fréquent dans les pièces privées. Ce terme de girandole désignait aussi une variété de chandeliers et, plus particulièrement, celui qu'on fixe au mur et qui comporte trois sources de lumière. Plus tard, on parla de « bras ». La princesse de Lamballe était persuadée que les bâtiments du Roi se devaient de lui procurer ces articles aussi utiles que décoratifs et l'inspecteur Heurtier écrivit au directeur : « Mme la Princesse de Lamballe vient d'envoyer à plusieurs reprises demander des tables en consoles et des bras de cheminée. J'ai [...] représenté que les Bâtiments ne fournissent point ces sortes de meubles. Elle m'a fait

L'ÉCLAIRAGE

réponse que les officiers du Garde-Meuble l'assuraient positivement que les fournisseurs regardaient les Bâtiments du roi puisque c'étaient eux qui fournissaient ceux de la famille royale, et que plusieurs officiers de la Couronne attestaient tenir ceux qui étaient dans leurs appartements des Bâtiments, ce qui est vrai. » L'amie de Marie-Antoinette gagna la partie et obtint « une table dorée en console à dessus de marbre, deux paires de bras de cheminée à deux branches et une glace au teint [*sic*] de 55 pouces sur 48 [1,5 × 1,3 mètre][26] ». Sa requête montre que de telles appliques ornaient habituellement un miroir au-dessus de la cheminée et que l'on augmentait l'éclairage en faisant en sorte que la flamme des bougies se reflète sur une surface polie de cuivre, d'argent, ou mieux encore sur un miroir.

Selon un spécialiste en ce domaine, le premier grand miroir installé au-dessus d'une cheminée fut celui de la chambre du roi en 1684. En 1697, un amateur d'art, le Suédois Tessin, recommanda ce dispositif : « Pour les cheminées, je les ferais de glaces [...] du haut en bas ; c'est le goût qui règne et qui est d'autant mieux fondé qu'avec deux ou quatre bougies un appartement, par la réverbération, se trouve plus éclairé et plus gai qu'un autre avec douze[27]. » Deux ans plus tard, dans le nouvel appartement du duc de Bourgogne, héritier présomptif du trône, on multiplia les miroirs : « Le Roi a réglé [...] qu'il sera fait des trumeaux opposés aux cheminées et un entre les deux croisées de la chambre avec une seule glace, comme au-dessus de la cheminée[28]. »

Fabriqués sur une grande échelle à Venise, les miroirs étaient importés de cette ville, mais Colbert décida d'établir une manufacture royale à Paris en 1665. Restait à mettre au point de nouvelles techniques pour fabriquer des miroirs de grande taille. Les premiers furent présentés au roi en 1691. Patronnée par l'État, la Manufacture royale des glaces et miroirs, établie à Saint-Gobain, en Picardie, fournissait la plupart des miroirs de Versailles et le directeur général des bâtiments du Roi lui écrivait presque chaque semaine[29]. La fabrication demandait du temps, de l'habileté, et de larges surfaces d'un verre sans défaut – beaucoup étaient brisées au cours de l'opération du transport. Plus le verre était grand, plus il était coûteux. Dans les premières années, le comble du luxe et de l'ostentation fut d'avoir un cabinet orné de miroirs entourés de panneaux sculptés incrustés de petites pièces de verre. Seuls les courtisans très riches pouvaient s'offrir ce nouveau style. À Versailles, la princesse de Conti, fille légitimée de Louis XIV, possédait un remarquable cabinet des miroirs[30] et son demi-frère, le Dauphin, l'imita dans son appartement[31]. Si on voulait obtenir une large surface, on faisait juxtaposer deux ou trois miroirs de dimensions modestes dans un même cadre. À peine recevait-on un appartement à Versailles qu'on réclamait des réparations, des changements et des miroirs. Certains courtisans savaient être plus insistants que d'autres. Le premier commis des Bâtiments écrivit à Heurtier en 1789 : « L'archevêque de Paris n'est pas sorti de ma mémoire. Ses persécutions au sujet de la glace l'y ont trop bien gravé. Je n'ai pu échapper à ses poursuites qu'en lui accordant à peu près tout ce qu'il demande. Il ne se rend à aucunes raisons. » Il ajouta prudemment : « C'est un des plus dignes prélats que nous avons en France, mais[32]... »

Quand la place d'honneur au-dessus de la cheminée était équipée de sa glace, le courtisan en commandait une autre pour orner le trumeau, généralement entre les fenêtres, et si possible en face du foyer afin de mieux refléter sa lumière. En 1762, la duchesse de Lauraguais demanda « un trumeau de glace vis-à-vis la cheminée dans la chambre à coucher de son nouvel appartement ». Après avoir pris son temps, le directeur des Bâtiments transmit la demande au roi : « Mme la duchesse de Lauraguais a orné considérablement son appartement au château de Versailles à ses dépens. Elle supplie très humblement Votre Majesté de vouloir bien lui accorder un trumeau en trois glaces[33]. »

Quelques années plus tard, la comtesse de Narbonne présenta la même requête comme un élément d'un projet important de décoration. Marigny obtint le bon du Roi mais, dans ses instructions, il spécifia que les miroirs devaient provenir des réserves : « Le Roi agrée la dépense de 6 622 livres à laquelle vous estimez les réparations et changements demandés par Mme la comtesse de Narbonne. Vous pouvez y faire travailler. Sa Majesté veut bien parallèlement accorder les glaces pour les deux dessus des cheminées et les deux trumeaux en face. Vous auriez agréable de m'adresser un état de celles qui se trouveront dans le magasin que vous jugerez pouvoir convenir[34]. »

La passion des miroirs était sans limites, les courtisans ne cessaient d'en demander davantage. En 1758, en pleine crise financière, le marquis de Marigny, habituellement aussi accommodant que possible, reçut une requête si extraordinaire qu'il était hors de question d'y consentir, comme il l'expliqua à son subordonné : « Je vois que M. le duc de

Duras demande 11 glaces pour son nouveau logement. Vous sentirez que le Trésor royal étant fermé pour le trésorier des Bâtiments depuis deux mois, il se trouve vide de 560 000 livres dans sa caisse, ce qui m'empêche de pouvoir accorder à M. le duc de Duras ces 11 glaces. Tout ce que je puis faire actuellement, c'est de lui accorder celle qu'il demande pour son cabinet de compagnie sur la cheminée et celle de sa chambre à coucher sur sa cheminée[35]. »

M. de Duras venait de recevoir la charge prestigieuse de premier gentilhomme de la chambre du Roi, ce qui justifiait son nouvel appartement et son audacieuse requête. Les Bâtiments furent plus surpris par celle du duc de Penthièvre, fils d'un des bâtards de Louis XIV, et donc prince du sang de la main gauche. Il avait la réputation d'être dépourvu de morgue et d'un bon naturel, mais, quand en 1766 il reçut un nouvel appartement, il exigea des changements importants, dont un certain nombre de miroirs. Marigny écrivit à son inspecteur : « Vous me demandez quatre trumeaux de glace pour le cabinet de compagnie de M. le duc de Penthièvre et vous me proposez de prendre pour cet effet les quatre glaces blanches qui sont sans destination dans le magasin [...] Il me semble qu'il y a là une grande profusion de glaces. On n'en mettrait pas tant dans une chambre du Roi. Cependant, comme il n'est pas possible de rien refuser à M. le duc de Penthièvre, je consens que vous passiez les quatre glaces en question que vous proposez et j'ordonne à la manufacture de fournir les quatre chanteaux portés dans votre état[36]. » La raison de cette requête inhabituelle autant que coûteuse paraît être que Penthièvre entendait partager l'appartement avec son fils libertin et son épouse et qu'en réalité, c'était cette dernière, l'exigeante princesse de Lamballe, qui insistait. Au demeurant, Penthièvre, l'une des premières fortunes du royaume, aurait pu aisément acheter les miroirs, comme le faisaient bon nombre de courtisans assurés que les Bâtiments rejetteraient leur requête.

En 1754, alors que la France était en état de guerre larvée avec l'Angleterre, et le Trésor vide une fois de plus, les miroirs devinrent un luxe tel que Marigny dut repousser une requête du comte de Gramont : « C'est avec bien du regret que je me vois obligé de [...] refuser, mais la décision du Roi de ne fournir des glaces à personne est si précise qu'il ne m'est pas possible de m'en écarter[37]. » Il fit une réponse analogue au comte de Fougières : « Je voudrais [...] pouvoir condescendre à la demande que vous me faites de faire placer une troisième glace dans votre logement. Je le ferais avec un vrai plaisir, mais le Roi n'est point dans l'usage d'en faire mettre à ses frais de ce nombre dans les logements du château. Les circonstances d'ailleurs exigent la plus grande économie dans ce genre, les Bâtiments étant énormément endettés envers la manufacture des glaces, et celles qui se trouvent en magasin ont chaque jour leur application dans les ouvrages que le Roi ordonne[38]. »

En cas de refus du roi, les courtisans se trouvaient obligés d'acheter les glaces et de les installer eux-mêmes. Les déménagements soulevaient bien des problèmes. Par exemple, l'inventaire dressé à la mort du duc de Gesvres, portait : « Dans la première antichambre, une glace sur la cheminée ; dans la deuxième antichambre, une glace sur la cheminée ; dans le grand cabinet, une glace sur la cheminée et deux trumeaux entre les croisées ; dans la chambre grise, une glace sur la cheminée ; dans la petite chambre, une glace sur la cheminée [...][39]. » Les héritiers pouvaient soit retirer les miroirs, soit les laisser en place et se les faire payer à un prix inférieur par le repreneur des lieux. Dans cet exemple, le nouvel occupant, le duc de Duras, remboursa certainement les héritiers, car lorsqu'il dut quitter l'appartement, il demanda et reçut la somme correspondante[40]. Le comte de Gesvres, neveu du duc, qui vivait dans un logement voisin, eut moins de chance. Lorsqu'il demanda le remboursement des miroirs et améliorations de son appartement, le directeur des Bâtiments lui répondit : « Je crains beaucoup qu'il ne sera pas possible de retirer de l'appartement qu'occupait feu M. le duc de Tresmes votre père au château de Versailles les glaces et les boiseries que vous présumez qui y avaient été établies à ses frais [...]. Les registres des Bâtiments de l'administration ne présentent aucune trace d'ouvrages faits dans les appartements aux frais de ceux qui les occupaient, et comme il est certain en général que c'est le Roi qui approuverait dans tous les cas les dépenses des logements, il paraît difficile qu'il y ait eu exception pour Monsieur votre père[41]. » Vingt-deux ans s'étaient en effet écoulés, et seuls les gens prévoyants pouvaient fournir une attestation – d'ordinaire un certificat des inspecteurs – selon laquelle ils avaient acheté les miroirs, dont on précisait la taille et la place, et dont on constatait que les glaces ne provenaient pas des Bâtiments[42]. La formule typique disait : « L'architecte ordinaire et contrôleur des Bâtiments [...] certifie que les glaces mentionnées ci-dessus ne sont point du Roi, qu'elles appartiennent à la princesse de Talmont : dans la... [etc.][43]. »

Autrement, le courtisan pouvait aussi laisser les miroirs en place et demander une nouvelle attestation, telle la marquise d'Ornissan, dont l'inspecteur des Bâtiments exposa le cas en 1780 : « Ayant succédé au logement de feu M. le marquis de Croissy, [elle] a acheté diverses glaces en l'état ci-joint signé de M. L'Écuyer et vu par M. le marquis de Marigny. Elle expose qu'elle a, en 1779, acheté une autre glace qu'elle a fait poser dans sa nouvelle chambre à coucher et désire qu'il lui soit remis une reconnaissance semblable, ce qui est juste[44]. »

La « grande faute » du comte de Noailles

La situation dans laquelle se trouvait le comte de Noailles était beaucoup moins simple. En effet, en sa qualité de gouverneur du château et de la ville, il exerçait une autorité indépendante et disposait d'un budget particulier. Toutefois, c'était aux Bâtiments qu'il appartenait de contrôler les travaux dans les appartements du château dont le gouverneur proposait l'affectation au roi. Les installations ou réparations des miroirs étaient donc de leur compétence, même si le Domaine en supportait la charge financière. Noailles, qui appartenait à l'une des plus anciennes familles de France, se vit un jour dans la pénible obligation de devoir rendre compte de ses miroirs au jeune frère de Mme de Pompadour, ce marquis de Marigny qu'on affublait du sobriquet de « marquis d'avant-d'hier ».

L'occasion en fut le transfert de son appartement de fonction hors de l'aile du Gouvernement. Noailles écrivit à Louis XV pour rappeler que le Roi-Soleil avait donné à son prédécesseur, M. Blouin, 14 glaces pour ce logement officiel[45], puis il fit transporter les miroirs à son nouveau logis, apparemment sans avoir consulté les Bâtiments, manquant à une règle sur le respect de laquelle il se montrait d'ordinaire très strict. Aussi dut-il écrire à Marigny une lettre d'excuse où perce son humiliation : « J'ai fait une très grande faute mais c'est par pure ignorance, Monsieur, ainsi je ne dois pas en être puni. Comme vous avez trouvé bon que je garde toutes les glaces du gouvernement, j'ai cru qu'il était plus simple de leur épargner le voyage au magasin. L'on m'avertit que c'est un crime. J'avoue la vérité que je n'en entends pas encore la raison. J'espère que vous aurez le crédit de réparer une faute et que vous voudrez bien donner vos ordres pour que l'on me finisse promptement[46]. »

La réponse de Marigny, sans excès de bienveillance, insistait lourdement sur la valeur des miroirs : « Je suis convaincu, Monsieur, que vous rendrez justice au désir que j'ai de vous obliger. C'est dans cette confiance que je viens vous marquer ma surprise sur la quantité des glaces qui sont demandées pour votre appartement. J'en ai fait faire l'évaluation et il s'en trouve pour 2 000 écus. Vous voulez une glace dans votre antichambre, vous en voulez quatre dans votre cabinet de compagnie, vous voulez des glaces blanches pour poser dans le cabinet et garde-robe ; en un mot 2 000 écus simplement pour les glaces. Vous savez l'usage des Bâtiments autrefois. Le Roi n'accordait pas des glaces à qui que ce soit. Depuis que le Roi en accorde, c'est tout au plus une dans le salon. Quelquefois, on en passe une dans le cabinet, on va même jusqu'à en accorder une pour la chambre à coucher. Je pense bien qu'il faut faire les choses de bonne grâce quand il est question de M. le Gouverneur. Vous êtes juste. Vous êtes attaché aux intérêts du Roi. Réduiriez-vous la quantité des glaces que vous feriez poser dans l'appartement du Gouverneur si vous étiez à ma place[47] ? »

Le ton monta, on en vint aux comptes d'épicier. Les inspecteurs de Marigny rapportèrent qu'il y avait 23 miroirs dans les quatre appartements réunis pour former le nouveau logement de fonction de Noailles et de sa famille. Un second décompte, incluant les miroirs laissés dans l'aile du Gouvernement, n'en dénombra toutefois plus que 18[48]. Noailles affirma que la valeur totale des miroirs trouvés dans son nouvel appartement et de ceux que lui fournissaient les Bâtiments était moindre que celle des miroirs que lui-même avait laissés dans l'aile du Gouvernement. Il commit alors l'erreur d'user du mot « profiter », qui signifiait certes bénéficier, mais aussi tirer profit. Marigny, fils de financier, exploita aussitôt la bévue : « À juger des choses sans partialité, il est difficile de concevoir le profit que les Bâtiments ont fait sur les glaces dans les changements du gouvernement[49]. »

Sur la défensive, le gouverneur dut reculer : « En me servant, Monsieur, du terme de profiter lorsque j'ai eu l'honneur de vous écrire au sujet des glaces qui ont passé de l'ancien gouvernement au magasin des Bâtiments, je ne croyais pas que ce terme servît pour une signification stricte […] Je vous observerai seulement que les Bâtiments ne m'ont fourni de la manufacture dans le nouveau gouvernement que l'unique glace de la cheminée de ma chambre à coucher et que les trois belles glaces de Mme de Goësbriand et une de l'antichambre de l'ancien gouvernement sont rentrées dans les magasins des Bâtiments. Or si de quatre glaces, il n'est donné qu'une, je dirais alors, s'il m'était encore permis de me servir du terme, que les Bâtiments ont profité[50]. » Marigny ne put résister au plaisir d'avoir le dernier mot : « Dans le calcul que vous faites, Monsieur, des glaces fournies au nouveau gouvernement et de celles qui sont rentrées dans le magasin du Roi, vous auriez vu que la compensation était exacte si le miroitier vous avait rendu un compte fidèle. Il est vrai qu'il est rentré trois glaces dans le magasin, mais il en a été fourni trois autres : l'une de la manufacture et deux de l'ancien gouvernement. Les deux dernières sont placées dans votre salle de compagnie où il n'y avait ci-devant que deux trumeaux, et il y en a quatre actuellement. Vous voyez par là que les trois glaces qui ont été retirées de l'appartement de Mme de Goësbriand sont remplacées par trois autres[51]. » Au terme de cet échange acrimonieux, Noailles eut gain de cause et un relevé établi au printemps suivant révéla que son appartement contenait 28 glaces de diverses qualités, dont certaines étaient combinées de façon à former un ensemble décoratif[52].

Les certificats témoignaient de la propriété des miroirs, mais ils ne réglaient pas le problème de leur enlèvement. Même s'ils étaient simplement suspendus au mur, leur dépose à l'occasion d'un changement d'occupant ou le retour au magasin créaient un vide disgracieux. En 1750, Mlle Welderen, l'une des modestes dames au service de la plus jeune des filles de Louis XV, qui vivait dans un petit appartement dans l'attique de l'aile des Princes, demanda au directeur des Bâtiments de lui « faire mettre des glaces sur les deux petites cheminées de son appartement à

L'ÉCLAIRAGE 155

Versailles, d'où on a ôté les glaces qui y étaient, de sorte qu'il ne reste que la muraille, ce qui fait un très vilain effet[53] ». La demoiselle reçut 200 livres. Lorsque les miroirs étaient intégrés aux boiseries existantes, la chose n'était pas aussi simple, car l'enlèvement entraînait des réparations coûteuses pour les Bâtiments : remise en place, nouvelles bordures parfois très sculptées et travaux de peinture. Souvent, ces dépenses étaient ajoutées au coût des réparations qui accompagnaient inévitablement le changement d'occupant. En 1773, la comtesse du Roure demanda à Marigny la permission d'installer chez elle un miroir : « Le tout [serait] à mes frais, non seulement pour le placement actuel mais encore de le faire remettre lorsque je sortirai de l'appartement[54]. » Hélas, les Bâtiments savaient que ces engagements étaient bien souvent oubliés !

L'année suivante, dès que le comte d'Angiviller eut remplacé Marigny à la tête des Bâtiments, il communiqua de nouvelles directives à l'inspecteur du château : « Le Roi m'a chargé de veiller en faisant exécuter littéralement les anciens règlements, confirmés et renouvelés par l'arrêt du Conseil de janvier 1774. Il s'agit des changements que tous les courtisans ayant des logements faisaient sans cesse dans leurs appartements et auxquels ils croyaient acquérir un droit [...] d'en faire la dépense, d'où ensuite [...] en quittant les appartements d'enlever tout ce qu'ils avaient fait et par là détériorer les lieux. [...] Sa Majesté n'entend plus que – sous le prétexte d'avoir payé des dépenses d'arrangements – personne en quittant un appartement puisse enlever ce qu'il y aura mis que sur un consentement précis émané du Roi. » Le gouverneur appuya la politique des Bâtiments : « Les appartements changent souvent ; les propriétaires emportent tout et souvent abîment ce qui n'est point à eux pour ne rien laisser de ce qui leur appartient. Autrefois, l'on n'emportait que les glaces et rien de plus. M. le maréchal de Villars avait fait accommoder sept appartements et n'en avait jamais ôté que les glaces, mais alors il n'était question ni d'alcôves de boiseries ni de rien de semblable[55]. »

Le nouveau règlement admettait toutefois certains aménagements. Ainsi, « dans le cas d'une certaine importance, il serait plus avantageux pour le Roi d'accorder une indemnité [...] que de forfaiter des enlèvements qui feraient dégradation[56] ». Mais souvent la situation n'était pas claire et les exceptions se multipliaient. Lorsqu'en 1788 le maréchal-duc de Richelieu, vieux roué et compagnon des plaisirs de Louis XV, fut à l'article de la mort à Paris, sa troisième épouse voulut vider l'appartement de Versailles qu'il occupait depuis 1744. Le directeur général des Bâtiments lui dépêcha un inspecteur qui lui fit ce rapport : « Mme la maréchale de Richelieu, vu la situation désespérante de M. le maréchal, fait démeubler totalement son appartement au Château. [...] Elle réclame les glaces qui en sont dépendantes généralement [...]. Comme, d'après la recherche qu'on a faite sur les registres du magasin, rien n'annonce ni ne prouve qu'elles appartiennent au Roi, j'ai cru devoir prévenir le valet de chambre chargé de cette mission que je ne laisserais rien enlever que, préalablement, M. le Directeur général n'en soit instruit, parce que je me réservais d'avoir l'honneur de lui observer qu'il serait, je pense, plus à propos que le Roi en fît l'acquisition, étant toutes posées et les parquets étant faits pour les glaces, que de les laisser enlever, d'autant mieux qu'il faudra nécessairement les remplacer par d'autres. La valeur desdites glaces suivant le prix du Roi et par l'estimation avec le bénéfice du teint [*sic*] sera 1 523 livres. »

Solution simple, mais encore fallait-il pouvoir produire les certificats de propriété. Lorsqu'on les lui demanda, la maréchale répondit : « J'ai l'honneur de vous faire observer qu'il est bien difficile, après plus de quarante ans, de retrouver des traces et des renseignements sur cet objet ailleurs que dans le bureau même du Garde-meuble, où un travail sur des registres avec soin peut éclairer l'administration sur des temps aussi reculés. Je suis informée que les glaces réclamées par M. de Richelieu ne font pas partie des états du Garde-meuble et vous avoue […] que cette circonstance jointe à l'assurance que m'a donnée dans tous les temps M. de Richelieu d'avoir fait mettre à ses frais toutes ces glaces, comme il l'a fait à ma connaissance pour celles du nouvel appartement dont il a joui plus récemment, me parut preuve complète d'après laquelle je ne m'attendais plus à aucune difficulté[57]. » Le duc de Liancourt succéda à Richelieu… et les glaces demeurèrent en place.

Des fastueuses portes-fenêtres aux pauvres tabatières

De même que, la nuit, ils reflétaient à l'infini la poétique clarté des chandelles, les miroirs, dès qu'on ouvrait les volets, renvoyaient et multipliaient la lumière du jour. Aussi la taille et la qualité des fenêtres étaient-elles d'une telle importance que la compétition pour un meilleur logement eût mérité le nom de « chasse aux croisées ». Les plus convoitées étaient les portes-fenêtres à deux panneaux bordant la façade du jardin. Leur régularité, unissant le corps central aux ailes du Nord et des Princes, créait une impression de grandeur et de magnificence. Elles inondaient de la lumière du jour les appartements de la famille royale, des princes et des courtisans favoris, mais dès lors qu'elles n'étaient plus en parfait état, l'hiver venu, elles laissaient passer des courants d'air glacé.

Mme de Maintenon, toute épouse morganatique de Louis XIV qu'elle était, souffrait de l'incommodité des grandes croisées. Elle s'en plaignit en 1713, alors qu'elle se trouvait à Fontainebleau : « J'ai encore un très bel appartement, mais sujet au même froid et au même chaud, y ayant une fenêtre de la grandeur des plus grandes arcades où il n'y a ni volet, ni châssis, ni contrevent parce que la symétrie en serait choquée. Ma solidité a quelque chose à souffrir, ainsi que ma santé, de vivre avec des gens qui ne veulent que paraître et qui se logent comme des divinités[58]. » Heureusement, à Versailles, elle était installée sur la Cour d'honneur, dans le château primitif dont les fenêtres étaient plus petites. Il en allait de même de celles du second étage et de celles donnant sur les rues des Réservoirs et de la Surintendance.

Au-dessus de la balustrade et au niveau des mansardes, les fenêtres étaient plus petites encore et, le plus souvent, entourées d'un fronton sculpté, élégant certes, mais qui laissait passer l'air et l'eau si la jonction avec les toits n'était pas parfaitement scellée. Les lucarnes ou les petits jours percés dans la partie supérieure de la pente des mansardes étaient souvent à peine plus grands que des hublots

L'ÉCLAIRAGE

et cernés de plomb. Enfin, les minuscules ouvertures pratiquées dans la surface supérieure presque plate du toit de la mansarde étaient appelées « tabatières », parce que les trappes s'en soulevaient à la façon du couvercle des boîtes de tabac à priser pour laisser passer un peu d'air et de lumière.

Les impressionnantes grandes croisées donnant sur le jardin étaient très coûteuses. Lorsque la Cour retourna à Versailles en 1722, l'état des Bâtiments constata : « On ne peut se dispenser de faire 30 croisées neuves au moins dans cette année aux Grands Appartements du château, les vieilles ne pouvant plus se rétablir par [les] assemblages, qui sont pourris [...]. Les volets pourront resservir, ce qui coûtera – plus la menuiserie la ferrure, le verre et peinture – 7 740 livres[59]. » Cette année-là, la ligne budgétaire était de 2 000 livres et il aurait donc fallu plus de trois ans pour mener à bien les réparations. En 1764, le comte d'Eu, rejeton d'un bâtard légitimé de Louis XIV, demanda que cinq croisées de son appartement du premier étage donnant sur le parterre du Nord fussent réajustées et chacune coûta plus de 500 livres, mais peut-être les nouveaux volets étaient-ils compris dans la note[60]. La même année, son voisin, le cardinal de La Roche-Aymon, reçut quatre nouvelles croisées coûtant 600 livres chacune[61]. Ces fenêtres étaient si larges qu'elles avaient tendance à se déformer, et le comte d'Eu comme le cardinal durent les faire remplacer.

Deux années auparavant, la duchesse de Brancas, qui résidait à l'extrémité de leur commune galerie, demanda des réparations. L'inspecteur L'Écuyer rapporta à son chef : « J'ai visité dans le logement de Mme la duchesse de

Brancas la croisée de sa chambre à coucher et les deux de son cabinet qu'elle vous demande de refaire à neuf avec des espagnolettes. Il est vrai qu'elles sont mauvaises, mais elle peut d'autant plus s'en passer cet hiver qu'elle a des très bons doubles châssis ; d'ailleurs, il ne serait pas possible à nos menuisiers de le faire pendant cette absence, vu tous les autres ouvrages dont ils sont chargés et que les croisées en question sont de conséquence, chacune étant un objet de 500 livres à cause de leur grande hauteur et largeur[62]. » Au rez-de-chaussée, ces portes-fenêtres donnaient directement accès au jardin. C'est, à en croire le duc de Luynes, la raison pour laquelle le Dauphin quitta son appartement du premier étage de l'aile des Princes pour le rez-de-chaussée du corps central : « L'on ne pouvait comprendre quelle raison avait déterminé à faire un nouvel appartement à Monsieur le Dauphin et à la future Dauphine. On me dit il y a quelques jours que le motif avait été de mettre Monsieur le Dauphin plus à portée de sortir de chez lui et de se promener ; il n'aime pas à sortir [...] et il trouve que c'est un embarras que de mettre beaucoup de monde en mouvement pour descendre un escalier pour entrer dans le jardin[63]. »

Le public avait libre accès aux jardins durant la plus grande partie de la journée et il pouvait se régaler du spectacle que lui offrait l'intérieur des appartements princiers. C'est pourquoi, l'année suivante, le Dauphin demanda « qu'il fût mis une grille à l'hauteur d'appui, depuis l'encoignure de son cabinet jusqu'à la dernière marche du perron afin d'éloigner les curieux qui pourraient peut-être s'approcher trop près de son appartement[64] ». La comtesse de Marsan, gouvernante des Enfants de France, demanda un dispositif analogue « pour empêcher, comme chez Mesdames, que le peuple ne les puisse voir, ni entrer chez elle par les croisées qui ouvrent jusqu'en bas[65] ». Le souci de préserver l'intimité fut porté à son comble quand L'Écuyer nota, en 1772 : « La famille royale se proposant de faire fermer à ses dépens toute la terrasse dans la longueur de la façade du milieu du Château par des barreaux et banneaux de fils de fer [...] Madame Sophie se mêle de cet ouvrage[66]. »

Les fenêtres donnant sur la ville étaient plus petites et moins coûteuses. On lit dans une note du budget 1712 : « Il est nécessaire d'en faire au moins 110 neuves [croisées] aux attiques du Château et dans les bâtiments des cours qui joignent les grandes ailes, qui ne peuvent plus se rétablir par vétusté, ce qui coûtera, par estimation, 9 240 livres. » Soit un prix unitaire moyen de 84 livres[67].

En 1757, Mme de Pompadour appuya la demande de cinq nouvelles fenêtres pour l'appartement de la princesse de Carignan dans l'aile du Gouvernement, « celles qui y sont étant aussi anciennes que la maison et hors d'état d'être raccommodées, ce qui a causé beaucoup de froid à cette princesse pendant tout l'hiver dernier[68] ». La rénovation coûta 500 livres. L'année suivante, le maréchal de Biron, qui résidait dans la Vieille Aile, réclama à son tour : « M. le maréchal me demandait seulement que les deux petites croisées de sa chambre à coucher et les deux de celle de Mme de Biron pour les empêcher d'avoir froid l'hiver, passant un vent considérable au pourtour de ces vieilles croisées[69]. » Cette fois le coût fut de 289 livres. Dans ces deux appartements de prestige, les fenêtres sur rue étaient plus petites que celles donnant sur le jardin, et leur remplacement ne coûtait que le cinquième de celui d'une grande croisée sur la façade ouest du château.

Au second étage de l'aile des Ministres, à gauche de la cour d'entrée, des fenêtres en mansarde étaient censées éclairer le secrétariat du ministre de la Guerre. En 1785, le chef du bureau éleva une réclamation auprès des Bâtiments à propos de « l'exécrable éclairage naturel de ces trois pièces mansardées […] chaque pièce ayant sa croisée prenant jour au nord sur la cour ». Sa pétition contient la description la plus détaillée que nous possédions des fenêtres à ce niveau et montre qu'en dépit de la symétrie, la variété des panneaux des fenêtres reflétait la longue histoire du château.

La première salle, où 6 ou 7 clercs travaillaient, prenait le jour par une fenêtre à 2 vantaux comportant 16 panneaux de « verre commun », chacun approximativement de 23 centimètres sur 30, soit un vitrage total de 92 centimètres sur 1,18 mètre. « Les cadres et châssis sont encore en état de servir en entretenant, comme on le fait au besoin, les bois d'encollage de papier et les carreaux de mastic. » L'exposition étant au nord, les clercs n'y auraient vu goutte sans « deux autres petits jours, l'un à deux, l'autre à quatre carreaux à peu près de même dimension dans la partie de la toiture au-dessus de la poutre qui règne supérieurement le long de cette croisée et perpendiculaire à chacun de ses côtés ». Entre cette salle des clercs et le bureau privé du premier commis, la fenêtre de l'antichambre où était posté le garçon de bureau semble dater de la construction originale de l'aile, près d'un siècle plus tôt : « La croisée de l'antichambre […] est très ancienne et encore à petits carreaux desserrés des bordures encadrées de plomb, et les panneaux soutenus par les petites baguettes de fer clouées aux châssis des vantaux sont si détériorés par les intempéries et leur vétusté qu'ils sont absolument hors d'état de servir davantage. [...] Quant au cabinet du chef du bureau, il n'y a qu'une croisée de quatre grands carreaux, dont deux à chaque vantail, laquelle quoique en très bon état ne fournit pas à beaucoup près le jour. » Pour éviter de brûler des chandelles durant la journée, le bureaucrate en chef demanda deux petites lucarnes, et une couche fraîche de peinture[70].

Enfin, plaignons les pauvres habitants de la « brisis », ou « basse attique », à peine visible de la rue car située au-dessus des parties en pente des mansardes sans fenêtres. Leur peu de lumière et d'air venait des tabatières. Les conditions de vie dans ces galetas nous sont connues par une pétition adressée aux Bâtiments en 1779 : « Besnard, ancien pâtissier du Roi, actuellement de la Reine, a l'honneur de vous représenter qu'en cette qualité il occupe dans les brisis du Grand Commun un petit logement composé d'une très petite pièce où il couche et une petite garde-robe lambrissée qui n'ont de jour que par le moyen d'une lanterne élevée de 15 pieds de haut qui n'est percée que d'un côté. Il supplie très respectueusement Votre Grandeur de permettre que l'on fasse un percement du côté opposé afin de jouir d'un jour plus clair, puisque celui dont il jouit aujourd'hui ne lui permet pas de se passer de la lumière à trois heures d'après midi. » Sa requête fut repoussée[71] et une seconde, en 1780, resta sans réponse. Dans l'intervalle, les travaux avaient été approuvés, puis renvoyés, et ils ne furent entrepris qu'en 1783. Dans la marge de la requête, l'inspecteur écrivit : « *Nota* que c'est touchant sa femme qui de son aveu trouve son logement au-dessous de son état[72]. »

Les courtisans devaient payer leurs rideaux s'ils en souhaitaient, mais ils s'adressaient aux Bâtiments pour d'autres accessoires des fenêtres : doubles vitrages, larges panneaux et persiennes extérieures. Comme le notait le premier commis du ministre de la Guerre, quelques-unes des fenêtres d'origine à Versailles étaient constituées de petits panneaux avec des meneaux de plomb, les panneaux des fenêtres plus larges étant maintenues par un cadre de bois. Or ce métal malléable tendait à se déformer, et le bois à pourrir ou à se rétracter avec l'âge et l'exposition aux intempéries. Le duc de Gontaut se lamentait : « Les croisées sont tout à fait pourries. » La duchesse de Lauraguais notait : « Les anciennes tombent de vétusté[73]. » Quand les maîtres d'hôtel se plaignirent du triste état de leur logement de fonction au Grand Commun, les inspecteurs écrivirent : « La croisée est de la création du Grand Commun et absolument pourrie. Elle est ordonnée depuis longtemps. » Le directeur général prit la chose en philosophe : « C'est la révolution des temps qui a changé la nature des besoins, et, comme cet effet est devenu commun à tout, je sais que je ne peux me dispenser de m'y prêter[74]. » La révolution en question consistait à demander un peu de confort et un meilleur éclairage.

Dans les années 1770, la plupart des fenêtres, presque centenaires, avaient grand besoin d'être remplacées. Les menuisiers avaient raboté et réajusté les meneaux de bois vétustes, mais il y avait une limite à ce qu'ils pouvaient faire. Les réparations étaient souvent impossibles, et le remplacement si peu évitable que le directeur cédait à la nécessité. En outre, les normes avaient changé et les courtisans demandaient surtout des « grands carrés », panneaux de verre plus larges, puis du verre de Bohême qui, à la dernière mode, réduisait beaucoup imperfections et distorsions.

En 1788, l'un des avocats de la réforme nota : « Il n'y a nulle proportion, nulle comparaison entre le vitrage actuel et celui qu'on admettait il y a quarante ans. Alors on n'employait que du verre commun et on enfermait des panneaux de 20, 30, 40 et 50 pièces artistement encadrées dans les filets de plomb. [De nos jours] on n'admet plus que des croisées à grands carreaux de verre blanc d'Alsace [ou] de Bohême et, tout au moins, d'une espèce infiniment supérieure à cet ancien vitrage de verre vert qu'on distribuait en autant de petits échantillons[75]. »

La vogue des persiennes et des « doubles châssis »

En 1748, se situe la première demande connue, par M. de Montmorin, d'une fenêtre à larges panneaux : il adressa une pétition au premier directeur général des Bâtiments dont la correspondance journalière nous soit parvenue.

Le Normant de Tournehem écrivit : « Il prie d'ordonner qu'on en fasse une neuve et qu'au lieu de vitres en plomb, comme celle qui y est, on y mette des grands carreaux[76]. » La première mention du verre de Bohême figure dans une requête présentée, en 1763, par le secrétaire d'État aux Affaires étrangères : « M. le duc de Praslin demande la permission de faire faire à ses dépens au premier étage les deux croisées du cabinet de compagnie de Madame en carreaux de Bohême. L'inconvénient qui s'y trouvera serait dans l'uniforme des autres carreaux de verre ordinaire ; cependant ayant à son rez-de-chaussée ainsi que [chez] M. le duc de Choiseul, de pareil verre de Bohême, cela pourrait ne souffrir aucune difficulté[77]. »

Le tout-puissant Choiseul, grand ami du luxe, lança la mode ; mais ailleurs que dans les appartements ministériels, le verre de Bohême était encore rare. En 1772, les inspecteurs écrivaient encore à Marigny : « Mme la princesse de Talmont [...] propose de mettre des verres de Bohême à ses croisées à ses dépens, dont les petits bois seraient changés par les Bâtiments. Cette demande n'est pas sans inconvénient, vu que cette nouveauté tirerait à conséquence par l'exemple, n'y ayant aucun de ces verres dans le Château, même chez le Roi, la famille royale, ni les princes[78]. »

Au milieu des années 1770, se généralisa la demande de larges panneaux en verre de Bohême. En 1774, la comtesse de Lostanges, qui vivait au second étage de l'aile des Princes côté jardins, écrivit à Angiviller : « J'espère [...] que vous voudrez bien m'accorder la grâce que j'ai l'honneur de vous demander. Il s'agit d'une réparation nécessaire dans mon appartement ; les fenêtres en sont absolument pourries. M. Heurtier, qui est venu les examiner, les a condamnées, mais il me faut votre permission. [...] Je vous prie de m'accorder avec cela la permission de faire mettre aux croisées les grands carreaux. Cette dépense ira à 50 livres de plus pour les quatre fenêtres et mon appartement serait moins triste et plus clair. » Le directeur des Bâtiments répondit : « Je viens d'autoriser à y faire travailler et à y employer du verre de Bohême comme vous le désirez et comme je le crois d'ailleurs convenable dans un appartement comme le vôtre[79]. » La comtesse fut parmi les derniers courtisans à recevoir un aussi gracieux accueil, car quelques mois plus tard une nouvelle règle fut adoptée. Désormais, hormis certains officiers dûment spécifiés, l'entretien des fenêtres fut à la charge de l'occupant. Par la suite, les Bâtiments se chargèrent des réparations, mais ils ne les remplaçaient plus.

La comtesse de Lescure était la première à faire face à la nouvelle austérité. D'Angiviller répondit à sa demande : « Quoique l'augmentation de dépense que pourra occasionner le changement que vous désirez dans les nouvelles croisées à faire pour l'appartement de Mme de Sommièvre soit un peu plus considérable que vous ne paraissez le penser, l'objet total est néanmoins de nature à me permettre de vous donner une preuve de mon désir de vous être agréable. Les trois croisées dont il s'agit et qui sont en effet dans le cas d'être refaites à neuf, seront mises en grands carreaux. Je dois seulement vous observer, Madame, que par un règlement fait l'année dernière, les réparations de vitrage, ainsi que quelques autres, ayant été mises sur le compte des personnes qui occupent les appartements, les carreaux que vous désirez peuvent vous être plus onéreux que l'autre espèce de vitrine[80]. »

Le nouveau règlement résultait d'une politique visant à réduire les dépenses non indispensables. Précédemment, plus particulièrement sous la direction de Marigny, les Bâtiments autorisaient chaque nouvel occupant, si le budget le permettait, à restaurer, remodeler, aménager des entresols, déplacer cloisons et cheminées aux dépens du roi. Durant la courte tenure de l'abbé Terray – qui entre 1773 et 1774 fut à la fois contrôleur général des Finances et directeur général des Bâtiments –, la politique se durcit. L'abbé refusait sèchement au titre des Bâtiments tout ce qui n'était pas réparation urgente, tandis qu'au titre des Finances, il proposait des coupes claires allant jusqu'à la suppression des pensions. S'étant aliéné tout le monde, il dut bientôt laisser la place. Lorsque d'Angiviller prit la direction des Bâtiments, il décida d'introduire ses propres réformes et conserva « seulement les réparations urgentes », tout en ménageant les puissants, les gens en crédit et ceux dont les réclamations étaient fondées.

Les requêtes des courtisans devenaient plus raisonnables, bien que leur goût du verre de Bohême n'ait pas diminué malgré l'engagement qu'on exigeait d'eux d'en payer le prix. En 1782, d'Angiviller répondit à Mme Rousseau qui demandait les nouveaux grands carreaux : « La seule grâce que M. le Directeur général puisse accorder à cette dame, c'est de lui permettre de faire mettre les grands carreaux à ses frais[81]. » L'année suivante, Mme de Montbel fit une requête similaire et l'inspecteur observa : « Mme de Montbel demande que les petits carreaux qui sont à la croisée de sa chambre soient supprimés ainsi que les petits bois et qu'ils soient remplacés par de grands carreaux de verre de Bohême […]. Je ne vois aucun inconvénient à cette demande, la pose des carreaux étant faite aux frais de Mme de Montbel[82]. » Deux ans plus tard, une autre demande portait : « Si M. le Directeur général ne croit pas pouvoir donner des carreaux de verre de Bohême, M. de Montynon les payerait[83]. » La Cour avait bien appris sa leçon !

L'ÉCLAIRAGE

À mesure que la technique progressait et que la production s'accroissait, on souhaitait des vitres plus importantes et de meilleure qualité. La nouveauté la plus convoitée des courtisans était le double châssis. Le duc de Lévis, écrivant sous la Restauration, en évoqua les avantages : « Je regrette [...] les doubles châssis, seuls préservatifs efficaces contre l'excès de la chaleur et du froid. Le seul inconvénient qu'ils eussent jadis, celui de diminuer la clarté, n'existerait plus aujourd'hui que l'on a des si grands carreaux et que le luxe a rendu les glaces communes[84]. »

Cet accessoire était toutefois réservé aux privilégiés appartenant à ce que la comtesse de Boigne appelait la « Maison honorifique[85] », grands seigneurs servant la famille royale dans les plus hauts postes et ses proches et intimes. Alors que des chapelains et même des piqueurs figuraient sur la liste officielle de ceux dont les fenêtres étaient entretenues par les Bâtiments[86], les grands pouvaient seuls réclamer un double châssis. La réponse aux requêtes de la comtesse de Gramont, dame du palais de Marie-Antoinette, et de la comtesse de Beaumont, dame de compagnie de Madame Victoire, montre bien que le rang et la naissance étaient les premiers critères pris en considération : « Les demandes de Mme la comtesse de Gramont consistent dans la réparation du parquet et du lambris de son appartement et dans les deux doubles croisées. [...] Je crois que cette dame est dans le cas de toutes les dames du palais qui jouissent de cet avantage. J'ai l'honneur d'observer seulement à M. le Directeur général que celles des dames du palais de la Reine qui ont obtenu des grands carreaux à leurs doubles croisées les ont payés[87]. » En 1784, même les intimes de la reine durent régler la note.

Mme de Beaumont revint à la charge, non sans prendre des gants, mais elle n'eut pas plus de succès : « Je me trouve déterminée à commettre une indiscrétion peut-être en vous demandant, vu le peu d'importance de l'objet, deux croisées en verre de Bohême pour éclairer ma chambre, qui n'a pour vue qu'un mur atteignant au ciel et un escalier et comme il fait un froid glacial dans ma chambre, j'ose vous demander aussi des doubles châssis dont j'[aurai] le plus grand besoin. » La pétition porte en marge : « Refusé[88] ». D'autres se voyaient accorder le double châssis : la sous-gouvernante des Enfants de France, le maître de la garde-robe du Roi et les ministres[89].

La plus luxueuse de ces installations était celle de l'appartement dans l'aile du Gouvernement que Mme du Barry habitait avant d'être promue maîtresse en titre de Louis XV. En 1771, l'inspecteur, qui venait de faire visiter l'aile aux entrepreneurs candidats au contrat de démolition, rapporta : « Nous sommes montés aux entresols formant l'appartement de Mme du Barry que nous avons trouvés éclairés par les éventails de cinq croisées du dessous, garnies de glaces à double châssis par dehors et en verre de Bohême aux croisées du dedans[90]. »

Les persiennes – on disait aussi « jalousies » – étaient également très demandées. Les extérieures, peu coûteuses, étaient des abat-vent de bois qu'on pouvait disposer de façon à se protéger du soleil tout en permettant à l'air de circuler. Quand la duchesse de Choiseul demanda deux séries de persiennes pour ses fenêtres du premier étage de l'aile gauche des Ministres, on ne les estima qu'à 80 livres pour l'ensemble, mais, toute épouse de Premier ministre qu'elle était, sa requête fut rejetée au nom de la symétrie[91].

La comtesse de Briges, dont l'appartement à la Grande Écurie regardait l'avenue de Paris, reçut une réponse semblable quoique « très polie » à sa requête. « Il est question, écrivait-elle, de jalousies aux trois fenêtres de mon logement qui donnent sur l'avenue et qui sont au midi. J'avais des doubles châssis qui n'ont pas été remplacés. M. Huvé a dit qu'ils feraient un mauvais effet. Les jalousies [pourraient] parer les pluies et sont absolument nécessaires pour me garantir du soleil. S'il n'est pas d'usage d'en accorder chez le Roi – j'entends cela d'être de grâce et faveur – je prendrais cette dépense sur mon compte avec quelques autres[92]. »

Il est indubitable que la symétrie des façades eût été détruite si certains appartements avaient été équipés de persiennes extérieures et d'autres non. Ceux de Mmes de Briges et de Choiseul, toutes les deux fort en cour, s'inscrivaient dans la suite architecturale bordant l'avenue et la Cour d'honneur et par laquelle on accédait au château, et il n'était pas étonnant que son harmonie ait eu le pas sur le confort des occupants. Au demeurant, même des appartements des princes étaient soumis à l'interdiction des persiennes. Les gardes du corps du comte d'Artois occupaient une longue enfilade de pièces au premier étage de l'aile du Midi, munies de grandes croisées exposées à l'ouest. La solution expéditive qu'ils adoptèrent en 1783 pour lutter contre la chaleur attira l'attention des Bâtiments. Ils firent valoir que « tous les étés, ils souffrent cruellement de la chaleur du soleil dans leur salle au Château et que pour obvier à cette inconvénience, ils sont forcés de tenir les volets des croisées de ladite salle fermés et n'ont d'autre ressource, pour procurer de la fraîcheur que de faire jeter sur le parquet de l'eau, ce qui – assuraient-ils avec une fausse naïveté – peut être très nuisible et tirer à conséquence ».

L'inspecteur général Heurtier répondit qu'il n'était pas question de leur accorder des persiennes alors que ni les gardes du Roi ni ceux de la Reine ne jouissaient de cet avantage. Il faisait mine d'oublier que leurs salles de garde n'avaient pas la même exposition et donnaient sur les vastes espaces des jardins[93].

Certains appartements étaient presque inhabitables en été sans persiennes, surtout ceux de l'attique, dont le soleil chauffait les toits de plomb. C'est pourquoi ceux qui eurent droit à des persiennes vivaient presque tous dans ces hauteurs[94]. La maréchale de Maillebois demanda « des jalousies à ses dépens à cause du soleil couchant[95] ». Sa voisine, Mme de Montbel, fit une requête similaire : « Mme la comtesse d'Artois, qui me fait souvent l'honneur de venir chez moi [...] y a notamment aujourd'hui éprouvé une chaleur excessive[96]. »

Certains offices accroissaient la chance d'obtenir des persiennes dans le logement de fonction correspondant. À propos d'une requête du vicomte d'Agoult, aide-major des gardes du corps, les inspecteurs écrivirent à leur supérieur : « Par rapport aux persiennes, je crois que M. le vicomte d'Agoult est dans le cas de les obtenir à cause de son service, que d'ailleurs ces persiennes sont de peu de valeur vu leur petitesse et que comme les croisées sont dans les mansardes et à l'exposition du midi, M. le vicomte d'Agoult sera obligé de les faire faire à ses dépens si M. le Directeur général ne les lui accorde pas[97]. » Il dut payer ses persiennes, mais son voisin, le chevalier de Crussol, capitaine des gardes du comte d'Artois, reçut les siennes à titre gracieux[98].

Dans tous les cas qu'on vient de citer, les appartements donnaient sur les cours intérieures de l'aile des Princes. Celui de Mme de Maillebois traversait tout l'étage, comportait des fenêtres sur la façade et la cour, et nous ignorons lesquelles étaient équipées de persiennes. Le seul cas de demande pour le côté jardins dont nous ayons connaissance est une requête du marquis de Lévis : « Je vous aurais infiniment d'obligation de vouloir bien donner vos ordres pour qu'il soit mis des jalousies à la persienne aux croisées de l'appartement que j'occupe au Château et qui est exposé au midi. Il est impossible [...] d'y rester sans jalousie pendant l'été. » La réponse figure en marge : « Refus entièrement poli et motivé[99]. » La même règle valait pour l'aile du Nord, dont témoignent trois requêtes, deux pour des fenêtres sur les cours intérieures ou la rue et la troisième à la fois sur la façade du jardin et sur la cour. De fait, il semble que les persiennes étaient permises dans les attiques dès lors qu'elles n'étaient pas visibles des jardins.

Le nettoyage

Frotteurs et balayeurs

La tâche ingrate et sans cesse recommencée de nettoyer le château incombait pour leur privé aux courtisans. À cet effet, le plus modeste officier avait un valet, et certains des plus prestigieux, tels les gentilshommes servants du Roi, un concierge. Hélas, ces serviteurs devenaient souvent une partie du problème qu'ils étaient censés résoudre, surtout lorsque, au cours du XVIIIe siècle, les cuisines vinrent à se multiplier dans les appartements. Maîtres-queux et filles de cuisine se montraient, en effet, particulièrement négligents. En 1754, le comte de Noailles nota : « À présent, l'on veut avoir tous ses gens et sa cuisine comme à une maison de ville, ce qui occasionne une malpropreté et une puanteur très indécentes, et l'on jette de nouveau tout par les fenêtres. Mesdames les duchesses de Chevreuse et Brancas sont prêtes à déserter leurs logements qui réellement ne sont pas soutenables à cause de la mauvaise odeur[1]. »

Même les lieux saints n'étaient pas irréprochables et, en 1774, Noailles nota : « La famille royale se plaint de la malpropreté de la Chapelle[2]. » Dans les appartements du roi et de sa famille, on employait tout le personnel, tant public que privé, au maintien de la propreté. Ainsi, les garçons de la chambre du Roi déplaçaient les meubles et aidaient les femmes de chambre à tout remettre en ordre, et les tapissiers réparaient les capitonnages, mais ils se seraient sentis insultés si on avait qualifié leur travail de nettoyage. Les passages publics et les galeries ouvertes qui donnaient accès aux appartements dans l'aile du Nord et l'aile des Princes étaient entretenus par des balayeurs. Les appartements du Roi et leurs pièces publiques, les Grands Appartements, les salons d'État s'alignant le long du parterre du Nord, enfin la galerie des Glaces étaient nettoyés par des frotteurs. Lors de la transformation du pavillon de Louis XIII, leurs sols avaient été revêtus de marbre de diverses couleurs et il fallait donc les laver. Avec le temps, l'eau filtrait à travers les interstices, pourrissait charpentes et solives, et endommageait les corniches des appartements au-dessous. Tel fut le cas dans les salons de Diane et de Mars où, en 1704, les Bâtiments durent enlever le dallage de marbre et le transporter au magasin, puis réparer ornements et sculptures du plafond de l'appartement du comte de Toulouse, situé au-dessous, le tout pour 8 030 livres. La pose de parquets ne coûta que 300 livres, mais le bois exigeait plus de soin que le marbre et il fallut augmenter le nombre des frotteurs[3]. Suisses, frotteurs et balayeurs étaient payés sur le budget du domaine du Roi, que Noailles administrait, et ils étaient commandés par l'un des garçons du château, qui prenait les ordres du gouverneur.

La reine et la Dauphine ayant chacune un budget indépendant sur le Trésor royal, leur argentier payait leur personnel affecté au nettoyage. Les gages étaient très modestes ; en 1725, le frotteur de la chambre de la Reine ne recevait que 200 livres par semestre, sur lesquelles il devait payer ses aides[4]. Quand il se retira, en 1769, il conserva à titre de pension l'intégralité de ses revenus, lesquels avaient doublé et comprenaient une indemnité de nourriture ; à sa mort, sa veuve reçut 200 livres[5]. Dans les années 1780, ce type d'arrangement devait être habituel, car le frotteur de l'appartement de Madame Élisabeth fut traité de même[6].

La plupart des employés des Maisons princières recevaient une indemnité de logement, tel le frotteur de la Dauphine de Saxe, qui, outre ses 800 livres, touchait une indemnité de 10 sols par jour[7]. L'État de 1779 révisa le traitement des frotteurs employés par le Domaine. Les six premiers frotteurs avaient précédemment 365 livres de gages, 100 d'indemnité de logement et 45 pour leur bois, soit en tout 510 livres par an ; ils se virent augmenter de 390 livres, ce qui portait leur revenu à 900 livres, montant alors convenable. Les 21 autres frotteurs du Domaine n'eurent que 170 livres d'augmentation et durent donc vivre avec 680 livres par an. Une note précisait que les augmentations provenaient de la cassette du roi[8]. Tous portaient en service un uniforme dit « petit habit ».

Les dimensions de certains appartements exigeaient plusieurs frotteurs. En 1767, le comte de Noailles écrivit au roi : « Deux frotteurs suffisaient pour Mesdames quand elles logeaient ensemble. Madame Victoire ayant l'appartement de Madame la Dauphine, il paraît indispensable d'en prendre un d'augmentation[9]. » Quand Madame Louise fut entrée au carmel de Saint-Denis, en 1770, les trois sœurs restées dans le monde se contentèrent de deux frotteurs chacune. La gouvernante de leurs nièces, Mesdames Élisabeth et Clotilde, demanda deux frotteurs quand, en 1774, elles furent en âge d'avoir des appartements. Par souci d'économie, les fils des deux anciens frotteurs du Roi furent employés au-dessous du salaire normal, avec un supplément pris sur la cassette du roi[10]. Cet arrangement avait été suggéré, en 1750, par un sieur Vaultier qui sollicitait une place pour son fils : « Vaultier, frotteur des appartements de la Reine, expose que depuis longtemps il ne peut faire seul l'ouvrage dont il est chargé. Il propose que son fils lui assiste. Mme la duchesse de Luynes assure qu'il est sage et fidèle. La Reine paraît désirer cet arrangement et que le Roi veuille bien seulement agréer qu'on donne à Vaultier fils 200 livres par an et un surtout de drap rouge sans galons[11]. »

Mesdames les Tantes, qui avaient su cajoler leur « papa-Roi » Louis XV, eurent le même succès auprès de leur neveu, le jeune Louis XVI. En 1775, peu après son avènement, le nouveau monarque donna généreusement une Maison à chacune des deux célibataires. Aussitôt, les trois sœurs restantes demandèrent des frotteurs supplémentaires, exigence dont Noailles rendit compte au roi : « Mesdames ont cinquante pièces et veulent absolument deux frotteurs chacune. Le comte de Noailles a été grondé pour avoir résisté à cette nouvelle dépense [...] mais Mesdames disent que s'il résiste elles les feront mettre sur [le budget de] leurs Chambres, ce qui coûtera encore plus à Votre Majesté, n'y ayant pas de paiements plus médiocres que ceux du Domaine. [...] Le comte de Noailles demande pour ces trois nouveaux frotteurs le même traitement que les autres et les 27 livres sur la cassette[12]. »

Bien que frotteurs et balayeurs fussent très peu payés, on avait besoin d'eux chaque jour et c'est la raison pour laquelle, dans la mesure du possible, ils étaient logés par le roi et recevaient une allocation de bois. L'*État des logements* de 1741 affectait quatre petits locaux aux frotteurs et à leurs familles et un à un balayeur à l'hôtel des Louis, rue de l'Orangerie. Au troisième étage du Grand Commun, deux pièces étaient réservées au premier frotteur de la chambre du Roi, qui disposait aussi de deux autres pièces au brisis. Les autres balayeurs recevaient une indemnité de logement d'un montant négligeable, mais que l'on augmentait selon divers critères – charges familiales, longueur du service, etc. En 1750, Noailles écrivit au roi : « Le nommé Fornerod, balayeur, est mort. Il laisse une veuve avec quatre enfants sans pain. L'on ne peut lui donner de pension, son mari étant trop nouvellement à Votre Majesté. Le nommé Henri, frotteur, demande son logement de 100 livres en argent. Si Votre Majesté le trouve bon, le logement d'Henri à l'hôtel des Louis sera donné à cette pauvre veuve ; les 90 livres qu'avait Fornerod à Favre et la chambre de Favre au Château à Chamberry, nouveau balayeur[13]. » Louis XV, qui connaissait le plus humble de ses serviteurs, porta sur la requête le « bon du Roi » qui valait agrément.

De leur galetas au château ou en ville, les frotteurs venaient chaque jour prendre leur travail. Ils trouvaient leur matériel sur place, jusqu'au jour où ils constatèrent que leur placard des Grands Appartements avait été supprimé. Selon l'inspecteur général Heurtier, « les frotteurs, en arrivant prendre le matin de bonne heure leurs balais et brosses, éveillaient Madame Adélaïde, et voilà le motif qui lui a fait désirer le déplacement de cette armoire ». Le respect du sommeil d'une princesse obligea l'inspecteur à dénicher un « endroit au-dessus de l'escalier dit d'Épernon où ils seront convenablement et où ils ne seront plus dans le cas d'être déplacés[14] ». Le nombre des frotteurs et balayeurs n'était pas fixe et, en 1755, Noailles nota que, 3 frotteurs et 2 balayeurs servant à Marly, 3 de plus seraient nécessaires, mais que cela aurait pour conséquence « de les mettre sur le même pied qu'à Versailles[15] ». En 1756, l'*État des bois de corde, fagots* dénombrait 44 frotteurs. Ce nombre incluait ceux du château, des bâtiments royaux à Versailles et à Marly, et probablement plusieurs frotteurs en retraite, mais non Trianon, dont les 2 frotteurs sont mentionnés séparément[16]. En 1763, il y avait 15 frotteurs à Versailles, plus 2 servant le Dauphin, 2 pour ses fils, 2 chez Mesdames, et un pour le bureau du Domaine. À Marly, ils étaient 7, à Trianon 2 et un seul à la Ménagerie, soit au total 32. À la même époque, Versailles disposait de 16 balayeurs, dont 4 pour le Grand Commun[17]. Il fallait beaucoup d'autorité pour les diriger et, au moins en une occasion, le garçon du château choisi pour contrôler l'équipe de nettoyage se montra au-dessous de sa tâche. En 1768, Noailles le signala au roi : « Beccard, chef des frotteurs et balayeurs est un bon sujet, mais pas assez craint par le corps qu'il commande. Le comte de Noailles demande la permission de Votre Majesté de le faire troquer de place avec Lemant qui s'acquittera mieux de ce généralat. Beccard reprendra son rang de garçon du Château après Fleury et Frioux[18]. »

Beccard fut nommé, mais, la discipline rétablie, un autre problème surgit. En 1774, Noailles reçut une demande de frotteurs de Mesdames Clotilde et Élisabeth et fut obligé d'engager les fils de Frioux à demi-salaire : « Frioux se trouve avoir ses quatre anciens frotteurs qui passent 60 ans et qui ne peuvent presque plus travailler[19]. » Le problème n'était pas nouveau et, dès 1752, Noailles l'avait soulevé : « Tous les gens de la Cour demandent au comte de Noailles des places de frotteurs, de balayeurs et de porteurs de Marly. Cela paraît fort indifférent. Mais il y a cependant une attention à faire, c'est que quand on les prend à 50 ou 55 ans, ils se trouvent au bout de trois ou quatre ans hors d'état de faire leur service et demandent leurs appointements en pension, ce qui fait un double emploi. Et cette dépense réunie devient assez forte. Le comte de Noailles supplie donc Votre Majesté de lui ordonner de ne prendre ces sortes de domestiques qu'à 40 ans et pas plus vieux, et de donner au premier aspirant à la place de frotteur ou balayeur un habit sans appointements pour être sûr que ledit sujet sera propre à remplir la place et que le comte de Noailles ne sera pas forcé à la main par des ordres supérieurs[20]. »

Frioux entendait si bien son affaire qu'en 1780, il obtint la marché de la cire et des couleurs rouge et jaune qu'on y mêlait pour accentuer le dessin du parquet. Dans sa soumission, il promit de fournir les appartements du roi et de la reine, tant à Versailles que Marly et Trianon, aussi bien que ceux de Madame Royale, Madame Élisabeth, Mesdames les Tantes et les princes et princesses du sang. Le marché portait en outre sur l'appartement du gouverneur, le bureau et les archives du Domaine, les logements du concierge du château et du Grand Commun et du premier valet de chambre en quartier, enfin la sacristie de la chapelle. « Afin que les susdits lieux soient bien cirés sur la couleur qui sera répandue, je promets et m'oblige de les faire cirer des deux jours l'un et toutes fois qu'il sera nécessaire pour entretenir la plus grande propreté. » Il proposa d'employer les frotteurs du roi et de Mesdames, et spécifia que l'inspecteur des frotteurs serait tenu de « lui rendre [...] toute la cire qu'ils n'avaient pas employée comme lui appartenant ».

À la veille des réformes, le montant de sa soumission, soit 10 000 livres par an, fut accepté, mais il fallut le faire passer à 11 200 en 1784[21]. Frioux avait permis de réaliser une sérieuse économie, car on avait consommé, seulement pour Versailles et Marly en 1778, pour 28 733 livres de produits, dont 12 829 de couleurs et 15 904 livres de cire[22]. Pourtant, il semble que Frioux n'ait rien perdu dans l'affaire. Les associés qui lui succédèrent, Jean-Louis Mercier, un des « frotteurs attachés à la Conciergerie », et Maxime Vibert, se disant « frotteur des appartements du Roi », soumirent une offre « de faire et fournir les couleurs et cire [...] selon ce qui est spécifié par le marché qui a été passé à M. Frioux » moyennant 8 720 livres (y compris 200 livres pour les six premiers frotteurs et 10 livres pour chacun des frotteurs de Mesdames (soit un total de 3 200 livres). Ils incluaient dans ce chiffre « la cire, employée telle qu'a été fournie par le sieur Frioux » et 80 « pesantes » de couleurs, la première pour 3 600 livres et les secondes pour 1 920. La différence encore plus grande avec le relevé de 1778 s'explique par un fait dont convinrent les frotteurs : « La cire qui nous a toujours été délivrée nous rapportait de bénéfice [...] à ceux de nous qui faisaient le service du Roi, environ la somme de 400 livres, et à ceux employés au service de Mesdames Tantes et de Madame Élisabeth environ 20 sols par jour[23]. »

Cet aveu est daté du 26 octobre 1789, alors que le roi venait de partir pour Paris. C'est donc dans les dernières heures de la monarchie à Versailles que les frotteurs, si bas fussent-ils dans la hiérarchie des employés, avaient trouvé le moyen d'ajouter en catimini 400 livres à leurs revenus, les augmentant ainsi de 45 %. En 1790, leur nombre fut réduit : 10 à Versailles et 4 à Marly et au Grand Trianon. En 1792, 4 des postes à Versailles, 3 à Marly et 2 à Trianon furent supprimés[24].

Les balayeurs, humbles collègues des frotteurs du Roi, avaient seulement 90 livres pour leur logement. Comme chez les frotteurs, leur corps comptait 6 premiers balayeurs et un nombre variable d'« autres » – 33 sur l'État de 1779. À cette époque, les « premiers » reçurent une augmentation de 80 livres. N'ayant plus de bénéfice, ils devaient vivre avec 700 livres par an et les « autres » avec 580. Ils n'avaient pour consolation que la qualité de l'habit du roi donné par le Domaine. Le sieur Taillebosque, marchand-tailleur demeurant à Versailles, fournit cet uniforme durant près d'un demi-siècle. Sa soumission de 1784 figure dans le dossier du Domaine aux Archives nationales[25]. Il proposait, moyennant 138 livres, l'habit complet, veste et culotte, en drap bleu de Sedan, doublure de serge d'Aumale rouge, orné d'un gros galon d'argent et de boutons argentés ; la culotte avait des poches doublées de peau. Les petits spécimens de tissu attachés à la soumission, en parfait état de conservation, montrent que les balayeurs étaient dignement vêtus d'étoffe solide approprié à un travail à l'extérieur.

Le Domaine employait 2 hommes à « enlever les boues et immondices de la ville de Versailles », dont l'un « pour la partie, côté paroisse Notre-Dame dans les grandes et petites cours du château de Versailles, des chaussées qui aboutissent audit Château, le pourtour des Grandes Écuries, des Hôtels et Maisons [...] appartenant à Sa Majesté ». Le second avait en charge la paroisse de Saint-Louis[26]. Ils ne s'occupaient que des immeubles du roi, la ville ayant un service de nettoiement financé par une taxe sur les propriétaires, dite « rôle des boues ». Ce service était souvent déficient, surtout aux limites d'une cité qui ne cessait de s'étendre à la fin de l'Ancien Régime : à la périphérie de Versailles, la situation était critique.

Le directeur général des Bâtiments était chargé de l'entretien et du nettoyage des dehors et de l'entretien et du nettoyage des parties architecturales telles que cheminées et fosses d'aisances. En plus, il employait à « l'entretien des grattages des cours du Château » un homme à qui ce travail quotidien valait un bas salaire et un petit logement à l'hôtel de Limoges[27]. Comme beaucoup des frotteurs au château, ce Boudard, dit Joinville, était un ancien domestique du premier architecte du roi. Dans un placet de 1780, il exposa que, quoique « âgé de 70 ans, infirme, affligé de deux hernies », il était « chargé de l'arrachage des herbes de l'avant-cour de Versailles depuis quarante ans moyennant 400 livres[28] ».

C'était là une tâche énorme, car les cours étaient larges et encombrées de carrosses dont les chevaux avaient peu de respect pour la résidence royale lorsque la nature les pressait. Les cours intérieures étaient plus sales encore et, en 1774, le comte de Noailles écrivit au directeur général des Bâtiments : « Les cours des Bouches, celle du bas de la Chapelle sont en très mauvais état. Les ruisseaux de ces cours ne coulent plus et les à vau-l'eau qui s'y font et y croupissent rendent une odeur insupportable[29]. » En ville, la situation n'était guère meilleure. Le directeur et son prévôt, Duchesne, chef des gardes chargés de faire appliquer les règlements sur les voies et voirie, fixèrent, en mars 1789, la rétribution de l'« équarrisseur » de la ville : « Que pouvait mériter le service qu'a fait cet homme pour enlever, sans être tenu, les animaux morts et jetés dans les fosses des avenues ou restés dans les avenues même pendant l'hiver et même auparavant ? » On lui octroya 3 louis, mais il fut décidé que « dorénavant, sur l'avis du prévôt ou des gardes, l'inspecteur respectif donnera ordre à un terrassier d'enterrer sur-le-champ et sur le lieu l'animal mort[30] ».

Les travaux quotidiens étaient peu de chose comparés au grand nettoyage annuel confié, sous la direction des Bâtiments, à une armée d'entrepreneurs. La nécessité de cette « purification » était si anciennement reconnue qu'en 1648, Anne d'Autriche en prit prétexte afin de sortir de Paris où la menaçait la Fronde. Sa femme de chambre assura alors « qu'elle était sortie du Palais-Royal pour le faire nettoyer de la saleté qui accompagne toujours la cour quand elle a séjourné quelque temps dans un lieu[31] ». Plus d'un siècle plus tard, en 1769, la crise budgétaire s'aggravant, le marquis de Marigny écrivit à l'inspecteur en chef du château : « De tous les temps, les tuyaux de cheminée, fourneaux, pavés des cours, vidages des latrines et aqueducs, poses et réparation de tous les doubles châssis, regorgeades des cheminées, nettoiements des glaces et croisées du Château se sont toujours faits pendant le voyage de Fontainebleau ; on n'a jamais manqué de donner un fond pour ces objets. C'est pourquoi il est important d'avoir au plus tôt une somme de 20 000 livres, sans lesquelles rien ne s'en trouverait fait pour le retour de la Cour, les entrepreneurs refusant le service, faute d'être en état de le pouvoir faire, malgré leur zèle[32]. »

Ramoneurs, poêliers et fumistes

Le nettoyage des cheminées incombait aux fumistes et au maître ramoneur. Les édiles de Paris et le Conseil du Roi furent préoccupés durant tout le XVIIIe siècle, ainsi qu'on l'a vu, par les risques d'incendie liés à la mauvaise construction des tuyaux et à leur obstruction. Un arrêté du Conseil de Roi remit en vigueur, en 1781, les anciennes règles à ce sujet et en ajouta de nouvelles. Le préambule portait : « Si le ramonage des cheminées de la Ville et faubourgs de Paris, continuait de n'être fait que par des gens pris au hasard et sans connaissance, et souvent par des enfants qui s'apprenant l'un à l'autre à monter dans les cheminées, croient avoir rempli leur tâche en faisant tomber un amas de suie quelconque, le but du ramonage serait bien loin d'être rempli par un procédé aussi peu sûr et sans aucune espèce de garantie : qu'en effet, le but du ramonage doit consister, encore et même principalement, à vérifier et constater l'état, l'ancienneté, la nature, le dévoiement, les crevasses des cheminées, la position des poutres voisines ou transversales, la qualité, la position de tuyaux de poêles si multipliés et dont l'utilité ne s'étend qu'au prix de la sûreté publique et particulière[33]. » L'arrêté autorisait la création dans les différents quartiers de la ville de dépôts où les citoyens pourraient s'abonner aux services de ramoneurs, poêliers et fumistes. Par la suite, une ordonnance de police fixa le diamètre minimal des tuyaux et intima aux propriétaires l'ordre de ramoner « au moins quatre fois l'année les cheminées des appartements et autres lieux par eux loués, sous-loués ou occupés, et celles des grandes cuisines tous les mois[34] ». Il ne semble pas que ces consignes aient été appliquées strictement. Les inspecteurs des Bâtiments à Versailles partageaient les inquiétudes parisiennes, et plusieurs départements de leur administration employaient fumistes et ramoneurs pour le grand nettoyage d'automne.

Dans les années 1750, Joseph Meller, fumiste, traitait les cheminées du château au tarif annuel de 800 livres, plus le coût du plâtre employé pour combler les crevasses. En 1755, on lui demanda de nettoyer les cheminées du Grand Trianon, et il reçut 400 livres de plus pour cette tâche[35]. En 1765, Jacques Bosse remplaça Meller, qui reçut en pension viagère 400 des 1 200 livres allouées à son successeur[36]. Bosse reprit le contrat au même tarif mais on oublia de le payer pendant près de cinq ans. On lui devait aussi le nettoyage des cheminées de Bellevue, Saint-Hubert et Saint-Germain, et sa facture de 10 516 livres incluait 2 221 livres pour le nettoyage des bâtiments royaux de la ville de Versailles[37]. De tels arriérés étaient chose courante : en 1782, Bosse poursuivait sa tâche sans cesser de réclamer son dû, soit 7 732 livres. Il demanda que le salaire versé pour les cheminées du château fût porté à 1 600 livres, expliquant qu'il y employait deux garçons à

300 livres et un autre à 200, leur versait en outre une indemnité de nourriture d'une livre par jour et réglait le loyer de leurs trois chambres[38].

Les Bâtiments disposaient d'un maître ramoneur à plein temps, toujours disponible s'il y avait lieu d'éteindre les feux de cheminée et de faire les réparations qu'ils rendaient nécessaires. Jacques-Antoine et Jean-Joseph Pradelin, cousins qui se disaient ramoneurs des bâtiments du Roi, reçurent leur brevet en 1775. Ils prétendaient appartenir à une lignée de ramoneurs de maisons royales remontant à trois siècles, ce que justifiait, du moins en partie, le brevet accordé à Jean Pradelin en 1723, lorsqu'il obtint des gages de 100 livres[39].

Les Pradelin occupaient en haut du Grand Commun 3 chambrettes augmentées d'une soupente en 1768[40]. Leur long service méritait certes plus que les 250 livres de gratification[41]. En 1775, ils demandèrent un habit spécial pour faciliter leur travail : « Obligés par état et pour la sûreté de leur service de veiller jour et nuit à tous les accidents que le feu pourrait occasionner et de se présenter chez le Roi, la Reine et la famille royale, ils ont la douleur de voir que les entrées leur sont de toutes parts refusées. Dans cette circonstance, et pour qu'à l'avenir leur service cesse d'être différé et troublé, ils réclament vos bontés, Monsieur, pour être vêtus conformément à leurs confrères de Paris, afin qu'à la tête des ouvriers leur service se fasse plus agréablement. » La nécessité d'un uniforme fut reconnue, mais on en discuta le prix et la façon. Coupe et parements devaient en effet s'inscrire dans la hiérarchie des autres petits officiers, et il en allait de même pour son coût, puisque celui-ci était pris en compte dans la rémunération. Duchesne, qui, en tant que prévôt des Bâtiments, était le supérieur immédiat de Pradelin, fit une proposition au comte d'Angiviller : « J'ai demandé au tailleur différents détails d'habillement pour les deux maîtres ramoneurs du Château. Comme votre intention est que, sans les réduire à la petite livrée justaucorps de 78 livres qui en qualité de maîtres ne leur conviendrait pas, et sans les assimiler aux jardiniers et fontainiers en chef qui reçoivent le justaucorps moyenne-livrée en argent de 128 livres, ils soient distingués par un uniforme d'un prix mitoyen, je crois qu'on pourrait leur donner un justaucorps à boutons argentés, sans boutonnières mais bordé du petit galon dont l'échantillon est ci-joint, qui est celui que portent les matelots du canal sur les manches de leur surtout complet. Si M. le Directeur général veut une différence de plus on pourra mettre les manches en amadice. Cet habit d'environ 90 à 92 livres m'a semblé répondre, Monsieur, aux vues économiques que vous avez annoncées[42]. » Le modèle fut approuvé et Bosse, qui avait droit lui aussi à un uniforme, endossa en 1777 « un justaucorps avec une petite bordure d'argent, comme MM. des ramoneurs[43] ».

Pradelin n'échappait pas à la critique et, en 1780, Heurtier laissa entendre à son supérieur qu'il abusait de la confiance dont il jouissait en demandant de 24 à 30 livres pour ses services. « Je le regarde toujours comme un homme intelligent et un bon serviteur et [...] je ne me suis plaint que de son indiscrétion [...] parce qu'il n'épargne rien pour assurer ses succès et soutenir sa réputation et que les appointements que vous donnez au fumiste deviennent un double emploi. » Il suggérait que Pradelin ait le même contrat que le fumiste Bosse, tout en doutant que le fier ramoneur en acceptât le prix dans le budget[44]. Il semble qu'il ait vu juste, car les deux hommes conservèrent des statuts distincts. Ce n'était là qu'une autre des multiples réformes avortées à Versailles !

Nettoyage et réparation des fenêtres

En 1788, le comte d'Angiviller exposa au roi que le nettoyage et la maintenance annuelle des fenêtres et des miroirs, dit travaux de vitrerie du château et des bâtiments du Roi en ville, étaient entre les mains de « deux familles qui se les font transmissibles de père à fils depuis plus cent ans. Ce sont les familles Montigny et Gérard[45] ». La tâche avait été considérablement allégée, car l'abbé Terray et d'Angiviller lui-même avaient amputé la liste des officiers bénéficiant de ce service. La fenêtre coulissante était alors presque inconnue, et les châssis rendaient le nettoyage de beaucoup de fenêtres facile, accessible aux domestiques. Seul le grand nettoyage annuel entraînait souvent des réparations mineures, et il donnait lieu à une importante ligne budgétaire. En 1773, elle était de 18 000 livres, dont le tiers seulement pouvait être directement attribué aux appartements du Roi.

Sur cette base, un mémoire spécifia que « l'administration ne sera plus chargée des vitres de tous les appartements des princes et princesses du sang, de ceux de toutes les personnes logées à titre de dignité d'honneur […] non plus que de tous ceux des ministres et autres personnes de rangs supérieurs que leur état doit à cet égard mettre au-dessus de toute réclamation. Et l'on ne pourvoirait désormais aux dépenses de vitrerie qu'en faveur des commensaux, officiers, employés et domestiques à qui leurs états et leurs services donnent à cet égard un droit particulier[46] ».

La dépense n'en demeura pas moins si élevée que l'entrepreneur était rarement payé. En 1781, la veuve de Montigny, adjudicataire du contrat pour l'entretien de la vitrerie des Dehors, lança un appel désespéré. Sa fille allait se marier et, pour la dot, elle avait besoin au minimum d'un acompte sur le règlement des travaux entrepris depuis 1778. Sa note fait état de chiffres passant de 11 554 livres en 1780 à 17 933 en 1785. En supplément, le nettoyage et la réparation des fenêtres des Missionnaires et de Notre-Dame de Versailles se montait à 550 à 750 livres par an, ce qui portait la facture à 96 956 livres, moins 16 700 livres d'acomptes versés entre 1775 à 1779[47]. En moyenne, ce service coûtait donc au roi environ 16 000 livres par an. La veuve transmit le soin de ses affaires à son fils que d'Angiviller estimait, en 1788, être « un homme de 35 ans, bon ouvrier, fort sage et bien accrédité », ce dernier point étant pour le directeur général de première importance.

La famille Gérard eut moins de chance ; le père « avait été interdit et enfermé », et la mère, qui avait repris l'affaire, venait de mourir, laissant un fils de 15 ans et « un commis ou maître garçon » nommé Plateau. Le directeur général expliqua que ce dernier demandait à continuer l'entreprise « pour la partager avec l'enfant [...] lorsqu'il sera en âge de la conduire ». D'Angiviller souleva des objections : « Les témoignages recueillis sur la conduite de Plateau lui sont favorables comme ouvrier actif, soigneux, diligent. Mais, il est par lui-même rigoureusement dénué de toute fortune, par conséquent de tout crédit, pour un métier qui en exige un très réel. » Pour les Bâtiments, un entrepreneur sans crédit pouvait devenir un handicap alors que la monarchie était au bord de la banqueroute. Le directeur général suggéra donc au roi de donner les « petites parties » à Plateau, « suffisantes pour le faire travailler et vivre et le surplus à Montigny, qui désire le prendre et sur les ressources duquel on se peut reposer avec confiance[48] ». À la mort de la veuve Gérard, en 1788, Plateau réclama 100 000 livres pour la succession. Les commis des Bâtiments consultèrent les archives et apostillèrent le placet : « Cette donnée paraît infiniment exagérée ; à la vérité on n'a pas de mémoires [pour] 1787, mais au premier janvier 1787, la créance n'atteignait qu'à peine 53 000 livres[49]. »

Au bout du compte, le travail fut divisé. La famille Montigny se vit confier le sud du château, Orangerie, Ménagerie et les immeubles du roi dans le quartier Saint-Louis. À la famille Gérard allèrent le nord du château, le Grand et le Petit Trianon et les immeubles du roi dans la paroisse de Notre-Dame[50].

Les « exhalations insupportables » des fosses d'aisance

On dénombrait en 1780 dans le périmètre du château[51] 29 fosses d'aisance dont les nuisances étaient insupportables et la vidange très coûteuse. Un mémoire constate « les inconvénients énormes qu'occasionne la méthode ordinaire, parmi lesquels on peut compter la mort d'un nombre d'ouvriers suffoqués par la première exhalation des fosses plombées, l'extrême incommodité des habitants de la maison et du quartier, la mort même des gens malades et surtout des femmes en couches, l'écoulement des matières dans les rues, l'exaltation dans les égouts de tous les sels de ces matières, qui se subliment dans les voûtes et les infectent, la privation du repos des citoyens pendant la nuit, l'inconvénient qui ne résulte que trop souvent d'avoir leurs maisons ouvertes et le dégât que causent ces vapeurs sur toutes espèces de dorures[52] ».

Le travail du vidangeur, qui devait descendre dans la fosse, était considéré comme une « terrible torture[53] ». En 1761, lors de la vidange des égouts situés sous le corps de garde des gardes-françaises, l'inspecteur rapporta : « On a été obligé d'avoir recours à deux lampions pour y pouvoir travailler, faute de jour, et de donner de l'eau-de-vie aux ouvriers qui ne pouvaient en soutenir la mauvaise odeur[54]. » Même la famille royale pouvait être incommodée lorsque les fosses n'étaient pas vidées. En 1760, Marigny écrivit au contrôleur général : « Le Roi a déterminé un voyage à Marly du 14 avril au 24 mai suivant. Ce voyage est forcé par le besoin instant de faire vider les fosses et puisards presque combles du Château afin d'en éviter la puanteur à la famille royale. [...] » Il ajouta qu'il était nécessaire de « rétablir le puisard dans le jardin pour l'écoulement des eaux afin d'en supprimer les ouvertures dont les exhalations sont insupportables[55] ». Deux ans plus tard, un nouveau séjour à Marly fut dû au fait que les fosses n'avaient pas été vidées pendant le voyage automnal du roi à Fontainebleau[56]. En 1769, Marigny écrivit à son inspecteur : « J'ai entendu quelquefois Sa Majesté se plaindre de la mauvaise odeur qui s'exhalait d'une petite cour voisine de ses appartements, et je soupçonnais que c'était l'effet de la vidange de quelque fosse d'aisances qui se faisait là. » Il évoqua ensuite un projet de « machine qui ne laisse exhaler aucune mauvaise odeur ». Il s'agissait du ventilateur, promis à la célébrité. Dans sa réponse, le subordonné répondit que les fosses de la cour de Mesdames étaient vidées toutes les deux semaines « et même plus souvent quand il en est nécessaire ». Il ajouta : « La machine en question ne pourrait avoir son effet dans un aqueduc à cause de la longueur, comme elle en a dans une fosse de lieux[57]. » La fosse de la petite cour intérieure du château avait un accès si étroit et si mal placé que le nettoyage annuel ne pouvait suffire. Ailleurs, les fosses étaient généralement nettoyées lorsque la Cour était absente, d'ordinaire durant l'été à Compiègne. Mais la puanteur demeurait un problème très préoccupant après le retour de la Cour à Versailles, en 1722, et pendant tout le XVIIIe siècle, car elle fut de plus en plus considérée comme un vecteur de maladies.

En 1779, Laurent L'Artois reçut des lettres patentes lui accordant le privilège exclusif durant quinze ans d'assurer « par le moyen du ventilateur, la vidange des fosses d'aisances, puits et puisards avec défense à toutes personnes de le faire dans la Ville et faubourgs de Paris suivant l'ancienne méthode, à peine de saisie, confiscation et 1 000 livres d'amende ». Ses représentants demandèrent que ce droit exclusif leur fût étendu à partir de 1780 et pour quinze ans à Versailles, et qu'il fût renouvelé pour Paris pour quinze ans au-delà de sa date première d'expiration de 1794[58]. C'était de toute évidence trop demander. Un entrepreneur du nom de Jamin tenta, en 1782, d'intéresser les Bâtiments à une solution plus simple. Il vantait la vertu du vinaigre pour nettoyer les fosses, et son idée avait la faveur des amis du progrès scientifique. Le duc de Croÿ nota dans son journal : « L'espèce de découverte d'un M. Jamin pour neutraliser les matières fécales et en ôter l'odeur au moyen du vinaigre commun faible fit grand bruit. M. de Vergennes le soutenait. La chose était bonne, mais l'homme un enthousiaste qui gâta ses affaires. Il écrivit contre l'Académie, qui voulut l'écraser, et comme il portait trop loin ses prétentions et perdait la tête, on l'engagea devant les commissaires à désinfecter une fosse trop mauvaise où l'air manquait : un homme y perdit la vie et quatre autres furent fort mal. Cela culbuta l'inventeur et fit tort à une très bonne invention, dont, pendant ce temps je profitais et avec laquelle je réussissais partout. J'envoyai à Brest un mémoire pour désinfecter les vaisseaux. Pour nos hôpitaux, cela est excellent et, quand ce ne serait que d'ôter l'odeur des lieux, c'est un grand avantage. Tout consiste à y jeter un tiers de bouteille de petit vinaigre tous les deux jours et d'en répandre dans l'air avec un goupillon[59] ».

Les inspecteurs des bâtiments du Roi s'intéressant à cette nouveauté, Jamin les réunit un matin de mars dans une ancienne caserne des gardes-françaises située sous la rampe sud de la cour du château, dite des Ministres. Heurtier, témoin de l'expérience, la trouva fort peu plaisante : « Je me suis transporté [...] pour observer les opérations anti-méphitiques du sieur Jamin. Il nous avait annoncé qu'aussitôt qu'il aurait versé du vinaigre dans la fosse, toute odeur fétide cesserait. J'avais envoyé chercher une bouteille de vinaigre contenant six pintes, qui fut versée à notre arrivée dans la fosse. Nous restâmes environ un demi-quart d'heure sous la voûte où sont les sièges de la fosse pour attendre l'effet des promesses du sieur Jamin, mais après ce temps, le développement de l'acide combiné avec l'odeur des matières fut tel pour moi que je ne pus rester et que je fus obligé de sortir sur-le-champ pour éviter le vomissement. J'aurais plutôt préféré respirer l'exhalation des matières que cette odeur mixte. » Il conclut à l'échec, car « le procédé du sieur Jamin n'avait pas empêché que tout le voisinage fût infecté[60] ».

Pour sa part, la Compagnie des ventilateurs ne donnait pas satisfaction et l'inspecteur général Heurtier constata : « Les employés de cette compagnie ne se servent plus [de]puis longtemps ni de cabinets ni de soufflets, et sont même bien loin d'avoir les soins de propreté qu'avaient ci-devant les ouvriers du sieur Anozet. Ces employés, d'ailleurs, sont d'une impertinence dont rien n'approche. » Le directeur général autorisa donc son second à « parler sévèrement aux ventilateurs[61] ». De Paris, le détenteur du monopole plaida sa cause en faisant valoir que le chemin conduisant à la décharge était si mauvais qu'il fallait 4 ou 5 chevaux pour chaque voiture, fût-elle seulement chargée aux deux tiers, et que l'extrême tension avait endommagé les attelages et retardé le travail. À l'entendre, la situation était compliquée par le voyage de la Cour à Fontainebleau qui rendait impossible de trouver de nouveaux harnais. En outre, le sieur Voil ne pourrait plus surveiller les opérations et la comptablité, sa commission ayant été révoquée par la compagnie en raison des dettes qu'avait contractées cet « infidèle employé[62] ».

Le « moyen plus propre et plus économique » du sieur Voil

Quelles que fussent les fautes commises par Voil, il avait le talent d'un véritable inventeur, et il semble qu'il s'était endetté afin de mettre au point pour son propre compte une solution beaucoup plus efficace que celle de la Compagnie des ventilateurs. Les Bâtiments, qui n'appréciaient guère la prétention au monopole de cette dernière, prêtèrent une oreille favorable aux propos de son « infidèle employé » et autorisèrent Voil, en 1784, à démontrer l'efficacité de son système, dont le principe est toujours en usage aujourd'hui. Au lieu d'envoyer des ouvriers équipés de seaux dans la fosse, Voil vidait celle-ci au moyen de pompes.

Les inspecteurs assistèrent donc à l'expérience menée « pour opérer la vidange des fosses d'aisances par un moyen plus propre, moins nuisible à la santé des ouvriers et plus économique que tous les autres moyens employés jusqu'à présent, même celui du ventilateur. Ils ont trouvé dans la cour une voiture chargée de plusieurs tonneaux, dont quelques-uns étaient déjà remplis et les autres se remplissaient de la partie liquide connue sous le nom de vanne, contenue dans la fosse d'aisances d'un des bâtiments de cette cour, au moyen d'une pompe et d'un conduit en cuir, et ils ont reconnu qu'à l'exception du cabinet même, dans lequel se trouvait établie cette pompe et où se manifestait quelque odeur, mais non assez forte pour la rendre insupportable ni pour incommoder les ouvriers qui y travaillaient, les approches de la voiture sur laquelle sont chargés ces tonneaux n'en exhalaient point. [...] Les hommes, ne descendant pas dans les fosses, ne seront pas exposés à être asphyxiés ; les tuyaux de communication de la pompe à la fosse étant construits avec les précautions requises, il n'y aura aucune odeur et la simplicité du procédé donne lieu de le mettre en pratique en tous temps et, même sans interrompre l'usage du siège pendant l'opération[63] ».

L'expérience fut répétée l'année suivante et les inspecteurs en firent rapport au directeur : « Depuis l'expérience dont vous avez vu le mémoire, nous avons fait vider deux fosses qui étaient si pleines qu'elles débordaient et que tout le voisinage en était infecté. L'une des fosses est sous la Bouche de la Reine, et l'autre dans la cour de l'Apothicaire. » Une fois encore, la démonstration fut un succès : « Ces deux fosses ont été vidées avec tant de facilité et si peu de mauvaise odeur que les services de la Bouche de la Reine n'ont pas été interrompus un seul instant [...] et les voisins ont à peine su qu'on les vidait. » Le rapport recommanda que Voil fût employé rapidement pour deux raisons : « la difficulté de trouver parmi nos ouvriers des hommes qui veulent se prêter à cette besogne dégoûtante, et la seconde est que le sieur Voil est plongé dans une grande misère[64] ». Ce dernier demanda aussitôt à être engagé et payé[65] et à la fin de l'année, il présenta son mémoire[66]. Il se montait à 1 301 livres pour le « vuidage de 28 toises, 5 pieds, 6 pouces et 5 lignes à 45 livres la toise ».

Il était certes difficile de prendre les mesures d'obscurs souterrains où l'on risquait l'asphyxie, et la hauteur des fosses varie quelque peu dans ce devis, mais, sauf à effectuer une fouille archéologique dont l'intérêt scientifique paraît mince, force est de s'en tenir aux chiffres fournis par Voil, son mémoire étant le seul document dont nous disposions en la matière. Il estimait le volume total des 10 fosses à 520 mètres cubes et leur surface à 8 634 mètres carrés. Quelques-unes étaient très petites ; celle que dominait le logement du baron de Breteuil, dans l'aile gauche des Ministres, ne mesurait que 77 mètres carrés. La plus grande, de forme irrégulière, s'étendait sur 2 147 mètres carrés au-dessous de l'escalier de marbre de la reine. Les fosses creusées sur un terrain en pente étaient, de ce fait, plus vastes, mais aucune n'était très profonde, et la plupart étaient situées immédiatement sous le pavage. N'ayant pas de système permettant une absorption des liquides par le sol, elles étaient très vite pleines et débordaient dans les cours et jusque dans les cuisines.

L'inventeur, comme tous ceux qui avaient affaire aux bâtiments du Roi, dut demander plusieurs fois à être réglé. Hélas, sa réussite venait trop tard, et il mourut en 1787, laissant sa famille dans la gêne. La Compagnie de la ventilation fondée pour exploiter sa méthode prétendit avoir présenté, de 1774 à 1786, des factures s'élevant à 110 722 livres, dont un peu moins de la moitié lui aurait été réglée[67]. L'inspecteur demanda à voir les comptes et estima qu'après réajustements, le roi ne devait que 14 133 livres à ce qu'il nomma « une bande de tripoteurs d'argent[68] ».

Le contrat de vidange des fosses fut alors confié à un sieur Bertrand[69]. Toutefois, les Bâtiments ne parvinrent pas à se débarrasser de la Compagnie de la ventilation, qui présenta ses lettres patentes de novembre 1787 au comte d'Angiviller en réclamant le droit de travailler dans son département. Le directeur général protesta contre sa prétention à « se faire payer à la même taxe qu'avaient obtenue ceux qui se sont établis sous le titre de Ventilateurs qui, malgré l'exagération de leurs prix, se sont ruinés par la mésintelligence, la négligence et le dégoût de leur service ». En janvier 1788, il demanda au secrétaire d'État de la maison du Roi le brevet d'entrepreneur de vidange pour Bertrand, « dans lequel je n'ai jamais aperçu qu'un ouvrier dont le travail réunit le double avantage de l'intelligence et de l'économie ». Il ajouta : « Je ne présume pas que l'effet des lettres patentes puisse être dirigé par ceux qui les ont obtenues à la charge ou au préjudice du Roi, ainsi, dans le cas où je serais réduit à les employer, je croirai toujours pouvoir écarter le tarif [...] pour ne les payer que d'après les règlements connus à tous les travaux de mon département [...] Je crois devoir insister sur l'expédition à Bertrand de ce brevet ou licence qu'a Voil et qui empêchera que Bertrand soit soumis aux tracasseries des nouveaux priviligiés[70] ».

La fosse septique moderne, solution définitive, fut utilisée pour la première fois en 1788, lorsque la présence de latrines au-dessus du pavillon de la Surintendance devint intolérable. Le principal appartement de cette partie du château était alors occupé par Monsieur, frère du roi, comte de Provence et futur Louis XVIII. Or, il se trouvait sous un cabinet d'aisances dans l'attique qui fuyait et au-dessus d'une fosse qui avait été remplie au mois de janvier, soit en pleine saison de la Cour. L'inspecteur nota dans son rapport : « Les latrines du pavillon de Monsieur sont pleines [...] N'étant possible de les vider que dans un voyage, j'ai l'honneur de [...] proposer de boucher la porte de crainte que le tuyau en soit engorgé dans l'appartement de Monsieur et Madame, ce qui causerait un très grand dégoût. » Et le lendemain : « Je ne peux [...] vous dissimuler que cette porte occasionnera des plaintes de la part de toutes les personnes qui avoisinent Monsieur et Madame. »

La solution proposée avait déjà été appliquée à la fosse située sous le corps de garde des gardes suisses et la galerie des Princes : « Construire un puisard extérieur pour recevoir les vannes et leur procurer un écoulement facile à travers les terres [...]. Il pourrait être construit dans la rue de la Surintendance, mais on en viendra à bout avec des soins, et cette opération sera d'autant plus avantageuse que les latrines que nous sommes forcés de faire murer pourront être deux ou trois ans sans avoir besoin d'être vidées[71]. » Il s'agissait bien là d'une version primitive de la fosse septique : la plus grande partie du liquide serait drainée dans un réservoir séparé d'où elle serait absorbée par le sol, réduisant ainsi la fréquence à laquelle les matières solides de la fosse principale devraient être évacuées. Toutefois, on ne disposait pas encore d'un projet de tout-à-l'égout pour les lieux communs du château.

Bertrand assumait ses fonctions en dépit des difficultés qui suivirent le départ de la famille royale pour Paris. Heurtier rapporta, le 7 octobre 1789, sa première rencontre avec l'esprit des temps nouveaux : « Ce matin, en rentrant chez moi, une troupe des vidangeurs anti-méphitiques à la tête de laquelle était un homme de la Ville de Paris, m'a demandé d'un ton fort haut et fort insolent de quel droit j'employais à Versailles Bertrand pour les vidanges des fosses du Château [...] Le ton de cet homme, auquel je ne m'attendais pas, m'a révolté ; je lui ai répondu que je n'avais aucun compte à lui rendre. Cet homme, qui est vraisemblablement le chef des ventilateurs privilégiés, s'est répandu en propos menaçants et a fini par me dire qu'il avait donné un mémoire au Roi et qu'il avait des protecteurs qui sauraient bien lui faire rendre justice – tout cela était soutenu d'un ton très insolent à nul autre pareil. […] Je l'ai mis à la porte[72]. »

« Une prodigieuse quantité de rats »

Le grand nettoyage annuel offrait une occasion de tenter de libérer le château du fléau des rats. Ces pernicieux rongeurs causaient en effet de gros dégâts dans les offices entourant la cour de la Bouche dans l'aile des Princes et dans les cuisines communes du Grand Commun. En 1741, les officiers des cuisines de la Reine qui y travaillaient se plaignirent de ce qu'elles n'eussent pas été rénovées depuis trente-neuf ans. Ils demandèrent le remplacement du pavé « à cause de la pourriture des fondements et de la dégradation qui est occasionnée par les rats. […] Il y avait une si prodigieuse quantité de rats sous le pavé qu'il en fut tué près d'un cent. Sans qu'il eût été pris aucune précaution pour en diminuer le nombre, le surplus, qui était considérable, passa dans les autres offices où ils ont fait leur établissement, de sorte qu'il faudrait tout remanier pour espérer s'en débarrasser[73] ». Un inspecteur dépêché sur les lieux rapporta : « C'est de cette vermine que provient le grand mal dont se plaignent les officiers de la Bouche de la Reine. J'ai fait rétablir l'année dernière un escalier qui avait été presque entièrement dévoré par des terriers que les rats avaient faits dessous, et dont le délabrement a coûté la vie au fils cadet du sieur Damême […] je ne serais pas surpris qu'il en coûtera le double et plus à cause du progrès des rats[74]. »

Repaver n'était qu'un pis-aller, particulièrement au niveau des cours, où les garde-manger ne cessaient d'attirer les redoutables rongeurs qui perturbaient le ravitaillement du château. Aussi ce fut avec grand intérêt qu'en 1763, les Bâtiments accueillirent l'« homme aux rats », un certain Samuel Hirsch, qui se donnait pour « pensionnaire de la Reine de Hongrie ». Il était recommandé par la marquise de Pompadour, qui l'avait employé dans sa retraite de L'Hermitage « avec le plus grand succès[75] ». Pour sa part, le comte de Noailles informa les Bâtiments que cet Allemand avait « un secret immanquable pour faire mourir les rats sans aucun danger que la poudre dont il se sert puisse faire de mal aux hommes[76] ». L'exterminateur proposa de fournir soit 60 livres de son poison à 10 livres chacune, soit le secret de sa formule pour 50 000 livres. L'inspecteur du château resta sceptique, bien que le ratier offrît de donner des assurances que la recette était bien celle du produit employé avec succès. Le prix était élevé et le budget des Bâtiments toujours en piètre état, mais l'inspecteur saisit l'importance nationale de la découverte : « Ayant de ces animaux dans tout le royaume […] ainsi que dans les ports de mer et dans les colonies, cette dépense devrait regarder M. le duc de Choiseul [ministre de la Guerre] et M. le contrôleur général [des Finances][77]. »

Hirsch, n'ayant pas entièrement convaincu, repartit pour Bruxelles avec 11 340 livres en poche, Marigny ayant décidé de ne l'employer que tous les trois ans[78]. Il revint pourtant dès l'année suivante, et les Bâtiments annoncèrent la nouvelle au roi sur un ton ironique : « Le juif Samuel Hirsch, grand destructeur de rats, est actuellement en France, et il ne demande pas mieux que d'être employé toute l'année dans les parcs de Versailles [...] mais il faut pour l'arrêter entièrement qu'on lui assure une pension. » Cette fois, le ratier accepta 300 livres[79]. En 1765, il était toujours sur la liste des fournisseurs quand les inspecteurs notèrent : « Les rats commençant à revenir, il serait important que M. le marquis voulût bien fixer une somme de 800 livres par an au sieur Samuel Hirsch, sur l'État du Roi pour les détruire dans le Château [...] Madame la Dauphine et Mesdames s'en sont déjà plaintes plusieurs fois[80]. »

En 1768, un autre inventeur présenta dans un mémoire « un moyen nouveau de détruire les rats, mulots et loirs qui désolent les maisons royales, les jardins et potagers ». Des expériences menées dans les faisanderies laissèrent le directeur général des Bâtiments sceptique. Il écrivit à son inspecteur : « Vous voudrez bien vous informer [...] si cette invention a des applications auxquelles ne s'étend point celle du sieur Hirsch, comme on avance dans ce mémoire que nonobstant la pâte de ce juif, il y a dans le château de Versailles une multitude de rats[81]. » Quel que fût le secret du « grand destructeur », il n'avait pas suffi à faire disparaître les rongeurs. Au demeurant, ce Juif errant était insaisissable, sans doute parce que les Bâtiments lui devaient 4 624 livres. Traité comme tous leurs autres créanciers, il n'avait touché ni sa pension pour cinq ans, ni ses 800 livres par an de frais de déplacements, ni le prix de la pâte empoisonnée qu'il fournissait, à l'en croire, en grande quantité. Il assurait qu'entre 1766 et 1771, il en avait livré 19 livres et demie, soit 95 kilos, aux contrôleurs de Versailles-Dehors[82]. Pour les Bâtiments, les retards de paiement n'étaient guère une excuse et, en octobre 1775, d'Angiviller écrivit à Hirsch, à son adresse parisienne de la rue Geoffroy-L'Angevin : « Samuel, j'apprends avec le plus vif mécontentement que malgré les ordres qui vous ont été intimés de ma part le 5 octobre et que vous aviez promis de remplir, vous n'avez point paru à Versailles et n'y avez fait aucune opération, en sorte que les rats y commettent des dégradations épouvantables. Je ne peux vous en punir que par la suppression de votre pension et la retenue des autres objets qui peuvent vous être dus. C'est le sort que je vous réserve si d'ici au retour de la Cour je n'ai pas les preuves incontestables de vos soins et de leur succès. Je dis de leur succès, parce qu'il est très inutile que le Roi vous pensionne pour un secret qui n'aurait point d'objet réel. Faites d'autant plus d'attention à cette lettre que, quoique je n'aime pas à punir, je sais le faire[83]. »

D'Angiviller oublia ses doutes quant à l'efficacité de la raticide pâtée lorsque sa maîtresse, Mme de Marchais, se plaignit que son appartement fût infesté de rats. Amant dévoué et futur époux de la dame, que Mme du Deffand surnommait « la Pomme », il donna sur-le-champ des instructions : « J'ai reçu les détails presque effrayants des dévastations que les rats commettent dans le château de Versailles de M. Le Roi qui vient de surveiller, particulièrement l'appartement de Mme de Marchais qui vient de lui marquer que ses meubles souffrent beaucoup. Le Juif Hirsch a reçu dans Versailles, quelques jours avant mon départ, les ordres les plus positifs de profiter du voyage pour travailler utilement, et il avait promis de ne pas désemparer. J'apprends que l'on ne l'a pas vu. Je lui en ai marqué mon mécontentement de manière à le convaincre de sa réalité. Je présume qu'il ne tardera pas à apparaître à Versailles. Quand il y sera, mettez un homme à sa suite pour vérifier ses recherches et l'emploi de sa drogue ». Si Hirsch restait insaisissable, le directeur entendait que le remède traditionnel fût appliqué : « Voyez à charger quelqu'un d'intelligent pour visiter l'appartement de Mme de Marchais et pour faire boucher les trous avec du plâtre et du verre pilé [...] car nous périrons des rats[84]. » Sans être aussi efficace que le poison de Hirsch, le procédé donnait de meilleurs résultats que la méthode évoquée par un rapport d'inspection de 1748 : « La Reine m'a fort recommandé de faire mettre les tringles de bois derrière les lambris de ses cabinets pour empêcher de monter les souris, ce que je ferai[85]. »

À la fin de 1775, Hirsch reçut 684 livres pour ses fournitures au département des Dehors entre 1766 et 1771[86]. Ce n'était pas le pactole dont il avait rêvé, mais il continua à servir jusqu'à sa mort, en 1788, date à laquelle d'Angiviller donna sa commission « à Samuel Cerf, Juif [sans doute un parent de S. Hirsch ayant francisé son nom], pour la destruction des rats dans le département de Versailles ». Le prix demandé était élevé, 1 200 livres par quartier, et le comte, rendu méfiant par ses mauvaises expériences avec le défunt ratier, mit les points sur les i : « Nous nous réservons expressément de révoquer la présente commission si le service dudit Samuel Cerf ne répond pas à nos espérances[87]. »

Le blanchissage

Où laver et sécher le linge de la Cour ?

L'hygiène corporelle avait fait de tels progrès que l'Allemand Neimetz, dans son guide *Séjour à Paris*, publié pendant la Régence, crut bon de mettre en garde ses compatriotes : « Gardez-vous [...] d'être malpropre sur votre personne ou crasseux sur vos vêtements. Il faut être pourvu de linge fin et en mettre du blanc tous les jours[1]. » Les personnes de qualité changeaient fréquemment de chemises, de chaussettes, de mouchoirs, et même de caleçons, ces derniers articles étant encore rares[2]. Avec le développement des garde-robes individuelles et ces fréquents changements de tenue, le blanchissage gagnait donc en importance. À Paris, les lavandières travaillaient sur des barges arrimées aux rives de la Seine afin de tirer parti de la force du courant. De même, les Bâtiments firent ancrer un bateau à l'intention de celles qui accompagnaient le roi à Choisy. À Saint-Hubert, elles disposaient d'un second bateau « pour parer à la perte de beaucoup de linge que les vents, en certains jours, enlèvent et qu'on ne peut, faute de secours, aller chercher[3] ».

Trouver un emplacement où laver et sécher le linge de la ville et de la Cour devint, au fil des ans, une entreprise de plus en plus difficile, non seulement pour les laveuses travaillant pour le grand public, mais même pour le lavandier et la blanchisseuse dits « du linge du corps », qui s'occupaient du linge du roi. La charge de lavandier était un office vénal à deux titulaires qui servaient par semestre. Le brevet leur coûtait entre 4 000 et 6 000 livres, et quatre générations de deux familles détinrent cet office durant le XVIIIe siècle, les Berry[4] à partir de 1681, et les Luthier[5] de 1703 à 1777. Ils occupaient, durant leur temps de service, deux chambres et deux entresols à l'hôtel de Duras, dans la rue de la Chancellerie, qui disposa de plusieurs réserves d'eau jusqu'en 1772[6]. Cette eau provenait des réservoirs du Parc aux Cerfs, et dans les premières années suivant le retour de la Cour à Versailles de 1722, le blanchisseur officiel chargé du linge de la chapelle, et la blanchisseuse de la duchesse d'Orléans, épouse du Régent, en eurent aussi l'usage.

La blanchisseuse du linge du corps du roi était, quand mourut Louis XIV, une certaine Marguerite Néret. Sa fille Catherine vint l'assister en 1716 pour servir Louis XV et elles furent nommées blanchisseuses du Dauphin et des Enfants de France en 1735. En 1747, leur charge passa à la troisième génération, en la personne d'Anne Geneviève Molière, qui avait alors 17 ans. Leur rétribution était de 1 600 livres, soit 600 livres de gages et une indemnité de 1 000 livres pour nourriture et blanchissage. En 1758, la charge fut supprimée[7]. Au retour de la Cour à Versailles en 1722, la blanchisseuse du linge du roi avait reçu deux pièces sur la cour arrière de l'ancien hôtel du Gouvernement, dont l'une pourvue d'une « cheminée pour la lessive[8] ». Elle logeait au-dessus[9]. Ces vieux bâtiments, et l'ancien hôtel du Fresnoy, furent détruits pour faire place à une nouvelle aile le long de la rue Monsieur, afin d'héberger le premier valet de chambre, Thierry de Ville d'Avray, et, par voie de conséquence, les facilités accordées à la blanchisseuse du roi disparurent. La commission supprimée, la tâche n'en subsistait pas moins et, en 1782, les chemises du roi et son linge intime furent lavés un temps à la Grande Écurie.

La blanchisseuse du linge du corps éleva une protestation que l'inspecteur transmit au directeur des Bâtiments : « La femme Despague [...] dit avoir obtenu de M. le prince de Lambesq la permission de laver le linge dans les auges de la grande cour des Grandes Écuries du Roi, mais que depuis que plusieurs autres blanchisseuses s'étaient arrogé le même droit, M. le prince de Lambesq lui en avait retiré la permission. Elle demande que Monsieur le Directeur général voulût bien donner ses ordres pour que l'eau qui était donnée autrefois aux auges de la grande cour soit remise pour qu'elle puisse en faire usage. » L'inspecteur chargé d'examiner la situation ne la trouva guère satisfaisante : « Depuis l'établissement des auges ordonné par M. le Directeur général dans l'intérieur des Grandes Écuries du Roi, les auges de la grande cour n'étaient plus nécessaires au service. Il s'en est suivi un abus très préjudiciable, tant par la grande consommation de l'eau ne servant qu'à un grand nombre de blanchisseuses qui s'en étaient emparées, que par la dégradation du pavé autour desdites auges qui aurait pu par la suite porter préjudice au gros mur contre lequel ces auges sont adossées. L'inspecteur chargé du détail des eaux n'a pu s'empêcher de faire de sérieuses représentations de votre part, Monsieur le comte, à MM. les écuyers du Roi à l'effet d'y remédier. Il s'en est suivi que M. le Prince de Lambesq a retiré les permissions qu'il avait données auxdites blanchisseuses. Il a même consenti à ce que l'eau qui donnait aux auges de la grande cour fût retirée – le service des écuries se faisant actuellement par des branches de conduits qui donnent l'eau aux quatre auges dans l'intérieur de ses dites écuries. » La principale objection n'était donc pas qu'il fût peu convenable de laver les chemises du roi dans les abreuvoirs des chevaux, mais que la bonne eau courante ne devait pas être gaspillée, en particulier pour le blanchissage[10] !

La distinction entre le lavandier et la blanchisseuse reposait sur la différence entre le « gros linge » et le « menu linge ». La première catégorie englobait le linge de maison, draps et serviettes du roi, car le linge de table était fourni et lavé par d'autres officiers, les lavandiers de la Maison-Bouche. Les Bâtiments n'admettaient pas que leur activité fût visible depuis le château. En 1781, Louis Seigne, se qualifiant de « blanchisseur des couvertures des garde-meubles du Roi et des Princes et Princesses de la famille royale », se plaignit d'avoir eu ordre d'enlever le linge qui séchait devant son établissement de l'avenue de Saint-Cloud en invoquant « l'impossiblité [...] de faire sécher les couvertures qui lui sont confiées ailleurs que devant chez lui et sous ses yeux pour empêcher qu'elles ne soient salies ou endommagées ». Le directeur général, sur rapport d'un inspecteur, décida d'autoriser le blanchisseur à étendre son linge à condition que ce fût seulement

« dans la partie non pavée qui se trouve au-devant de chez lui, entre la chaussée et le rempart de l'avenue[11] ».

Le linge fin – chemises, attaches de ruban, manchettes, mouchoirs, etc. – demandait un traitement plus délicat. Dans les premières années du règne de Louis XIV, lorsque les cols de dentelle amidonnés étaient à la mode, ils étaient probablement confiés à l'officier portant le titre d'« empeseur de la Garde-robe du Roi ». Lorsque arriva la vogue de la cravate en tissu souple, l'empeseur devint « cravatier » et fournisseur de cet article, bien qu'on continuât à lui verser une indemnité de savon et d'amidon. Dans le cadre de la traditionnelle division des tâches, les Berry et les Luthier étaient des entrepreneurs prenant à ferme le linge venant du lit royal, tandis que les Néret lavaient à la main ce que nous appelons aujourd'hui le linge de corps.

Lors de l'établissement de la maison de Marie Leszczynska, on la pourvut d'une lavandière, d'une « blanchisseuse des menus » qui s'occupait du linge fin et d'une « empeseuse » – charges sur commission figurant au budget de la garde-robe de la Reine. Mme Le Moine était lavandière du linge du corps, Mme Michault blanchisseuse des menus. Leurs postes subsistèrent jusqu'à la mort de leur maîtresse. Les héritiers Michault se plaignirent plus tard d'avoir été lésés, dans une « réclamation » adressée aux liquidateurs de la liste civile. Quoique rédigé en des termes choisis pour ne pas blesser des oreilles révolutionnaires, ce document nous montre les difficultés qui surgissaient quand de nouveaux titulaires de grandes charges, comme la duchesse de Villars, dame d'atours de la reine aussi parcimonieuse que vertueuse, étaient pris entre les demandes des ayants droit des fidèles serviteurs du prédécesseur et le désir de mettre en place la nouvelle équipe. Les deux filles de Mme Michault exposaient que leur mère avait reçu son brevet en 1725, avec un salaire fixe annuel de 1 500 livres, plus « des fournitures de fontaine », car, précisaient-elles plus loin, l'eau de puits ne s'accordait pas avec le savon. Les outils de leur métier étaient renouvelés d'abord tous les trois ans, puis tous les cinq ans. Les deux plaignantes travaillaient pour leur mère et recevaient 300 livres chacune. Elles auraient dû lui succéder en 1768, mais la reine était morte sur ces entrefaites. La dame d'atours procédant aux nominations, Mme de Villars, avait alors réduit leur indemnité compensatoire à 650 livres au lieu des 1 500 payées à leur mère, et donné leurs charges à sa domestique, Mme Joyard, héritière de Le Moine. Elle avait donc unifié les deux services pour les confier à une seule personne et réduit les sœurs Michault au rang de travailleuses journalières[12].

Il ne nous est guère possible de dire si la réclamation était fondée, et pas davantage d'établir les motifs de l'attitude de la duchesse de Villars, qui réduisit effectivement par là la dépense de la Garde-robe en concentrant deux fonctions dans les mains d'une de ses protégées. À la mort de Mme Joyard, la commission de blanchissement passa à Mlle Soy, puis à sa nièce, Mme Bonnefoi du Plan, femme de chambre de la reine, enfin à son mari Pierre Charles, tapissier de la chambre de la Reine et valet de chambre du roi. Alors que les précédents titulaires étaient du métier, l'avènement de M. Bonnefoi du Plan et la disparition de la commission de blanchisseuse marquaient la mise en place d'une régie d'entrepreneurs qui tiraient leur bénéfice en sous-traitant le blanchissage du linge de corps à des employées à gages. Il semble que le lavandier conserva la charge du linge ordinaire, celui qui demandait plus de soin étant confié sans brevet à une blanchisseuse de fin. Les revenus de Bonnefoi du Plan se montaient à 2 720 livres, soit 120 livres de gages, 300 livres de gratification, 547 d'indemnités de nourriture, 200 pour son logement et plusieurs autres indemnités, notamment 204 livres pour son matériel – toile, savon et autres ustensiles – et 149 livres pour le bois. Il convient d'y ajouter 1 200 livres de « supplément de frais de blanchissage[13] ». En 1778, l'intéressé trouva un local à l'hôtel des Nourrices et cet immeuble appartenant au domaine de Versailles, les Bâtiments demandèrent instamment que le gouverneur prît en charge la dépense de l'adduction d'eau nécessaire[14].

À la différence du service de blanchissage du roi, celui de la reine n'avait ni local ni affectation à un lavoir précis. En 1741, Mme Michault adressa une requête à sa maîtresse : « La blanchisseuse du linge du corps de Votre Majesté la supplie très humblement de vouloir bien dire un mot en sa faveur à M. le contrôleur général pour qu'il lui soit fait, à côté de l'abreuvoir de Versailles, le lavoir clos et couvert qui lui est promis depuis cinq ans pour pouvoir faire toujours un bon service. L'eau de l'étang du bois est soufrée ; Votre Majesté s'en est plainte. Le lavoir [près de la porte] Saint-Antoine est public et l'eau est très sale. La suppliante ne peut continuer d'aller à la pièce des Suisses, d'autant que cette pièce ne sera pleine qu'au mois d'octobre. Si Votre Majesté a la bonté de parler à M. le contrôleur général, la suppliante sera assurée de l'effet de sa très humble demande et tant du côté de la sûreté du linge que de la propreté, son service sera toujours égal et bien fait parce qu'elle aura dans ce lavoir l'eau de la décharge de Neptune, qui est très belle et très douce. »

Le nombre de pétitions analogues prouve que les blanchisseuses jugeaient l'eau de la célèbre fontaine à l'extrémité nord du jardin particulièrement adaptée à leur travail. Toutefois, elle était proche d'un abreuvoir où l'on lavait les chevaux et qui était trop sale pour qu'on y menât ceux du roi, car il recueillait l'écoulement des rues situées entre le grand marché et la rue des Réservoirs. Les Bâtiments répondirent donc sèchement : « Il n'y a point eu de lavoir promis depuis cinq ans, et l'on ne peut pas faire des lavoirs à côté de l'abreuvoir[15]. »

« La vue dégoûtante du linge étendu... »

Par la suite, on créa un lavoir au Trianon pour le linge des Petits Appartements du Roi et des Grand et Petit Trianon. La blanchisseuse se plaignit de son exiguïté, mais sa demande d'extension fut rejetée, car cela eût pu nuire aux glacières voisines[16]. Le lavoir, situé dans le parc, était aussi utilisé pour laver le linge de divers membres de la famille royale. En 1750, le blanchisseur des comtesses de Provence et d'Artois et de Madame Victoire fit valoir « qu'à cause des voyages fréquents de la Reine à Trianon, ce qui occupe le lavoir tous les jours pour son service, [il] ne peut faire venir au sien[17] ». Entre la démolition de l'hôtel du Fresnoy et l'installation d'une ligne d'eau à l'hôtel des Nourrices, les blanchisseuses de la reine, comme celles des Princes, durent recourir aux ressources des environs de Versailles et se virent obligées de partager l'eau avec les lavandières au service du public. Elles utilisaient la pièce d'eau des Suisses – large bassin hors des jardins du Roi de l'autre côté de la grille de l'Orangerie – et même le Grand Canal. En 1787, l'inspecteur général des Bâtiments se plaignit des nuisances qu'elles provoquaient : « Rien n'est plus contraire à la décence et à la salubrité de l'aire qui environne le château que les lavoirs qui sont établis en grand nombre sur le canal et sur la pièce d'eau des Suisses. On peut dire que cet abus est présentement à son comble et l'on pense qu'il n'y a pas de temps à perdre pour y remédier. On ne peut plus se promener aux environs du canal et de la pièce des Suisses sans être choqué par la vue dégoûtante du linge étendu entre les arbres. Les laveuses, principalement, dégradent les bordures de la pièce des Suisses, et l'on croit que les vapeurs qui s'élèvent d'une eau corrompue par le savon et par les substances animales que le linge sale y dépose, peuvent nuire à la santé de la famille royale lorsqu'elles sont portées au Château par le vent du couchant ou du midi. Les inspecteurs ne peuvent exécuter les ordres de M. le Directeur général relativement à la surveillance et à la police de cet objet parce que ces laveuses disent que le linge qu'elles lavent appartient aux Princes et Princesses de la famille royale, ce qu'on ne croit pas absolument vrai, mais ce qu'on n'ose cependant contredire à cause des protections puissantes que ces laveuses font valoir et dont elles se prévalent. On pense qu'il ne faut pas moins qu'un ordre exprès du Roi pour réformer enfin un abus qui ne s'est maintenu et augmenté jusqu'à présent que parce que les personnes qui le protègent ne veulent pas se laisser éclairer sur le danger qu'il entraîne après lui. Au surplus, on pense que si quelques-uns des services des Princes et Princesses se trouvaient gênés par la réforme proposée, il serait possible de leur indiquer, dans Versailles même ou très près de Versailles, des moyens de laver leur linge séparément du public[18]. »

Le lavoir public de Clagny était très éloigné de Versailles et les laveuses lui préféraient le canal creusé à travers le site de l'ancien étang, comblé afin de permettre la construction du « nouveau quartier ». Le canal était proche de la paroisse Notre-Dame, et donc d'un accès facile, mais les Bâtiments s'opposaient obstinément à ce qu'on lavât dans ce cours d'eau artificiel, car, lorsqu'il gelait en hiver, on en taillait la glace en blocs que l'on conservait dans les glacières à l'usage de la famille royale et de quelques courtisans durant les chaleurs de l'été. En 1758, L'Écuyer « supplia très humblement Monsieur le marquis de Marigny de vouloir bien donner ses ordres pour faire mettre une affiche sur les poteaux près le petit canal de Clagny interdisant aux blanchisseuses de la Ville d'y laver leur linge afin que la graisse ne puisse empêcher l'eau de geler. Comme la saison s'avance, il est nécessaire de penser à purifier l'eau de ce canal avant les gelées[19] ». On lit dans le projet d'affiche soumis au directeur : « Les eaux du petit canal de Clagny étant réservées à la glace du Roi, il est défendu à toutes personnes et notamment aux blanchisseuses de la Ville de Versailles d'y laver à peine de 50 livres d'amende. » La même peine était prévue pour quiconque laverait dans l'abreuvoir au bout de la rue des Réservoirs, où il était interdit de « jeter les chiens morts et d'autres immondices[20] ».

« Sept ou huit femmes m'ont vomi cent invectives... »

Ne se laissant nullement intimider, les lavandières de l'abreuvoir se heurtèrent aux Bâtiments en la personne d'un garde, un nommé Tinet, qui rapporta avoir eu affaire à forte partie : « Aujourd'hui de relève, m'étant transporté en faisant ma tournée à mon ordinaire, ayant descendu à l'abreuvoir près de la porte du Dragon par ordre de mes supérieurs – M. Pluyette m'ayant donné des ordres pour empêcher qu'on ne lave à la décharge dudit abreuvoir attendu qu'elles ont dégradé et démoli le mur qui conduit dans l'égout pour faire leurs lessives – elles s'y sont attroupées sept ou huit femmes qui m'ont vomi cent invectives avec les femmes du voisinage. J'ai eu beau leur dire que j'avais des ordres, elles m'ont dit qu'elles laveraient toujours malgré moi et qu'elles m'écraseraient à coups de pierres, ayant jeté leur linge dans la boue après les avoir averties cent fois. » L'indulgent Marigny proposa d'afficher à nouveau l'interdiction avant de prendre des mesures contre les poissardes[21].

En 1764, un sieur Feuillet se disant « jardinier à Versailles » proposa un lavoir « derrière l'abreuvoir [...] et à côté de la porte du Dragon ». Pluyette recommanda un refus : « Le pourtour de l'abreuvoir sert à déposer la boue qu'on en tire lorsqu'on le nettoie pour la laisser égoutter et par ce moyen éviter de la dépense au Roi et souvent la totalité de la dépense de l'enlèvement des boues, parce que les fermiers des environs, lorsqu'ils ont besoin de fumier pour des prés près de là, les enlèvent sans qu'il en coûte rien au Roi. D'ailleurs l'eau de cet abreuvoir est bien peu propre pour y laver du linge car elle est ordinairement fort bourbeuse[22]. » On peut se demander pourquoi les lavandières, dans ce cas, tenaient tant à cet abreuvoir !

En 1768, une solution fut enfin trouvée lorsque Pierre Adam proposa de construire un lavoir pour 60 laveuses en aval de l'abreuvoir et de l'alimenter par les « eaux de chute des fontaines de Versailles ainsi que celles qui proviennent du Nouveau gouvernement, et du trop-plein de l'abreuvoir, lesquelles dites eaux étant arrivées à l'embouchure dudit aqueduc de la grille du Dragon ne sont plus d'aucune utilité à personne et par cet établissement redeviendraient utiles aux habitants de Versailles ». L'inspecteur approuva la suggestion, car le site se trouvait au-dessous du niveau du petit canal de Clagny et ne pouvait donc pas polluer la glace du roi[23]. L'emplacement présentait un autre avantage ; l'« eau de chute », provenant des fontaines situées au-dessous du parterre du Nord, était restée claire. Après son utilisation, elle coulerait jusqu'à la Seine en passant par Villepreux sans le gaspillage des lavoirs du Montboron et des réservoirs du Parc aux Cerfs. Avec elle, on ne risquait pas de polluer l'eau dormante du Grand Canal ou de la pièce des Suisses en y introduisant les matières organiques du décrassage et les résidus d'un savon qui, à l'époque, était composé d'huile d'olive et de soude alcaline tirée de la cendre[24], dont les sels faisaient croître des algues dans les bassins et laissaient des traces dans les rues où s'écoulait l'eau.

Au bout du compte, le problème posé par le blanchissage à Versailles tenait à un manque chronique d'eau courante, et c'est la raison pour laquelle le lavoir proposé par Adam fut à peu près le seul à avoir l'agrément des Bâtiments. L'abreuvoir disparut en 1773, lorsque la rue des Réservoirs fut aménagée pour faciliter l'expansion de la ville[25]. D'autres lavoirs étaient plus éloignés ; en 1753, Franchet en installa un à Porchefontaine, moyennant 171 livres de loyer annuel au Domaine. Il se plaignit vite de la concurrence de Gobert, fontainier des deux réservoirs du Parc aux Cerfs. « Non seulement [il] engage journellement les blanchisseuses à aller laver dans le parc donnant sur l'avenue de Sceaux dont il leur ouvre abusivement la porte, mais par un second abus, il envoie de l'eau au lavoir du marais de M. Le Roi que tient le nommé Guélain. » Marigny mit vite le holà, le fontainier étant mal vu de ses supérieurs, mais Pluyette se sentit obligé de rappeler au directeur que, si Gobert abusait d'un privilège, il ne violait aucune règle : « De tous temps ce fontainier a eu la faculté de donner à laver à un petit lavoir au-dessous de sa maison. L'établissement en était fait lorsque je suis venu à Versailles. Je me suis seulement opposé à ce qu'il soit augmenté et que la permission qui lui avait été accordée ne dégénère en abus. Il m'a avoué que le pain qu'il mange depuis deux ans provient en grande partie du produit de ce lavoir, sans quoi lui et sa famille n'auraient pas pu subsister. Il n'est pas nécessaire que ce fontainier donne de l'eau au lavoir des marais de M. Le Roi, ou plutôt de Mme La Chapelle, sa sœur, parce que ce marais en est abondamment fourni par la décharge des bassins du Chenil Neuf, dont ce marais jouit depuis longtemps, aussi ne paraît-il pas qu'on y ait envoyé depuis bien du temps. J'y tiendrai la main bien exactement[26]. »

Trouard, successeur de Pluyette, n'avait pas son indulgence pour les lavandières, et il nota en 1770 : « Les deux réservoirs [...] au bout de l'avenue de Sceaux et livrés au public, M. Pluyette – tant pour leur sûreté que pour celle des glacières – d'après vos ordres, Monsieur, [les] a fait enclore. Mais cette précaution, qui a beaucoup coûté au Roi, n'est jusqu'à présent d'aucune utilité, le sieur Gobert ayant conservé dans cet enclos un lavoir où plus de cent blanchisseuses viennent laver journellement et étendre leur linge. Par ce moyen ce lieu est aussi public qu'il était avant. J'ai fait en vain changer les gardes de la serrure de la porte de l'avenue de Sceaux et ordonné à Gobert, s'il voulait conserver ses lavoirs, de s'y tenir pour ouvrir et fermer cette porte, mais sa maison étant fort éloignée, les blanchisseuses qui payent pour laver et qui n'ont d'autre entrée ne pouvant se faire entendre, en forcent ladite porte et la brisent. Je l'ai fait raccommoder nombre de fois mais sans succès et enfin elle est actuellement toujours ouverte. De plus cette quantité de blanchisseuses consomme beaucoup d'eau. [...] En outre, toutes ces femmes n'ayant autre endroit pour étendre leur linge, elles enfoncent des perches autour des deux pièces et très souvent percent les convois de manière que lesdites pièces ne peuvent s'emplir actuellement qu'à trois pieds du bord par quantité des fautes dont la majeure partie est occasionnée par ces trous. Et même du Château et de l'appartement du Roi cette grande quantité de linge étendu ferait et fait un mauvais effet. [...] Je vous supplie donc de m'autoriser à remédier à tous ces abus [...] mais ce que je crois nécessaire préliminairement, ce sera de défendre ce lavoir qui n'aurait jamais dû être toléré[27]. » Aussi longtemps que Marigny fut directeur général, Gobert resta en place, mais l'abbé Terray, moins tolérant, lui ôta son poste en 1774 non seulement pour avoir abusé de ses privilèges, mais pour avoir permis qu'on volât du bois dans le parc environnant. Bien que l'homme fût universellement connu comme « absolument inutile » et « très mauvais sujet », sa famille avait longtemps servi le roi et il reçut un poste de fontainier à Bel-Air avec une petite pension[28].

Les lavoirs du réservoir du Parc aux Cerfs leur étant fermés, les lavandières cherchèrent d'autres facilités dans le voisinage. En 1777, elles s'étaient emparées d'un terrain vague sur la limite sud de la cité, destiné à l'origine à la construction d'un couvent d'ursulines qui était resté à l'état de projet. Le quartier était peu peuplé, car Versailles se développait vers le nord le long du nouveau boulevard de la Reine. Dans ce quartier vide, les lavandières et d'autres sortes de gens usurpaient les terrains octroyés aux concessionnaires, qui n'en avaient rien fait. L'inspecteur se plaignit des difficultés qu'il rencontrait : « Dans le grand champ, ou place des Ursulines, au bout de la rue Royale, sont quatre places que l'on assure avoir été données depuis au moins douze ans à M. Perrin. Si elles lui ont été données, on présume que le don ne lui a été fait qu'à la charge de les enclore et faire paver au pourtour. Il n'a rien fait ; elles servent à des blanchisseuses à étendre leur linge et gênent le passage dans plusieurs maisons qui environnent ladite place, où sont logées un grand nombre des blanchisseuses qui font écouler leurs eaux savonneuses sur ladite place où elles croupissent, répandant dans le quartier et les environs une puanteur insupportable au point d'infecter l'air. On observe aussi que le défaut de clôture desdites places empêche les propriétaires des terrains du pourtour de faire paver le long de leurs clôtures où les eaux séjournent aussi et forment des cloaques qui infestent[29]. »

Entre-temps, le fils Masson, qui avait hérité du poste de fontainier et de gardien du réservoir de Montboron, continuait à exploiter le lavoir qu'il louait aux lavandières et le problème restait donc le même : les dégâts des énormes quantités d'eau qui s'écoulaient dans le voisinage. « Il résulte de ces abus, rapportaient les inspecteurs, des glaces durant l'hiver très incommodes aux habitants des rues, par où les eaux de ce lavoir s'écoulent et, dans l'été, s'exhale une odeur insupportable et très infecte par le cours des eaux savonneuses qui doivent nécessairement passer dans ce quartier[30]. » Le lavoir fut donc fermé « malgré l'observation que les laveurs sont actuellement fort rares à Versailles[31]. »

Avec la fermeture des réservoirs du Parc aux Cerfs et de Montboron et les affiches interdisant d'user de la pièce des Suisses, la situation était devenue critique. Duchesne, prévôt des Bâtiments, le fit observer au directeur général : « La Ville de Versailles est en quelque sorte la ville où règne le plus grand luxe en choses magnifiques, et la plus grande disette en choses utiles. Parmi ces choses utiles, qui y manquent, il y a quelques grandes pièces d'eau servant de lavoir[32]. » Le prévôt aurait pu ajouter qu'il y avait aussi disette de lieux pour faire sécher le linge. En effet, son exposition aux regards attentait à la dignité de la cité royale et les lavandières refusaient de transporter au loin leur lourd linge mouillé, estimant que les contre-allées des avenues conduisant au château étaient l'endroit idéal pour étendre leur lessive. Les gardes des Bâtiments étaient constamment sur le qui-vive et, en mai 1747, des ordonnances furent promulguées afin de préserver les trois principales avenues, de Paris, de Saint-Cloud et de Sceaux : « Nous défendons à tous blanchisseurs et autres d'attacher des cordes aux arbres desdites avenues et de mettre des perches dans lesdites contre-allées sans une permission expresse à peine de confiscation du linge et 20 livres d'amende[33]. »

En août de la même année, le sieur Durant, fermier du lavoir de Porchefontaine, soutint que les lavandières avaient toujours fait sécher leur linge sur l'avenue de Paris, du côté sud, près du lavoir et non sur le grand chemin, et que c'était le seul endroit qui s'y prêtât. Il ajouta que les directeurs précédents des Bâtiments, le duc d'Antin et M. Orry, ne s'étaient jamais plaints du dommage causé aux arbres, veillant seulement que les gamins du voisinage n'endommagent ni ceux-ci ni le linge quand ils cherchaient des nids. Il concluait qu'étendre la lessive le long de l'avenue était plus utile que jamais, car l'armée étant de retour, les lavandières avaient un surcroît de travail et avaient besoin d'un espace disponible, spécialement en hiver. L'inspecteur refusa catégoriquement de se laisser convaincre : « Les blanchisseuses avaient le canal et l'étang libre [...] ce n'est point au Roi à leur fournir du terrain pour étendre leur linge[34]. »

Le problème restant non résolu, les ordonnances durent être réitérées en 1779[35], mais la croissance de la cité faisait qu'on y lavait toujours plus de chemises, de draps, de culottes et de manchettes. En 1784, Duchesne étendit sa vigilance au nouveau quartier de l'Est : « Depuis la coupe des arbres de l'avenue du Grand-Montreuil, j'avais [...] toléré quelques étendages de linge peu apparents et ne paraissant susceptibles d'aucun inconvénient. Mais le nombre vient de s'accroître presque subitement, au point que l'emplacement de la contre-allée du côté du boulevard se trouve dans le bas entièrement couvert de cinq rangs de perches qui interceptent le passage et approchent du grand chemin, pouvant exposer les chevaux ombrageux à occasionner des accidents[36]. »

Si la lessive suspendue à Porchefontaine et Montreuil – limitrophes de Versailles – posait problème aux inspecteurs, que dire de celle qui était visible du château ! Outre le côté déplaisant du spectacle, l'exposition du linge intime des tantes célibataires de Louis XVI offensait leur modestie.

En 1780, l'inspecteur général Heurtier observa que la permission de faire la lessive dans les bassins du parc, que ce soit à Trianon ou dans la pièce des Suisses, était de la juridiction du gouverneur du château. À cette époque, la charge était passée de Noailles à son héritier, qui portait le titre de prince de Poix. En revanche, l'autorisation d'étendre du linge le long des avenues du parc relevait toujours des Bâtiments. Refusée à la plupart des lavandières, elle fut accordée à un sieur Cacheux, blanchisseur des comtesses de Provence et d'Artois et de Madame Victoire. Le linge de la reine monopolisant le lavoir de Trianon, il eut la permission d'user de la pièce d'eau des Suisses.

Restait à trouver un lieu où faire sécher la lessive de la famille royale. Heurtier eut une idée : « Je crois qu'on pourrait sans inconvénient permettre d'étendre dans le haut de la contre-allée qui est du côté de la prairie, car les branches des arbres et les feuillages empêchent d'apercevoir du Château et des appartements de la famille royale cette partie de l'avenue qui borde à droite la pièce des Suisses[37]. D'ailleurs, la permission étant limitée au nommé Cacheux, il n'y aura jamais qu'une assez petite quantité de linge étendue. » Le directeur général donna son accord, sous une réserve : « J'y mets la stricte condition que pour étendre son linge, il ne se servira que du haut de la contre-allée du côté de la prairie et qu'il ne lavera absolument pas d'autre linge que celui appartenant aux Princesses[38]. »

La vigilance des gardes s'imposait d'autant plus que les blanchisseuses s'obstinaient à ignorer toute règle. En 1788, le prévôt Duchesne rapporta : « Un petit lavoir en bois ayant été établi sur le bord de la pièce des Suisses devant le jardin de Monsieur, j'ai dit aux gardes de se contenter, lorsqu'ils y trouvaient les laveuses, de s'informer du nom du propriétaire du linge et de ne renvoyer et menacer de l'amende que ceux qui seraient étrangers à cette Maison... aujourd'hui [on] vient d'y trouver le linge d'un frotteur. » En outre, le blanchisseur de la reine, à en croire Duchesne, s'entêtait à « envoyer de la rue des Bons-Enfants tout le linge qu'il y lave pour le faire étendre dans les avenues de l'autre côté joignant [...] la ferme de la Ménagerie, pratique qui semble toute propre à faire oublier les défenses écrites sur les poteaux[39] ».

Le directeur général ordonna de supprimer le lavoir « avec le consentement de Monsieur », ainsi que « l'étendage du blanchisseur de la Reine ». Dès qu'il se vit intimer cet ordre, M. de Bonnefoi du Plan se rebiffa, et le secrétaire des Bâtiments écrivit : « Il se plaint qu'il n'a pas d'endroit où il pourrait étendre et faire sécher le linge de Sa Majesté, la cour de l'hôtel des Nourrices étant trop petite et n'ayant pas de courant d'air[40]. » Saisi de la demande d'étendre « au long de la pièce Suisse [...] son ancienne sécherie », le directeur se laissa fléchir et il accorda l'usage d'un terrain « attenant la pépinière de la pièce Suisse en allant à Saint-Cyr[41] », donc loin du château.

Vers la fin du XVIIIe siècle, les mauvais plaisants se moquaient de Versailles où, comme le notait Duchesne, « l'eau afflue de toutes parts et [où], depuis la suppression du canal et de la pièce de mare de Clagny, il n'y a pas un endroit où une blanchisseuse puisse laver un chiffon[42] ».

Arrière-pensées

Le contraste entre la splendeur des grands appartements d'État et la vie quotidienne des occupants des logements du château de Versailles nous frappe sans doute plus qu'il ne surprenait les courtisans du XVIIIe siècle. Nous voyons en effet aujourd'hui le décor d'un théâtre sans comédiens, alors que salons, chapelle et jardins étaient sous l'Ancien Régime sans cesse encombrés d'une multitude. Quand la Cour s'installa à Versailles en 1682, les arrivants furent ébahis par la somptuosité de leur nouvelle demeure. La marquis de Sourches note : « Le Roi quitta Saint-Cloud pour venir s'établir à Versailles où il souhaitait d'être depuis longtemps... » et, sur un ton moins officiel : « Il aimait cette maison avec une passion démesurée, y ayant déjà dépensé plus de 50 millions ; aussi était-elle d'une grandeur et d'une magnificence surprenantes, mais dans une très vilaine situation[1]. » Ézechiel Spanheim, envoyé de l'électeur de Brandebourg, manda à son maître que ce financement colossal donnait la mesure des ressources et de la puissance du monarque : « Si les revenus du Roi ou les moyens de les augmenter dans le besoin et quand il lui plaît sont grands et extraordinaires, aussi les dépenses sous ce règne ne sont pas moins. » Estimant à 80 millions de livres la construction et l'aménagement de Versailles, il ajoutait : « Ameublements superbes, de grand prix et de toute sorte, qu'on a fait faire ou achetés pour compte du Roi, comme en argenterie, en lits et tapisseries, en tableaux et portraits, en joyaux et pierreries, en autres bijoux et curiosités de valeur, ce qui tout ensemble n'a pu qu'aller à des sommes immenses, dont on est aisément persuadé quand on a occasion de le voir [...] pour faire éclater tout ensemble le bon ordre et la magnificence[2]. »

C'était là définir très exactement le dessein de Louis XIV. Pour lui, Versailles n'était pas seulement sa résidence principale, c'était l'instrument d'une grande politique de prestige et d'intimidation. Sous ses successeurs, cette éclatante image ne pouvait que pâlir. En 1775, un mémoire destiné à appuyer le directeur général des Bâtiments dans une demande d'augmentation de son budget citait, en tête des arguments à avancer : « la gloire et la dignité du souverain dans la majesté de ses habitations et dans le meilleur ordre pour les entretenir [...] telles ont dû être et telles ont été, sans doute, les vues de Louis XIV et ses ministres dans les établissements que ce monarque a créés. Les malheurs survenus dans les dernières années de son règne ne lui ont point permis de soutenir ces mêmes établissements dans toute leur splendeur, cependant, il n'a jamais cessé de les maintenir jusqu'à sa mort, et si pendant les soixante années qui se sont écoulées depuis, on avait donné une surveillance seulement égale, les choses ne seraient pas parvenues au dépérissement affreux dans lequel elles se trouvent. Toutes les Maisons royales, tous les bâtiments accessoires, n'offrent plus à la curiosité de l'étranger et au citoyen que des amas de ruines déjà consommées ou prêtes à consommer, au point que plusieurs sont insuffisantes au service pour lequel elles sont destinées[3]. »

Les Bâtiments voyaient juste : Versailles avait cessé de faire grande impression. En 1689, une médaille frappée pour célébrer l'inauguration de la nouvelle demeure royale portait : « Le palais du Roi ouvert pour le plaisir du public[4]. » Au XVIIIe siècle, on venait certes encore en foule à Versailles, mais on ne s'y réchauffait plus aux rayons du Roi-Soleil. En 1763, la description du romancier écossais Tobias Smollett n'était pas flatteuse : « Malgré sa débauche d'ornementation, Versailles est morne. Les appartements y sont sombres, mal meublés, sales et peu dignes d'un prince. Le château, la chapelle, le jardin, tous ensemble, forment une composition fantastique de magnificence et de petitesse, de bon goût et de suffisance[5]. »

En 1787, Arthur Young, sage agronome et observateur sagace, fut encore moins ébloui que son compatriote : « Le palais de Versailles n'est pas du tout impressionnant. [...] La grande galerie est l'une des plus belles que j'aie vues ; les autres appartements ne sont rien, mais les tableaux et les statues sont connus pour former une collection de premier ordre. Il semble que le palais entier, sauf la chapelle, est ouvert à tout le monde ; nous avons avancé à travers une foule de toutes sortes de gens pour voir la procession ; beaucoup n'étaient pas très bien habillés, mais de toute apparence on ne pose guère de questions. [...] En observant l'appartement du Roi, qui n'était sorti qu'un quart d'heure, laissant ces petits signes de désordre qui indiquaient qu'il y vivait, on était amusé de voir les polissons qui se promenaient sans surveillance partout, et même dans la chambre du Roi – des vauriens dont les haillons révélaient qu'ils se trouvaient dans le dernier étage de la pauvreté. » Le voyageur anglais s'interrogeait sur ce que pensaient vraiment les courtisans du lieu où ils vivaient : « J'étais la seule personne qui les ait regardés fixement, et je me demandais comment ils s'y trouvaient[6]. » Durant leur temps de service auprès du roi et de la reine, ils étaient entourés d'un faste inouï, mais, dès qu'ils regagnaient leurs logements exigus, mal éclairés et mal aérés, ils y souffraient, on l'a bien vu, du manque d'eau et de commodités. Vint s'y ajouter, surtout après 1768, la vétusté des lieux entraînant un besoin général de réparations de toutes sortes.

Seule l'abondance de domestiques aidait à supporter ces désagréments. On estime qu'à Paris ils représentaient 10 % de la population[7]. Même les ménages les plus modestes avaient une servante, et un noble était assisté par ses gens dans tous les aspects de son existence. Prion, copiste et auteur d'un journal, rapporte que le château d'Aubais, pourtant assez modeste résidence d'une famille noble de province, employa 279 domestiques en trente et un ans, dont 5 valets de chambre, 24 femmes de chambre et 61 bonnes[8]. Si l'on en croit *La Maison réglée* (1692), un célibataire se devait de s'entourer de 37 domestiques, dont 5 serviteurs personnels[9]. S'il venait à se marier, il fallait y adjoindre des femmes de chambre et, dès qu'il avait des enfants, des nourrices, gouvernantes et précepteurs. Chiffres sans doute exagérés, car la riche Mme Geoffrin, qui menait grand train et recevait dans son salon la noblesse, les diplomates et les gens de lettres, se contentait de 10 domestiques en livrée. Il est vrai qu'il ne s'agissait là que des principaux serviteurs, sans prendre en compte femmes de chambre et servantes[10].

Cette foule de domestiques créait de nombreux problèmes, allant du coût des gages, de la nourriture et des livrées au maintien de la discipline. Pourtant, nul ne pouvait se passer de serviteurs, surtout à Versailles, où la difficulté propre à l'endroit était de les avoir sous la main sans en encombrer de petits logements. Le comte de Noailles notait vers 1775 : « Louis XIV n'avait permis pas même aux Princes de son sang [...] d'avoir dans le Château [...] le gros de leur domestique [...] et chaque concessionnaire n'avait auprès de lui qu'un ou deux valets de chambre[11]. » En fait, cette consigne ne fut jamais observée, et les laquais ne cessèrent pas de se donner rendez-vous dans telle ou telle antichambre pour y bavarder avec le valet de Monsieur ou lutiner la femme de chambre de Madame.

Au bout du compte, les courtisans ne disposaient vraiment que de deux pièces, la chambre, où ils dormaient et recevaient, et le cabinet où ils pouvaient se retirer dans leur privé. Au XVIIIe siècle, la création des entresols élargit l'espace disponible, mais, outre qu'ils étaient petits et bas de plafond, ils réduisaient les dimensions des pièces au-dessus desquelles ils étaient aménagés tout en ajoutant souvent plus d'un tiers à la surface totale du logement – on parlait d'un « dédoublement » –, ce qui permettait à Madame de transformer une pièce en boudoir et d'installer un lit pour sa femme de chambre. Comme on l'a dit, c'était le plus souvent dans les entresols qu'on installait la cuisine clandestine.

Le courtisan avait licence de meubler son logement à sa fantaisie, mais, nul hors la famille famille royale n'ayant le droit de mourir au château, nous ne disposons que de peu de ces inventaires après décès qui sont si précieux pour connaître, partout ailleurs, les intérieurs des Français de toutes conditions[12]. D'ordinaire, les courtisans se défaisaient de leurs charges en faveur de leur successeur, fils, fille, gendre ou bru, et le nouveau venu recevait rarement le même appartement. Un tapissier déménageait les meubles de son prédécesseur qui disparaissait de la vie quotidienne de Versailles, n'y retournant que pour les visites et les affaires de famille. Il arrivait toutefois que la mort prît par surprise un courtisan au château, et dans ce cas les officiers de la prévôté de l'hôtel du Roi posaient les scellés et dressaient un bref inventaire, rarement complet, et ne portant estimation de la valeur des biens. Si le courtisan mourait hors du château alors qu'il était toujours titulaire de son appartement, les notaires dressaient parfois un inventaire complémentaire des meubles, argenterie, linge et vêtements, mais de tels documents sont rares.

L'inventaire de l'appartement des Saulx-Tavannes

Nous possédons un inventaire exhaustif de l'appartement de Marie Françoise Casimire de Froulay de Tessé, comtesse de Saulx-Tavannes, morte en 1753. Appartenant à une famille curiale, elle était nièce du premier écuyer de la reine, qui tenta de la faire nommer dame du palais en 1744. Le roi avait sa propre candidate en la personne de sa maîtresse, Mme de La Tournelle, mais Mme de Tessé eût pu lui plaire car elle était, selon le duc de Luynes, « d'une jolie figure et d'un caractère aimable[13] ». Il lui fallut attendre la prochaine vacance en 1747 pour obtenir le poste. Son époux, Charles Marie Gaspard, comte de Saulx-Tavannes, appuyé par son oncle, l'archevêque de Rouen, grand aumônier de la reine, devint menin du Dauphin la même année. Dès qu'elle fut nommée, la comtesse reçut dans l'aile du Nord un agréable logement que les Bâtiments avaient « entièrement accommodé[14] ». Il était petit, bien qu'il comportât 5 pièces avec 4 cheminées et 3 entresols, dont 2 avec cheminée.

En 1750, le couple obtint meilleur gîte. À la mort du vieux maréchal de Harcourt, Louis XV leur octroya le logement du défunt en ajoutant à son bon du Roi : « Sans la cuisine[15]. » L'*État* de 1722-1741 dénombre 6 pièces avec cheminée et 5 pièces aux entresols, dont 3 avec cheminée. Le roi approuva les « changements et réparations » pour un montant de 2 029 livres. Les Bâtiments ne manquaient pas de moyens, leur budget annuel venant d'être porté à 3 200 000 livres, et les travaux nécessaires ne furent donc pas retardés[16]. Le comte de Saulx paya de sa poche 770 livres pour deux doubles châssis. Le couple n'occupa ce logement que trois ans, car, dans l'été de 1753, la comtesse, qui accompagnait la reine à Compiègne, y tomba malade et retourna à Paris, où la petite vérole se déclara et la fit mourir en moins d'une semaine, regrettée de tous à la Cour. Le duc de Luynes fit son éloge dans son journal : « Mme de Saulx avait un caractère doux et simple ; elle remplissait tous ses devoirs avec la plus grande exactitude ; aussi était-elle aimée de son père, de sa mère, de son mari et de ses parents et de tous ceux qui la connaissaient. On pouvait lui parler avec confiance ; elle avait beaucoup d'amis et était digne d'en avoir[17]. » À la Cour, de tels hommages étaient rares.

Veuf, le comte ne pouvait pas conserver son logement. Les scellés y furent posés, et quelques jours après la mort de la comtesse les notaires s'y rendirent pour dresser inventaire[18]. Suivons-les. Après avoir descendu quelques marches de la galerie ouverte sur les cours intérieures de l'aile des Princes, nous passons par l'étroit corridor longeant le côté sud de la cour du Grand Escalier, là où se tiennent de nos jours les séances du Congrès lors de la révision de la Constitution. Tournons à droite dans un second corridor qui a deux fenêtres sur la cour de l'Apothicairerie, et nous trouvons l'appartement : une enfilade de pièces, entre la cour et la rue de la Surintendance, avec sept croisées sur chaque côté. L'inventaire peut commencer.

Rendez-vous de la gent domestique, l'antichambre était sommairement meublée : un poêle de terre ne valant que 16 livres, un très utile fourneau de bois, une petite fontaine en cuivre rouge et deux « bancs à coucher », garnis de matelas et couverts de toile à carreaux. Cinq aunes (6 mètres) de tapisserie de toile peinte suffisaient à orner la pièce. Un passage conduisait à la salle de compagnie. À côté, une porte ouvrait sur la salle à manger où les notaires signalent « une table de bois blanc sur un pied ployant ». Une pièce destinée uniquement aux repas était, à l'époque, une nouveauté ; plus tôt elle eût été une seconde antichambre où faire patienter un instant les visiteurs de qualité. Il semble qu'avant l'arrivée des convives, les domestiques dressaient la table et étalaient la nappe sur des tréteaux. L'ameublement comprenait quelques « fauteuils de bois de chesne garnis de lin et une douzaine de chaises de bois de noyer remplies de bonne couvertes de passementerie ».

Tout cela n'était guère luxueux : les sièges étaient évalués à 60 livres et les rideaux de coton avec leur quincaillerie à 30.

Les maisons des princes et même celles des fermiers généraux, dont Blondel publia les plans, avaient des salons de réception qui affichaient un luxe destiné à faire grande impression. Ils équivalaient pour ces grands seigneurs ou particuliers richissimes aux Grands Appartements du roi, tandis que les appartements de société, où l'on recevait ses amis, correspondaient plutôt aux Petits Appartements de Louis XV. Enfin, les pièces privées où l'on se mettait à l'aise correspondaient aux cabinets intérieurs du roi et de la reine[19]. Chez les Saulx-Tavannes, la salle de compagnie et le boudoir de la comtesse étaient des espaces publics et semi-publics. La première, assez vaste pour y recevoir, était meublée de « six chaises de bois noyer […] remplies de crin, couvertes de gros de Tours feu, brochées en argent fond de jaune », appartenant à la catégorie des sièges courants qu'on apportait ou retirait selon le besoin. Six fauteuils et un canapé couverts de velours étaient des sièges meublants qu'on ne déplaçait qu'exceptionnellement. Enfin, les invités disposaient de « deux bergères avec un tabouret de bois de hêtre sculpté, fond blanc, le tout garni de housses de différentes toiles à carreaux ». L'ensemble, estimé à 320 livres, était complété par « une table en console, avec un plateau de marbre, une commode tombeau en bois de violette garnie de bronzes dorés, une petite table à écrire de bois de marqueterie avec tablettes et tiroirs, et un cabaret de bois peint avec six tasses et sous-coupes et une théière de porcelaine de Chantilly ». La comtesse recevait ses amies dans cette pièce que deux écrans et des rideaux de taffetas jaune protégeaient des courants d'air. Elle était entourée de ce qu'exigeait son ouvrage en cours : un petit rouet à filer, une table à piquer et un métier. C'était là une installation confortable mais pas très coûteuse. Les meubles, accessoires de cheminée et éléments d'éclairage, non compris, n'étaient pas estimés à plus 571 livres. Les glaces, propriété du roi, ne figuraient pas dans l'inventaire, qui ne faisait mention non plus ni de tableaux ni de tapis.

Dans l'enfilade du rez-de-chaussée, la dernière pièce était une chambre à coucher dont la surface était réduite par des cloisons créant un cabinet et une garde-robe sur la cour. Les notaires ne l'attribuèrent pas à la comtesse, mais les meubles de la pièce principale sont bien ceux du boudoir d'une dame de qualité. Le lit se trouvait dans une alcôve décorée de rideaux et courtepointe de damas cramoisi, avec deux autres rideaux de serge de même couleur. Une bergère et deux fauteuils voisinaient avec un petit secrétaire, une table recouverte de maroquin, une petite bibliothèque garnie d'un volet en fil de laiton, et un petit écran couvert de feuilles de papier peint. Le meuble le plus important était une « table de toilette avec un miroir cintré de 15 pouces [40,5 centimètres] de glace de tain sur dix de large, dans une bordure de bois noir ». Deux « chandeliers de bois peint noir, ornés de figures, façon de Chine », étaient accompagnés d'un « porte-pommade avec un couvert d'alabastre » qui tranchait sur la couleur du bois. Les petites dimensions du miroir et l'absence de dorure réduisaient la valeur de cette toilette, mais une petite pendule « faite par Gérard à Paris, sur son groupe de porcelaine représentant l'été avec un feuillage de cuivre doré et ormolu », ajoutait à ce décor une note de charme et de gaieté. C'était sans doute dans cette pièce que la comtesse recevait ses intimes à sa toilette. Y dormait-elle ? Les plans dressés par Blondel en 1735 montrent un escalier dans la garde-robe sur la cour, et les notaires signalent une pièce au-dessus, meublée de même mais sans toilette. Si la chambre de la comtesse était transformée en boudoir, dormait-elle dans l'entresol ? Les plans préparés par Blondel ne comprennent pas les distributions des pièces à l'entresol. Donc nous ne savons pas si la chambre de Mme de Saulx communiquait avec celle du comte son époux. Ce n'était pas toujours le cas, même dans les ménages les mieux assortis. La liaison du comte avec Mme d'Estrades, confidente et amie de la marquise de Pompadour, était-elle déjà établie avant la mort de la comtesse ? Il n'en existe nulle preuve, et l'on sait que le comte se précipita au chevet de son épouse lorsqu'elle tomba malade à Compiègne. Détournons donc notre attention de ce mystère conjugal pour noter que la comtesse avait aussi un coquet petit « cabinet à écrire » décoré de porcelaines et de « dix petites estampes dans leurs bordeurs dorés couvertes de verre blanc ».

Le principal escalier montait aux entresols situés au-dessus de la salle de compagnie. Là se trouvait l'appartement de Monsieur, moins encombré que celui de son épouse : « Une petite table en forme de secrétaire, en marqueterie, une encoignure, une bergère, un fauteuil » voisinaient avec un magnifique lit, placé dans une niche et équipé de deux traversins de plume, deux matelas de lin blanc, une couverture de soie et un couvre-pied de taffetas blanc doublé d'étoffe piquée. Housse de lit, courtepointe, soubassement, pentes et rideaux étaient de damas vert. Le cabinet adjacent comportait un bureau à tiroirs de bois de violette recouvert de maroquin noir, une chaise, un fauteuil et deux tabourets de bois de hêtre sculptés et cannés, avec coussins de maroquin rouge. Deux encoignures avec dessus de marbre et tablettes garnies de fil de laiton complétaient ce refuge du maître de maison où l'on ne s'étonnera pas de trouver un témoignage de la passion commune aux époux : « Douze groupes de différentes porcelaines représentant divers personnages et animaux, plus un petit pot avec sa jatte, deux autres tasses couvertes et leurs soucoupes posées sur leur petit cabaret de bois peint en rouge. » S'y ajoutaient quatre tasses et soucoupes de différentes formes, l'inventaire évaluant l'ensemble de la collection à 160 livres, soit autant que tout le reste, y compris les rideaux de taffetas cramoisi avec leurs trains à poulie de fer bronzé.

De la garde-robe de Monsieur, l'inventaire se borne à signaler une tête de perruque à pied de bois blanc sur une table dans le passage voisin où se trouvait un lit, simple mais bien équipé, sans doute utilisé par le valet de chambre qui dormait à portée de son maître. La femme de chambre de la comtesse, elle aussi logée dans les entresols, disposait d'une cheminée. Sa chambrette était sommairement meublée de deux couchettes à tombeau avec literie complète en coton, serge et une courtepointe de taffetas piqué, et d'« une petite table de bois blanc sur son châssis ployant, une petite chaise de foncé de paille, un seau de fer ». Avec la décoration, « huit aunes de tapisserie de point de Hongrie », l'ensemble était estimé à 81,5 livres. La femme de chambre était donc mieux lotie que les autres domestiques, qui n'avaient que deux lits de sangles, estimés avec la literie à 70 livres.

Cette visite suscite quelques réflexions. Les Saulx-Tavannes avaient la jouissance d'une cuisine au-dessous sur la cour, de 6 pièces à l'étage, y compris 3 pièces de réception et un cabinet et, dans les entresols, de 2 appartements de maître, chacun avec chambre, garde-robe et cabinet. Ajoutons-y les 2 petites pièces des domestiques, chacune avec 2 lits et des banquettes permettant de faire coucher 2 laquais dans l'antichambre en cas de besoin. Les éléments d'éclairage valaient 340 livres, les accessoires des cheminées 54, et 104 l'équipement de la cuisine, y compris quelques meubles très simples. Ici et là, dans les passages et sous les escaliers, des armoires contenaient des chandeliers et des porcelaines pour un total de 384 livres. Le linge du ménage était estimé à 200 livres, l'argenterie à 2 262, soit en tout 3 345 livres. Les meubles – 4 040 livres – portaient l'estimation totale à 7 385 livres, soit plus de 9 000, car les évaluations des notaires étaient ordinairement inférieures du quart à la valeur réelle des biens.

En comparaison, le garde-meuble de la Couronne évaluait les meubles prêtés à Mme d'Ossun, dame d'atours de Marie-Antoinette, pour les 4 pièces de son appartement, à 13 545 livres sans les tapis[20]. On peut donc considérer que les Saulx-Tavannes vivaient à Versailles de façon confortable mais sans grand luxe. Il est vrai qu'ils disposaient d'un autre appartement au château de Fontainebleau et qu'ils louaient une maison à Compiègne pour les voyages estivaux de la Cour. À Paris, ils possédaient place Royale, aujourd'hui place des Vosges, un hôtel particulier appartenant à la famille de la comtesse. À l'époque, ce quartier aujourd'hui huppé n'était pas très coté et, peu après la mort de son épouse, le comte loua un appartement rue Saint-Dominique, dans le faubourg Saint-Germain. Enfin, les Saulx-Tavannes possédaient une maison de plaisance à Passy. Un tel train de vie dépassait leurs revenus. Bien qu'ayant reçu en dot le tiers de l'héritage paternel, la comtesse n'en percevait que 15 000 livres en pension viagère, à quoi s'ajoutait sa pension de dame du palais, soit 6 000 livres. Le comte avait les mains percées et accumulait les dettes[21]. Après avoir perdu son appartement et les pensions de son épouse, il se vit proposer un logement dans l'ancien hôtel de la Surintendance, puis obtint un bon appartement dans l'aile du Nord et en 1755 il fut nommé chevalier d'honneur de la reine.

Entre-temps, son ancien appartement avait été affecté à une dame du palais, la comtesse de Gramont, laquelle le prêta au duc de Tenczen-Ossolinski, grand maître du roi de Pologne, père de la reine, puis il fut attribué à la duchesse de Chevreuse, dame d'honneur de la reine en survivance de sa mère, et épouse du gouverneur de Paris. La duchesse demanda des réparations pour 585 livres et prit à sa charge les frais de vernis, mais elle trouva que le logement présentait certains inconvénients. Situé juste au-dessus du niveau de la cour, il était certes à l'abri des fuites d'eau et des nuisances des cheminées, mais il n'était « pas soutenable à cause de la mauvaise odeur », et Mme de Chevreuse se plaignit des gens qui jetaient des ordures par leurs fenêtres. Le comte de Noailles soutint sa cause mais le gouverneur ne put pas l'aider lorsqu'on découvrit, dans les premiers jours de 1763, que les solives des plafonds des pièces à l'étage étaient « entièrement pourries ». Le contrôleur L'Écuyer écrivit dans son rapport : « Non seulement il faut les remplacer mais même déposer et reposer toutes les cloisons et menuiseries des chambres au-dessus, ce qui n'est pas un petit ouvrage. » Les Chevreuse avaient assez de crédit pour obtenir des Bâtiments une rénovation en dépit de la crise, et le roi approuva l'inscription de 1 800 livres dans le budget de 1764, où le poste des grosses réparations se montait à 129 000 livres[22]. Restait à presser les entrepreneurs, et L'Écuyer nota : « Mme de Chevreuse [...] vient de m'écrire pour faire diligence. J'y ferai tout ce qui sera possible, mais à l'approchant du retour du Roi, les ouvriers sont fort occupés et en petit nombre par le défaut de payement[23]. »

Deux semaines plus tard, la duchesse prit sa plume pour se plaindre au directeur général : « Il y a plus de huit jours que la charpente était déposée, mais les maçons n'y étaient encore venus[24]. » Enfin, le 5 décembre, L'Écuyer nota : « Tous les plâtres du logement seront achevés aujourd'hui ou demain au plus tard, et le menuisier va commencer à poser les cloisons de l'entresol. M. le duc de Chevreuse est convenu, hier, d'y faire faire grand feu partout pour sécher les plâtres [...] je lui ai offert de lui prêter un vieux poêle de fer[25]. » Toutefois, au bout d'un mois, la menuiserie n'était toujours pas en place.

En 1771, Mme de Chevreuse mourut, et l'appartement passa au duc et à la duchesse de Caumont, autre couple curial – lui premier gentilhomme de la Chambre du comte de Provence, elle dame de compagnie de la comtesse. D'emblée, ils demandèrent pour 600 livres de réparations. Marigny, dont le budget suffisait à peine aux travaux indispensables, accepta, en recommandant « de ne point excéder la somme de 600 »[26]. Puis le duc de Laval obtint l'appartement, lequel passa, en 1778, au marquis de Noailles, en 1783 à la marquise de Sérent, enfin au duc et à la duchesse de Lorge et de Quintin. Ces derniers demandèrent « qu'on enlève quelques cloisons et les replace ailleurs dans l'appartement[27] ». L'année suivante, l'*État des logements* enregistra les résultats de ce remue-ménage. L'appartement ne comptait plus que 4 pièces avec 3 cheminées – au lieu de 6 et 4 précédemment – et 4 entresols au lieu de 5. L'antichambre et la salle à manger, intouchés, avaient été reblanchis, mais les vernis de Mme de Chevreuse avaient disparu.

Tel est l'exemple d'un appartement de « moyen standing », à mi-chemin entre le galetas sous les combles et la princière enfilade de pièces d'apparat. Les Saulx-Tavannes l'avaient obtenu avant que la crise affectant le budget des Bâtiments ait accentué le contraste entre le luxe des appartements de la famille royale et la dégradation de ceux qu'occupait la noblesse de France à la cour de Versailles.

Toujours plus d'exigences

Souvent, la disposition des lieux ne convenait pas au nouvel occupant d'un appartement. Depuis les années 1750, on voulait avoir une alcôve, qui, libérant du lit le centre de la chambre, laissait plus de place aux fauteuils confortables, et donc à la conversation. La plus grande partie des aménagements dépendaient, on l'a vu, du directeur général des Bâtiments, qui envoyait un contrôleur évaluer le bien-fondé de la requête. Les nobles solliciteurs n'hésitaient pas à flatter et cajoler ces experts roturiers qui présentaient leurs rapports en deux colonnes de dépenses – l'ordinaire et l'extraordinaire. Le directeur général, après examen du coût de l'opération et du degré de faveur du bénéficiaire, résumait le cas pour le roi, à qui il revenait de statuer en dernier ressort. Quelques rares privilégiés obtenaient tout ce qu'ils demandaient ; beaucoup devaient se contenter de l'indispensable et attendre souvent un an ou plus.

Par exemple, le budget 1767 du département du château citait parmi les gros travaux à effectuer « la réparation considérable et urgente à faire aux logements de M. le cardinal de Gesvres, M. l'évêque de Limoges et M. et Mme la duchesse de Cossé, qui se tiennent ensemble, dont les planchers menacent ruine, y en ayant un déjà étayé – 29 000 livres[28] ». En 1769, l'ouvage restait à l'état de proposition, mais la dépense était passée à 35 000 livres[29]. En 1771, les réparations restaient inscrites au budget assorties de : « C'est l'objet d'un fonds libellé[30]. » L'année suivante, la dépense fut encore approuvée[31], mais rien n'était fait car la crise était là et il n'était plus question de rénover les logements des courtisans. Le cardinal de Gesvres mourut en 1774. Selon Mme de Montmorency, à qui l'on proposa alors un logement dans la Vieille Aile, tout le voisinage était « inhabitable[32] ». En principe, nul ne pouvait modifier ou réparer son logement sans l'approbation du directeur général des Bâtiments. Même avec son visa, on était tenu d'employer les seuls entrepreneurs brevetés, dont les devis étaient élevés et le travail lent, à supposer qu'ils fussent disponibles, car leur première obligation était de servir le roi.

Au bout du compte, la haute noblesse de France devait absolument vivre à la Cour si elle voulait assurer son rang et avoir sa part des bienfaits du roi. Il fallait donc obtenir un logement à Versailles, quitte à s'y trouver à l'étroit et mal à l'aise. L'observation du marquis d'Argenson restait plus vraie que jamais : « Quel drôle de pays que la Cour ! dit tout le monde ; mais nos passions et notre manque de raison portent tout le monde d'y aller[33]. » Le comte de Noailles l'observait à propos de Louis XIV : « Ce grand Roi donnait les logements au Château aux seigneurs de sa Cour, mais il les leur donnait seulement clos et couverts. À l'égard de toutes les distributions intérieures de ces logements, de tous les ajustements, ornements et commodités personnels, ils étaient à la charge de ceux que Sa Majesté avait bien voulu loger dans son château de Versailles[34]. »

En rassemblant les nobles de France sous son toit, hors de Paris et loin de leurs provinces, le Roi-Soleil avait réussi à leur imposer de faire acte de présence à Versailles. Paris était toujours la capitale financière et le séjour de l'élite qui ne voulait ou ne pouvait trouver une place à la Cour, et l'influence de celle-ci ne cessa pas de décliner durant la dernière moitié du XVIIIe siècle, Louis XV passant une grande partie de l'année dans ses autres résidences ou dans ses maisons de plaisance avec une poignée de favoris. Louis XVI demeurait plus de temps à Versailles, mais il ne possédait ni l'air de majesté ni l'aisance naturelle de son grand-père. Marie-Antoinette ne supportait guère les usages de la Cour et, préférant ses favorites et son cher Petit Trianon, affublait sa dame d'honneur la comtesse de Noailles du sobriquet de « Madame Étiquette ».

Le contrôle que le roi exerçait sur la noblesse grâce à sa cour était remis en question. Si les grades les plus élevés de l'armée restaient conférés à ceux qui faisaient leur cour à Versailles, celle-ci devint dans les vingt années précédant la Révolution de plus en plus professionnelle. Après la chute de Choiseul, il n'y eut plus de grands ministres comparables par l'énergie et la hauteur de vues à un Colbert ou un Louvois, et il devint impossible de mener une politique d'envergure alors que les finances publiques connaissaient un déficit sans cesse croissant, bien qu'on augmentât les impôts, qui commençaient à toucher les contribuables naguère exemptés. Or, les charges étant vénales, il fallait rembourser les titulaires de celles qui étaient supprimées et, si désireuse qu'elle fût de le faire, la monarchie en était incapable. Chaque réforme – cuisines, chambre du Roi, Garde-robe, Écuries, Vénerie –, y compris celle de la chapelle, faisait que le service à la Cour n'était plus la meilleure façon de s'assurer prestige et revenus. Les débats touchant à la religion et au droit ébranlaient le concept du roi unique source légitime du pouvoir. Les mots de « démocratie » et de « république » étaient en vogue et les idées nouvelles sapaient l'ancienne conception d'une cour source des bienfaits et des grâces, arbitre des modes et des opinions, astre brillant au ciel de la société française, alpha et oméga de la vie aristocratique.

Sans doute ces changements dans la mentalité des élites étaient-ils le facteur le plus important, mais le délabrement progressif du château, le contraste croissant, chaque jour plus évident, entre la vie qu'on y menait et celle, de plus en plus confortable, qu'offraient Paris et la campagne, n'ont-ils pas fixé dans l'esprit des courtisans l'arrière-pensée que leur service à Versailles et le rituel hérité de Louis XIV étaient devenus une mécanique dérisoire ? Les pénibles réalités de leur vie quotidienne, telles qu'on vient de les exposer, ont sans doute ébranlé leur fidélité au régime et contribué au déclin et à la chute de la monarchie française.

Notes

Le logement

1. Mathieu MARAIS, *Journal de Paris, 1722-1727*, éd. Henri Duranton et Robert Granderoute, 2 vol., Saint-Étienne, 2004, II 486.
2. A.N. O^1 1076 92.
3. Pierre NARBONNE, *Journal de la police*, Clermont-Ferrand, 2002, 2 vol., I 117.
4. P. FROMAGEOT, « Les hôtelleries et cabarets de l'ancien Versailles », *Revue de l'histoire de Versailles et de Seine-et-Oise* [1906], p. 24-26, 217-231, 300-316 et [1907] p. 22-54. L'érudit Fromageot ne donne pas les dates du séjour de M. de Beauregard ou de son camarade. Pour les registres des années 1782 à 1785, voir A.N. O^1 3708 à 3711.
5. A.N. O^1 3708 *passim* et FROMAGEOT, article cité, 310.
6. Vincent DEKYSER, *L'Hospitalité marchande à Versailles au XVIIe siècle*, et Sophie Virginie VERBRUGGE, *L'Activité de l'accueil à Versailles au XVIIIe siècle*. Tous deux mémoires de maîtrise de l'université de Paris-I-Panthéon-Sorbonne préparés sous la direction de Daniel Roche et soutenus en 1995.
7. Jean LAGNY, « L'hôtel de Saint-Simon à Versailles », *Cahiers Saint-Simon*, n° 12 [1984] 7-15.
8. A.N. O^1 1865, *Brevets de places à bâtir de MM. de Villecerf et Monsart depuis 1682 jusqu'en 1708* et 1866. *Places à bâtir 1708-1717* ; *cf.* O^1 1249, 1250 et 1251.

9. A.N. O¹ 1832 440.
10. A.N. O¹ 1834 762.
11. A.N. O¹ 1800 321.
12. A.N. O¹ 1836 II 226.
13. A.N. O¹ 1834 458 ; *cf.* 1837 I 142 et II 115, 135 et 151.
14. A.N. O¹ 1076 251.
15. A.N. O¹ 1076 525 et 1077 476.
16. A.N. O¹ 1076 584, *cf.* 713.
17. A.N. O¹ 1076 177.
18. A.N. O¹ 1076 663.
19. A.N. O¹ 1076 201.
20. LUYNES, IX, 36.
21. A.N. O¹ 1076 198.
22. A.N. O¹ 1076 205.
23. A.N. O¹ 1076 537.
24. A.N. O¹ 1076 541.
25. A.N. O¹ 1076 663.
26. A.N. O¹ 1076 788.
27. A.N. O¹ 1077 64.
28. A.N. O¹ 1077 100 ; *cf.* 118.
29. A.N. O¹ 1077 117.
30. A.N. O¹ 2424, folio 35 verso.

31. Il s'agit du grand escalier projeté pour l'intérieur de la nouvelle aile, dite de Gabriel, qu'a remplacée l'ancienne aile du Gouvernement. Il ne fut construit qu'en 1958, mais beaucoup d'officiers y ont perdu leur logement aussi bien que les titulaires des appartements du site du nouvel opéra.

32. A.N. O¹ 1832 440.
33. A.N.O¹ 1077 92 et 116.
34. A.N. O¹ 1847 dossier 3, n° 40.
35. A.N. O¹ 1831 602 et 603, 1832 325 et 499, 1833 14 et 1847 dossiers 3, 34, 35, 37, 38 et 51.
36. A.N. O¹ 1833 547 et 1834 404.
37. A.N. O¹ 1831 500.
38. A.N. O¹ 1845 5.

39. Victorine de Chastenay, *Mémoires de Mme de Chastenay, 1771-1815*, Paris, 1987, 21.

40. Louis Philippe, comte de Ségur, *Mémoires, souvenirs et anedcotes*, François Barrière éd., 2 vol., Paris, 1858, I 97.

41. Stéphanie Félicité Ducrest de Saint-Aubin, comtesse de Genlis, *Mémoires*, éd. Didier Masseau, Paris, 2004, 267.

La « Bouche à la Cour »

1. A.N. O^1 756 folio 211.
2. A.N. V^3 90 n° 8.
3. Jean-Louis Flandrin, *L'Ordre des mets*, Paris, 2002.
4. A.N. O^1 1122 folio 294.
5. Sébastien Mercier, *Tableau de Paris*, Paris, I 184 *sq*.
6. Fromageot, article cité, 42, 226 et 228.
7. Luynes, IV, 469 *sq*., V 11.
8. A.N. M.C. CVIII 698, inventaire d'après décès daté du 17 septembre 1782. Je remercie M. Christain Baulez qui m'a signalé ce document.
9. A.N. O^1 1799 437.
10. A.N. O^1 1799 435.
11. A.N. O^1 1799 439.
12. A.N. O^1 1799 436.
13. A.N. O^1 1799 439.
14. A.N. O^1 1798 447.
15. A.N. O^1 1802 538.
16. A.N. O^1 1798 300.
17. A.N. O^1 1077 368.
18. A.N. O^1 1796 518.
19. Argenson, *Journal*, éd. 2005, VIII 35.
20. Jean Nicolas Dufort, comte de Cheverny, *Mémoires sur les règnes de Louis XV et Louis XVI*, Paris, 1886, 2 vol., I 105.
21. Pierre Victor, baron de Besenval, *Mémoires*, Paris, 1987, 69.

22. Voir Antoine Lilti, *Le Monde des salons : sociabilité et mondanité à Paris au XVIII*^{e} *siècle,* Paris, 2005, 66, citant les Archives des Affaires étrangères, Contrôle des étrangers, vol. 6, rapport du 28 juillet 1775.

23. Dufort, *op. cit.*, I 242 *sq.*

24. *Ibid.,* I 319.

25. Croÿ, *Journal,* éd. 2006, VI 61 ; *cf.* 201.

26. *Ibid.,* 76.

27. *Ibid., 212 ; cf.* 219 « Il y avait une foule prodigieuse les dimanches et très peu de monde les autres jours. »

28. *Ibid.* 197.

29. A.N. O^1 837 23.

30. Marie-Antoinette, *Correspondance,* éd. 2005 374.

31. A.N. O^1 1802 324.

32. A.N. O^1 284 455.

33. Sourches, I, 154.

34. Argenson, *Journal,* éd. 2005, VII 146.

35. Gustav Philippe, comte de Creutz, *La Suède et les Lumières : Lettres de France d'un ambassadeur à son Roi, 1771-1782,* éd. Marianne Molander Beyer, Paris, 2006, 427 et 492.

36. Victorine de Chastenay, *op. cit.*, 57.

L'eau

1. J.-A. Le Roi, « Travaux hydrauliques de Versailles sous Louis XIV », *Mémoires de la société des sciences morales, des lettres et des arts de Seine-et-Oise,* VII [1886], 61-128.

2. M. J. Mangin, « Louis XIV et ses jardins : règlement autographe du Roi pour la visite des jardins de Versailles », *Revue d'histoire de Versailles et de Seine-et-Oise* [1899], 7-14, cité par R. Giradet, *Manière de montrer les jardins de Versailles,* Paris, 1951. Voir aussi les impressions de Madeleine de Scudéry, *Promenade de Versailles dédiée au Roi,* Paris, 1669.

3. Saint-Simon, VII, 193 et XVIII, 224 ; Sourches, VIII, 336 ; Dufort, I 94.

4. 22 745 muids. Le muid de Paris contenait 7,45 litres.

5. Anne Friedman, « The Evolution of the *parterre d'eau* », *Journal of Garden History*, VIII [1988], 1-30 ; André Pératé, « Le parterre d'eau du parc de Versailles sous Louis XIV », *Revue d'histoire de Versailles et de Seine-et-Oise* [1889], 15-35 ; Gerold Weber, *Brunnen und Wasserkünste in Frankreich im Zeitalter von Louis XIV*, Worms, 1985.

6. L.-A. Barbet, *Les Grandes Eaux de Versailles : installation mécanique et étangs artificiels,* Paris, 1907, 81. Cette étude, à la fois archéologique et mécanique, est la source de plusieurs des estimations citées dans les pages suivantes.

7. Nicodème Tessin, « Relation de la visite de Nicodème Tessin à Marly, Versailles, Clagny, Rueil et Saint-Cloud en 1687 », éd. Pierre Francastel, *Revue d'histoire de Versailles et de Seine-et-Oise* [1926], 157-167 ; R. du Lac, « Les transformations de la butte Montbauron », *op. cit.* [1916], 81-97, 158-176.

8. Luynes, I, 251 *sq.*

9. F. Evard, « Les travaux du canal de l'Eure sous Louis XIV », *Revue de l'histoire de Versailles et de Seine-et-Oise* [1933], 96-151.

10. Saint-Simon, XXVIII, 417 ; Marie de Rabutin-Chantal, marquise de Sévigné, *Correspondance*, éd. Roger Duchêne, « Bibliothèque de la Pléiade », Paris, 1972, III, 165 ; Jean Racine, *Œuvres*, éd. Paul Mesnard, « Les grand écrivains de la France », 2ᵉ éd., Paris, 1886, VI, 582 ; Sourches, II, 889.

11. Saint-Simon, XXVIII, 162 ; Primi Visconti, *Mémoires sur la cour de Louis XIV*, Jean Le Moine, trans., Paris, 1908, 271 ; J.-A. Le Roi, éd., *Journal de la santé du Roi,* 294 ; Pierre Narbonne, *Journal des règnes de Louis XIV et Louis XV, de l'année 1701 à l'année 1744,* éd. J.-A. Le Roi, Paris, 1866, 321.

12. Marmontel, *Mémoires*, éd. 1999, 165 *sq.*

13. A.N. O¹ 2356 [grosses réparations du département des Dehors de Versailles] et 2357 folio 108.

14. A.N. O¹ 1829 419.

15. A.N. O¹ 1838 116.

16. LE ROI, « Histoire hydraulique », 86. *Cf.* Archives départementales des Yvelines, 109, *Plan des parcs de Versailles et des environs*, où l'aqueduc est indiqué par « conduites des eaux bonnes à boire pour [le] château de Versailles ».

17. Cité par Jacques LEVRON, *Versailles, ville royale*, Roanne, 1981, 72.

18. Jean LAGNY, *Versailles, ses rues. Le quartier de Notre-Dame*, Versailles, 1982, 28.

19. A.N. O^1 1830 103 ; pour la suite voir 100, 114, 115, 116, 118, 146, 149, 160, 173, 305, 319 et 320. Voir aussi la correspondance du directeur général des Bâtiments : A.N. O^1 1110 folio 531 *sq.*, 1111 folio 385, 112 folios 644 et 778, 1113 folio 103 et 1114 folio 276.

20. A.N. O^1 1831 560, 562 et 571. *Cf.* 1123 354 et 375 et 1832 85.

21. A.N. O^1 1832 126.

22. A.N. O^1 1981 1 et 50 ; Pierre NARBONNE, *Journal de police*, Clermont-Ferrand, 2002, II, 79.

23. A.N. O^1 1831 31 ; *cf.* 20, 24, 31, 32, 38, 48, 51 et 52. Voir aussi A.N. O^1 1117 133, 165, 205, 227 et 248.

24. A.N. O^1 3954, dossier 2, *Cinquième année de la régie de M. Jean-Baptiste Bocquillon, 1754 à 1755*.

25. A.N. O^1 1834 134.

26. A.N. O^1 1831 351.

27. A.N. O^1 1835 239.

28. LUYNES, I, 274 *sq.* et II, 265.

29. A.N. O^1 1830 260 ; *cf.* 1114 folios 80, 116 et 199 et 1115 folio 541.

30. T. RENAUDOT, *Recueil général des questions traitées et conférences du bureau d'adresse,* Paris, 1655, cité par Annick Pardailhé-Galabrun, *La Naissance de l'intime*, Paris, 1988, 355.

31. Jean-Pierre GOUBERT, *La Conquête de l'eau*, Paris, 1986, 83.

32. *La Loi de la galanterie française*, 1640, cité par Peter THORTON, *Seventeenth Century Interior Decoration in England, France and Holland*, New Haven, 1978, 319.

33. SAINT-SIMON, XVII, 238.

34. Sourches, I, 434 et III, 216 ; Dangeau, I, 303, *cf.* Anne Marie Louise d'Orléans, duchesse de Montpensier, *Mémoires de Mademoiselle de Montpensier*, Londres, 1741, 7 vol., III, 313.

35. Marie Dubois de Lestournière, *Journal*, cité par Léon Aubineau in *Notices littéraires sur le XVIIe siècle*, Paris, 1859, 393.

36. Saint-Simon, XVIII, 339. *État de France* 1698, I, 179, 256 *sq.*, 260 et 263.

37. Saint-Simon, XVIII, 336 et XXVII, 182 *sq.* et Sourches, XIII, 520 et 522.

38. Saint-Simon, « Les additions », in Dangeau, I, 393.

39. Élisabeth Charlotte duchesse d'Orléans, *Correspondance complète de Madame, duchesse d'Orléans, née Princesse Palatine, mère du Régent*, G. Brunet, trans. Paris, 1857, II, 75 *sq.*

40. Luynes, X, 179 et 188 ; Paul Jarry, « La cuve de marbre de l'appartement des bains de Versailles », *Revue d'histoire de Versailles et de Seine-et-Oise*, 1934, 103-105.

41. Arthur Young, *Travels in France*, 237. Il ajoute à propos des Français : « D'autre part, leurs lieux d'aisance sont des temples d'abomination et la pratique de cracher, chez les grands comme chez les petits, est détestable. J'ai vu un monsieur cracher si près des habits d'une duchesse que je fus frappé de son inconscience. »

42. GG-B I plans n° 179, 263, 264, 728. Voir Alfred Marie, *Versailles au temps de Louis XV*, Paris, 135-139.

43. GG-B I plans 648, 650, 669, 6740678, 680-682. *Cf.* Marie, *op. cit.*, 151 *sq.*

44. Marie, *ibid.*, 60, 64.

45. Langy, 65.

46. AP 53. Voir GG-B I plan 402.

47. CC 24. Voir GG-B I plan 2744 et Blondel, planche 2, U^{12}.

48. CC 23. Voir Blondel, planche 2 Y7.

49. A.N. O^1 1114 folios 43 et 148 *sq.*

50. Campan, I, 312.

51. A.N. MC XLII 584. 4 septembre 1753. Je voudrais remercier M. Christian Baulez, ancien conservateur du Musée du château de Versailles, qui m'a signalé ce document rare qui sera cité partout, et *in extenso* dans le dernier chapitre.

52. A.N. O^1 V^3 91 n° 10.

53. A.N. O^1 1799 114.

54. A.N. O^1 1862^2 n° 26.

55. A.N. O^1 1838 454, 457 et 458.

56. M. GIROUARD, *Life in the English Country House*, New Haven, 2000, 249.

57. BARBIER, VII, 246 écrivant en 1760.

58. Guillaume Amfrey de CHAULIEU, *Lettres inédites de l'abbé Chaulieu,* Paris, 1850, 140 *sq.* ; Élisabeth Charlotte von der Pflaz, duchesse d'ORLÉANS, *A Woman's Life at the Court of the Sun King*, Elboug Forster, trand., Baltimore, 1984, 23 *sq.* [lettre de 24 juillet 1678].

59. SAINT-SIMON, XIII, 279 *sq.* ; ORLÉANS, *Letters from Liselotte*, 203.

60. Henri HAVARD, *Dictionnaire de l'ameublement et de la décoration depuis le XIIIe siècle jusqu'à nos jours*, Paris, 1887-1890, II, 940-953. Havard ne cite pas sa source. C'est à présumer qu'il s'agit des comptes du garde-meuble.

61. Félix, comte de France d'HÉZECQUES, *Souvenirs d'un page de la cour de Louis XVI*, réédition de 1998, 212 *sq.*

62. A.N. MC 584, 4 septembre 1752.

63. A.N. O^1 1795 290 et 278.

64. François Marie Arouet, dit VOLTAIRE, *Correspondance*, Théodore Besterman éd., « Bibliothèque de la Pléiade », II, 945 et 1114.

65. A.N. O^1 1802 377.

66. *Letters from Liselotte*, 110 [lettre du 23 juillet 1702].

67. LUYNES, VI, 356 *sq.*

68. A.N. O^1 1799 342 à 346.

69. A.N. O^1 1799 437.

70. A.N. O^1 1799 436.

71. A.N. O^1 1799 439.

72. A.N. O¹ 1799 181 ; *cf.* 1226 folio 37.
73. A.N. O¹ 1800 567.

Le feu

1. Jean-Baptiste COLBERT, *Lettres, instructions et mémoires*, Pierre Clément éd., Paris, 1861-1873, 7 vols., VI, 470.
2. A.N. O¹ 737 folio 168 verso.
3. LUYNES, I, 402.
4. LUYNES, I, 428 et 430.
5. A.N. O¹ 1795 52.
6. A.N. O¹ 290 14.
7. A.N. O¹ 290 5.
8. A.N. O¹ 290 116.
9. A.N. O¹ 1796 442 ; *cf.* 444.
10. A.N. O¹ 1797 498.
11. A.N. O¹ 1112 folio 804.
12. *Letters from Liselotte* 222 [lettre de 7 avril 1720].
13. *Comptes des Bâtiments, passim.*
14. A.N. O¹ 1076 644 et 1077 407.
15. SAINT-SIMON, XXVIII, 163.
16. A.N. O¹ 1801 161, 361, 362, 524 et 667.
17. A.N. O¹ 1801 171.
18. A.N. O¹ 1819 I 172.
19. A.N. O¹ 1820 I folio 58.
20. A.N. O¹ 1835 197.
21. A.N. O¹ 1836 I 28 et 29.
22. A.N. O¹ 1834 50.
23. .A.N. O¹ 1114 folio 49 ; *cf.* folio 58.
24. SAINT-SIMON, XIII, 108, XVII, 155, et XXIV, 111 *sq.*
25. A.N. O¹ 1798 116, 183 à 185.
26. A.N. O¹ 1810 I 96.
27. A.N. O¹ 1810 104.
28. A.N. O¹ 1801 283 et 1802 244.
29. A.N. O¹ 1801 290.

30. A.N. O¹ 1798 78 et 95.
31. A.N. O¹ 1764A dossier 1.
32. GG-B¹ 1339.
33. A.N. O¹ 1821 II folio 118.
34. A.N. O¹ 1799 231 [Choiseul] et 1797 197 et 1812 I 21 [Tessé].
35. A.N. O1 1800 345.
36. A.N. O¹ 1800 398.
37. A.N. O¹ 1800 121.
38. A.N. O¹ 1801 187.
39. A.N. O¹ 1071 135 et 134, 1797 281 282, 289, 1798 10, 1800 399, 1802 497, 1812 I 50 et 57, III 97.
40. A.N. O¹ 1800 9, 30, 32, 33 et 37.
41. A.N. O¹ 1072 164 [Grand Commun] 1821, I, folio 72 *sq.* [Petite Écurie] et 1829 587 [Croismare].
42. A.N. O¹ 1831 14.
43. A.N. O¹ 1829 536.
44. A.N. O¹ 1799 86.
45. A.N. O¹ 2406, département des Dehors de Versailles « ouvrages neufs ».
46. A.N. O¹ 2409 folio 33 verso.
47. A.N. O¹ 1821 I folio 19 *sq.*
48. A.N. O¹ 1830 486.
49. A.N. O¹ 2416 folio 27.
50. A.N. O¹ 2417 folios 25 et 26.
51. A.N. O¹ 1800 140.
52. A.N. O¹ 1802 79.
53. A.N. O¹ 1821 folio 72 *sq.*
54. A.N. O¹ 1834 319.
55. A.N. O¹ 1801 623.
56. A.N. O¹ 1810 III 86.
57. A.N. O¹ 1819 III 5.
58. A.N. O¹ 1812 I 13.
59. SAINT-SIMON, V, 59.
60. DANGEAU, XI, 373, SOURCHES, X, 323 et A.N. O¹ 1762 B dossier 1.

61. LUYNES, VIII, 93 et CROŸ, I, 70.
62. LUYNES, XI, 225 *sq.* A.N. O¹ 1795 208 [compensation], 1827 294 [fonds libellé], 1828 26 [plomb].
63. A.N. O¹ 1827 78, 79, 80 et 81.
64. A.N. O¹ 1795 295 ; *cf.* 2364, *État au vrai de la recette et dépense des Bâtiments du Roi*, département des Dehors de Versailles, « ouvrages neufs ».
65. A.N. O¹ 1109 folio 413 *sq.*
66. A.N. O¹ 1071, 231 à 232. 1117 folio 701 et 1812 IV 55.
67. A.N. O¹ 1117 folio 181.
68. A.N. O¹ 1134 folios 185 et 247.
69. A.N. O¹ 1799 484.
70. A.N. O¹ 1801 265 et 266.
71. A.N. O¹ 1072 210 et 211.
72. A.N. O¹ 1830 91.
73. A.N. O¹ 1830 104.
74. A.N. O¹ 1830 325.
75. A.N. O¹ 1113 folio 489 et 1114 folios 72 et 82.
76. A.N. O¹ 1835 358.
77. A.N. O¹ 1835 669.
78. A.N. O¹ 1836 II 107 à 9.
79. A.N. O¹ 1838 34.

L'éclairage

1. A.N. O¹ 762 25.
2. J. du PRADEL, *Traité contre le luxe* (Paris, 1705), cité par Peter THORNTON, *Seventeenth Century Interior Decoration in England and France*, 387.
3. A.N. O¹ 717, folios 3, 4, 30 et 31.
4. A.N. O¹ 820 25 et 28.
5. LUYNES, II, 370.
6. LUYNES, II, 369.
7. A.N. O¹ 3794 26, 33, 41, 170, 178, 179 et *Revenu casuel de la charge de garçon de la Chambre de la Reine, année 1789*.

8. Luynes, II, 369.
9. Luynes, II, 333.
10. Luynes, II, 19 et XI, 325.
11. *Mercure de France*, janvier 1708, cité *in* Dangeau, XII, 61.
12. Argenson, *Journal*, éd. 2005, VIII, 171 et 176.
13. Saint-Simon, XXXVI, 315 *sq.*
14. Georges Mongrédien, *La Vie quotidienne sous Louis XIV*, Paris, 1948, cité par Thornton, *op. cit.*, 388.
15. Saint-Simon, XVI, 482, note 4, citant *Écrits inédits*, III, 111.
16. *Ibid.*
17. Sourches, XI, 158.
18. Luynes, IV, 108.
19. A.N. O¹ 290 4.
20. A.N. O¹ 290 14.
21. A.N. O¹ 290 6, 8, 24 et 26.
22. A.N. O¹ 290 27 et 49.
23. A.N. O¹ 290 35.
24. A.N. O¹ 290 42.
25. M.C XLII 584, 4 septembre 1753, déjà cité.
26. A.N. O¹ 1799 633 et 1800 513.
27. Fiske Kimballe, *The Creation of the Rococo* (Philadelphia, 1943) et « The Developement of the "Cheminee à la Royale" », *Metropolitan Museum Studies*, vol 5, 1934 et *Les Relations artistiques entre France et Suède. Extraits d'une correspondance entre l'architecte Nicodème Tessin le jeune et Daniel Cronström*, 1964 [lettre de 2 mars 1697], cité *in* Thornton, *op. cit.*, 66 *sq.*
28. A.N. O¹ 1809 23 verso.
29. A.N. O¹ 1099 à 1147 [1739 à 1790], *passim.*
30. Dangeau, XI, 170 ; GG-B¹ 99 et 100.
31. J.-C. Le Guillou, « L'appartement de Monseigneur, puis de ses fils : évolution chronologique 1684-1715 », *Eighteenth Century Life,* vol. 17 [1993], 68-81.
32. A.N. O¹ 1802 602.

33. A.N. O¹ 1071 55, 57 et 57, 1797 237 et 1812 I 45.
34. A.N. O¹ 1798 3.
35. A.N. O¹1796 601 ; *cf.* 599 et 600.
36. A.N. O¹ 1795 74.
37. A.N O¹ 1796 103.
38. A.N. O¹ 1798 288.
39. A.N. O¹ 1796 488 ; *cf.* 1811 II 175.
40. A.N. O¹ 1077 113, 234 et 235 et 1799 6.
41. A.N. O¹ 1799 322.
42. A.N. O¹ 1796 94, 355, 357, 358, 637, 640, 648, 649 et 650, 1797 14, 12, 28, 65, 87 et 1802 301.
43. A.N. O¹ 1796 354.
44. A.N. O¹ 1800 517.
45. A.N. O¹ 1076 464.
46. A.N. O¹ 1796 317.
47. A.N. O¹ 1796 314.
48. A.N. O¹ 1796 312, 313 et 327.
49. A.N. O¹ 1796 326.
50. A.N. O¹ 1796 353.
51. A.N. O¹ 1796 329.
52. A.N. O¹ 1796 353.
53. A.N. O¹ 1810 III 71.
54. A.N. O¹ 1799 121.
55. A.N. O¹ 1799 437.
56. A.N. O¹ 1799 337.
57. A.N. O1 1802 430 et 435.
58. Françoise d'Aubigny, marquise de MAINTENON, *Lettres*, éd. G. Truc, Paris, 1922, 266, [lettre datée du 23 juillet].
59. A.N. O¹ 2373 folio 100.
60. A.N. O¹ 1797 469 ; *cf.* 1071 116, 117 et 1812 III 29.
61. A.N. O¹ 1076 751 et 1812 III 28.
62. AN O 1 1797 280 : *cf.* 812 147.
63. LUYNES, VIII 14 *sq.*
64. A.N. O¹ 1076 166.
65. A.N. O¹ 1798 521.
66. A.N. O¹ 1799 37.

67. A.N. O¹ 2336 folio 100.
68. A.N. O¹ 1070 545 et 547.
69. A.N. O¹ 1796 630 ; *cf.* 1811 III 57.
70. A.N. O¹ 1802 128.
71. A.N. O¹ 1835 38.
72. A.N. O¹ 1837 I 226 ; *cf.* 1835 523, 1837 I 135 et 192 et II 32.
73. A.N. O¹ 1800 425 et 1796 95.
74. A.N. O¹ 1833 89.
75. A.N. O¹ 1245 37.
76. A.N. O¹ 1810 II 105.
77. A.N. O¹ 1797 409.
78. A.N. O¹ 1799 42.
79. A.N. O¹ 1779 253.
80. A.N. O¹ 1799 352.
81. A.N. O¹ 1801 381 ; *cf.* 376.
82. A.N. O¹ 1801 446.
83. A.N. O¹ 1802 54.
84. Gaston de LÉVIS, *Souvenirs et portraits, 1764-1830*, Paris, éd. 1993, 103.
85. Comtesse de BOIGNE, *Mémoires de la comtesse de Boigne, née d'Osmont : récits d'une tante*, éd. Jean-Claude Berchet, 2 vol., Paris, 1999, I 24.
86. A.N. O¹ 1832 359.
87. A.N. O¹ 1801 594.
88. A.N. O¹ 1802 269 et 272.
89. A.N. O¹ 1796 86 et 641, 177 339 et 1811 III 64.
90. A.N. O¹ 1799 12.
91. A.N. O¹ 1797 42 et 43.
92. A.N. O¹ 1836 II 356.
93. A.N. O¹ 1802 174.
94. Dans l'aile des Princes, nᵒˢ 87, 90, 91, 95, 98. et 103, 4 et 5 ; dans l'aile du Nord nᵒˢ 53, 58, et 59a.
95. A.N. O¹ 1810 I 108 ; *cf.* 113.
96. A.N. O¹ 1802 79 ; *cf.* 76.
97. A.N. O¹ 1801 595.

98. A.N. O^1 1802 177.
99. A.N. O^1 1801 439.

Le nettoyage

1. A.N. O^1 1796 89.
2. A.N. O^1 1227 folio 21 verso.
3. A.N. O^1 2626 folio 245.
4. A.N. O^1 3723 folio 46, 3738 folios 21 et 29 et 739 folio 20 ; *cf.* 3742 dossier 4, *Extrait des lettres de Mme la maréchale de Boufflers.*
5. A.N. O^1 198 folio 152 et 199 folio 218.
6. A.N. O^1 200 folios 167 et 174 verso.
7. A.N. O^1 3744, dossier 4, document daté du 31 décembre 1746, *État des sommes que le Roi veut et ordonne être payées aux officiers de la Maison de feue Madame la Dauphine [...] du 6 septembre [...] jusqu'au 31 décembre.*
8. A.N. O^1 3794, dossier 1, *État détaillé [...] du Domaine de Versailles, année 1779.*
9. A.N. O^1 285 216.
10. A.N. O^1 285 folio 373.
11. A.N. O^1 195 folio 239.
12. A.N. O^1 285 401.
13. A.N. O^1 1076 folio 249.
14. A.N. O^1 1799 633.
15. A.N. O^1 285 78.
16. A.N. O^1 290 116.
17. A.N. O^1 811 folio 2 et 2 verso ; *cf.* 805 21 l'État de 1782 dénombre aussi 38 frotteurs [les 6 premiers], 13 « chez le Roi », 8 « chez Mesdames » et 11 à Marly. Dans le même État, on trouve 6 « premiers balayeurs », 22 « autres » et 2 à l'hôtel du Gouvernement. De ce groupe, 52 signèrent le document.
18. A.N. O^1 285 222.
19. A.N. O^1 285 373.
20. A.N. O^1 285 59.

21. A.N. O¹ 3974, dossier 4, *Marché du sieur Frioux*.
22. A.N. O¹ 3974, dossier 4, *Aperçu de la cire [...] 1778*.
23. *Loc cit*. sans titre.
24. A.N. O¹ 805 72.
25. A.N. O¹ 3974, dossier 5, *Soumission*.
26. A.N. O¹ 3912, dossier 7, *Contrat du 1er janvier 1764 et certificat de 1769*.
27. A.N. O¹ 1146 folio 283 et 1831 208, 1833 115, 1839 folio 1850 dossiers 2, 7 et 8.
28. A.N. O¹ 1799 259.
29. A.N. O¹ 1799 207.
30. A.N. O¹ 1147 folio 74.
31. Françoise Bertaut de Motteville, *Chronique de la Fronde*, éd. Jean-Michel Delacomptée, Paris, 2003, 174 ; *cf.* 166.
32. A.N. O¹ 1798 400.
33. A.N. O¹ 1264 456 [19 mai 1781].
34. A.N. O¹ 1264 457 [15 novembre 1781].
35. A.N. O ¹ 1796 137.
36. A.N. O¹ 1798 126.
37. A.N. O¹ 1799 300.
38. A.N. O¹ 1801 235.
39. A.N. O¹ 122 folio 37 et 67 folio 212.
40. A.N. O¹ 1831 106.
41. . A.N. O¹ 1798 230.
42. A.N. O¹ 1799 285.
43. A.N. O¹ 1800 43.
44. A.N. O¹ 1835 367.
45. A.N. O¹ 1839 79.
46. A.N. O¹ 1802 556. Ce document se trouve dans le carton de 1789, mais nous pensons qu'il se rapporte à 1774.
47. A.N. O¹ 1836 I 190 et 191.
48. A.N. O¹ 1839 79.
49. A.N. O¹ 1839 351.
50. A.N. O¹ 1839 349.
51. A.N. O¹ 1800 567. En 1742, un mémoire en nommait 11 dans le côté sud du château : « Sous la voûte, cour de la Bouche

du Roi ; fosse de la pharmacie sous les voûtes ; fosse, caves des nourrices ; fosse gobelet du Roi ; fosse des gardes françaises et celle des suisses [*dans l'avant-cour*] ; sous le passage de Gesvres ; fosse sous l'escalier de marbre de la Reine ; fosse du baron de Breteuil [*aile gauche des Ministres*] ; cour du sieur Massif ; fosse de M. le maréchal Ségur [*aile gauche des Ministres*]. »

52. A.N. O^1 1800 71.
53. A.A. LABORIE, CADET LE JEUNE, et A.A. PARMENTIER, *Observations sur les fosses d'aisance et moyens de prévenir les inconvénients de leur vidange* (1778), 105, cité par Alain CORBIN, *The Foul and the Fragrant : Odor and the French Social Imagination*, Cambridge, 1986 p. 59.
54. A.N. O^1 1799 168.
55. A.N. O^1 1107 folio 77.
56. A.N. O^1 1110 folio 524.
57. A.N. O^1 1798 357.
58. A.N. O^1 1835 312.
59. CROŸ, *Journal*, éd. 2006, VI 216.
60. A.N. O^1 1836 II 340.
61. A.N. O^1 1801 528.
62. A.N. O^1 1801 534.
63. A.N. O^1 1802 683.
64. A.N. O^1 1802 58.
65. A.N. O^1 1802 114.
66. A.N. O^1 1802 1.
67. A.N. O^1 1802 308.
68. A.N. O^1 1802 10 ; *cf.* 184, 304 bis et 311 à 316.
69. A.N. O^1 1802 310, 319 et 321.
70. A.N. O^1 1839 77.
71. A.N. O^1 1802 415 et 417.
72. A.N. O^1 1839 364.
73. A.N. O^1 1830 211.
74. A.N. O^1 1830 211.
75. A.N. O^1 1797 391.
76. A.N. O^1 1797 388.

77. A.N. O¹ 1797 409.
78. A.N. O¹ 1111 folios 25 sq. et 40.
79. A.N. O¹ 285 183.
80. A.N. O¹ 1830 240. Hirsch était inscrit à l'État pour les départements Versailles-Château et Versailles-Dehors en 1765. Voir A.N. O¹ 1798 126.
81. A.N. O¹ 1798 224 ; *cf.* 1117 folios 216 et 621 et 1118 folio 16.
82. A.N. O¹ 1260 634.
83. A.N. O¹ 1799 444.
84. A.N. O¹ 1799 445 ; *cf.* 447 et 450.
85. A.N. O¹ 1795 110.
86. A.N. O¹ 2740 [écriture datée 20 décembre 1775].
87. A.N. O¹ 1839 78.

Le blanchissage

1. Cité par Arlette FARGE, *Vivre dans la rue à Paris au XVIIIe siècle*, Paris, 1992, 93. L'édition originale fut publiée en allemand à Francfort en 1718, suivie par la version française qui parut à Leyde en 1725. Voir Gilles CHABAUD, « Les guides de Paris : une littérature de l'accueil ? » dans *La Ville promise,* Daniel Roche éd., Paris, 2000, 97.

2. Daniel ROCHE, *The Culture of Clothing : Dress and Fashion in the Ancien Régime*, Cambridge, 1996 et Georges VIGARELLO, *Le Propre et le sale : l'hygiène du corps depuis le Moyen Âge*, Paris, 1985.

3. A.N. O¹ 1106 folio 495 et 1108 folio 47.

4. A.N. O¹ 21 folio 163 verso, 50 folio 60, 84 folio 477 *sq.*, 97 folio 133, 111 folio 314, 124 folio 561, 194 folios 51 et 142 verso, 195 folio 381, 196 folio 264, 197 folio 15 verso, 198 folio 195 verso, 199 folio 135 verso, 200 folios 5, 8, 13, 112 et 826 150 bis.

5. A.N. O¹ 47 folio 35, 86 folio 288, 92 folio 276, 194 folios 190 et 217 verso, 195 folios 116, 278 et 392 verso, 197

folios 51 verso, 98 verso, 99 et 107, 199 folios 170 et 773 vers, 200 folio 112, 761 folio 41, 766 189, 767 146 et 2811 dossier 1.

6. A.N. O^1 1076 91, 1077 154, 1795 55, *État des logements du Château de Versailles* [vers 1722 jusque vers 1741], 1820 IV folio 55 *sq.* et 1828 50 et 51.

7. A.N. O^1 60 folio 185, 195 folio 84, 196 folios 248 et 271 verso, 2811 dossier 1, 3744 dossier 1.

8. A.N. O^1 1795 55, *État des logements du Château de Versailles* [vers 1722 jusque vers 1741], ancien hôtel du Fresnoy, rez-de-chaussée, n° 2. Sur le plan GG-B^{II} 662 la lavanderie de la blanchisseuse des Enfants de France est cotée 15.

9. Sur le plan GG-B^{II} 781, AHF 9 correspond au logement au second étage au-dessus des écuries de l'hôtel du Fresnoy. On y accédait par un escalier au fond de la cour qui menait au n° 22 au premier étage, puis au n° 23 dans l'attique.

10. A.N. O^1 1836 II 252.

11. A.N. O^1 1263 391 et 392.

12. A.N. O^1 3792 258.

13. A.N. O^1 3792 152.

14. A.N. O^1 1132 folio 436 et 1133 folio 17.

15. A.N. O^1 1827 91.

16. A.N. O^1 1837 175.

17. A.N. O^1 1835 513.

18. A.N. O^1 1071 325.

19. A.N. O^1 1796 550 ; *cf.* 551.

20. A.N. O^1 1829 218 et 219.

21. A.N. O^1 1829 462 et 465.

22. A.N. O^1 1830 161.

23. A.N. O^1 1831 91 et 92 ; *cf.* 1117 folios 448 et 484 et 1798 240.

24. *Sub verba* « Savon » dans l'*Encyclopédie ou dictionnaire raisonné des sciences, des arts et des métiers*, vol. XIV, 719 *sqq.*

25. A.N. O^1 1226 folio 28.

26. A.N. O^1 1828 407, 408 et 415.

27. A.N. O^1 1831 357.

28. A.N. O^1 1832 317 et 433.

29. A.N. O¹ 1834 124.
30. A.N. O¹ 1834 451.
31. A.N. O¹ 1835 530 ; *cf.* 529.
32. A.N. O¹ 1838 614 ; *cf.* 615.
33. A.N. O¹ 1820 I folio 134. Ces régles furent renouvelées en 1779. Voir 1835 239.
34. A.N. O¹ 1827 178.
35. A.N. O¹ 1835 239.
36. A.N. O¹ 1837 II 22.
37. A.N. O¹ 1137 folio 155.
38. A.N. O¹ 1835 573.
39. A.N. O¹ 1839 1.
40. A.N. O¹ 1839 72.
41. A.N. O¹1839 75.
42. A.N. O¹ 1838 614 ; *cf.* 615.

Arrière-pensées

1. Sourches, I, 101.
2. Ézéchiel Spanheim, *Relation de la cour de France en 1690*, *op. cit.*, 221.
3. A.N. O¹ 2800, dossier 1 : *Mémoires ou examen de la véritable proportion des fonds annuel qu'il convient d'assigner à l'administration.*
4. « Hilaritati Publicae Aperta Regia » dans *Médailles sur les principaux événements du Règne de Louis-le-Grand*, Paris, 1702, cité *in* Édouard Pommier, « Versailles, l'image du souverain », dans *Les Lieux de mémoire*, sous la dir. de Pierre Nora, vol. II, 193-234.
5. Tobias Smollett, *Travels through France and Italy*, New York, 1969, 60.
6. Arthur Young, *Travels in France during the Years 1787, 1788 and 1789*, New York, 1969, 12 et 76.
7. Sarah C. Maza, *Servants and Masters in Eighteenth Century France*, Princeton, 1983, 26.

8. Pierre PRION, *Pierre Prion, scribe : mémoires d'un écrivain de campagne au XVIIIe siècle*. E. Le Roy Ladurie et Orest Ranum, éd., Paris, 1985, 161 *sq*.

9. Cité *in* W.S. LEWIS, *The Spendid Century*, New York, 1978, 199.

10. LILTI, *Salons…*, 92 citant le carnet de Mme Goeffrin dans les archives privées du comte de Bruce.

11. A.N. O^1 1245 72.

12. Annik PARDAILTHÉ-GALABRUN, *La Naissance de l'intime : 3 000 foyers parisiens, XVIIe-XVIIIe siècle,* Paris, 1988.

13. LUYNES, V, 401.

14. William R. NEWTON, *L'Espace du roi*, Paris 2000, 348 et illustration 27.

15. *Ibid.*, 226 et illustration 14.

16. A.N. O^1 2363, 2364 et 2365.

17. LUYNES, XIII, 32.

18. La description suivante de l'intérieur de l'appartement est extraite de l'inventaire : A.N. MC XLII 584 4 septembre 1753. M. Christain Baulez a eu la gentillesse de me signaler ce document.

19. LILTI, *Salons…* 96, citant Jacques François BLONDEL, *De la distribution des maisons de plaisance et de la décoration des édifices en général*, 2 vol., Paris, 1738, et Katie SCOTT, *The Roccoco Intérieur : Decoration and Social Spaces in Early Eighteenth Century Paris*, New Haven, 1995.

20. A.N. O^1 4000 folios 273 *sqq*.

21. Robert FORSTER, *The House of Saulx-Tavannes : Versailles and Burgundy, 1700-1830*, Baltimore, 1971, 49.

22. A.N. O^{1}2416 folio 8 *passim*.

23. A.N. O^1 1797 387.

24. A.N. O^1 1797 398.

25. A.N. O^1 1797 404.

26. A.N. O^1 1799 21.

27. A.N. O^1 1802 280.

28. A.N. O^1 2418 folio 18 verso ; *cf.* 17 verso « à compte 15,000 » et 2920 [1768] folio 8 « passé 15 000 en 1767 et par supplément 15 000 ».

29. A.N. O¹ 2421 folio 8 ; *cf.* 2422 folios 8 et 13 verso [1770].
30. A.N. O¹ 2423 folio 13 verso.
31. A.N. O¹ 2424 folio 2 verso et 14.
32. A.N. O¹ 1798 471.
33. Argenson, *Journal*, éd. 2005, VII 235 [17 octobre 1750].
34. A.N. O¹ 1245 72.

ANNEXES

Sources

A.N. O¹ Archives nationales de France [Paris], séries O¹, Archives de la Maison du Roi.

DANGEAU Philippe de Courcillon, marquis de, *Journal du marquis de Dangeau... avec les additions inédites du duc de Saint-Simon*, Émile Soulié, Louis Dussieux *et alii.*, éd., Paris, 1854-1882, 19 vol.

GG-B^{II} France, Archives nationales, Versailles, *Dessins d'architecture de la direction générale des Bâtiments du roi*, tome II, *La Ville, les environs*, Danielle Gallet-Guerne et Christian Baulez, éd., Paris, 1989.

LUYNES Charles Philippe d'Albert, duc de, *Mémoires du duc de Luynes sur la cour de Louis XV...*, Louis Dussieux et Émile Soulié, éd., Paris, 1860-1865, 17 vol.

SAINT-SIMON Louis de Rouvroy, duc de, *Mémoires*, nouvelle édition collationnée sur le manuscrit autographe...*, Arthur de Boislisle et L. Lecestre, éd., Paris, 1879-1930, 42 vol.

SOURCHES Louis François du Bouchet, marquis de, *Mémoires du marquis de Sourches sur le règne de Louis XIV...*, Gabriel Jules, comte de Cosnac et Arthur Bertrand, éd., Paris, 1892-1893, 13 vol.

La livre

Mesure de valeur figurant dans tous les documents cités ci-dessus, la livre avait pour nom officiel « livre tournois » et était devenue monnaie de compte réglementaire en 1667. Il n'existait donc ni pièces ni billets, mais prix et dettes étaient évalués en livres et payés en monnaie courante. La livre valait 20 pièces de cuivre dites « sols », ou sous, lesquels valaient 12 « deniers ». Pour les dépenses d'une certaine importance, les pièces qu'avaient le plus souvent en poche les courtisans de Versailles étaient l'écu – pièce d'argent valant généralement trois livres sous Louis XIV et six livres à partir de 1726 –, et le louis d'or, qui valait 24 livres après 1728

La quantité de métal précieux contenue dans chaque pièce de monnaie de billon en diverses périodes variait selon la pratique du gouvernement. Pendant le règne de Louis XIII, la minorité et les grandes guerres de Louis XIV, la mutation et les altérations dans le nombre des livres dans le poids officiel, le marc d'or, rehaussait ou diminuait la valeur réelle de la livre, tandis que sa valeur nominale ne changeait pas. Cette situation avait un effet très important sur la valeur des baux à long terme, des rentes constituées et des gages des officiers. Ceux qui détenaient des titres anciens se trouvaient dans une situation difficile, car leur rapport diminuait dramatiquement. Par exemple, sous Henri IV, le marc d'or valait 240 livres ; en 1636, 284 ; en 1693, 507 ; 600 en 1709. De 1726 à la fin de l'Ancien Régime, ce chiffre se stabilisa à 740 livres.

Les comparaisons avec les monnaies actuelles sont malaisées mais certains historiens estiment qu'une livre valait environ 15 euros au jour où celui-ci devint monnaie légale de l'Union européenne. Mieux vaudrait sans doute raisonner en termes de salaires. Durant la majeure partie du XVIIIe siècle, le travailleur sans spécialité gagnait environ 1 livre par jour et un maçon de 1,5 à 2 livres.

Table

Cartes	7
Préface	11
Le logement	15
La « Bouche à la Cour »	44
L'eau	73
Le feu	102
L'éclairage	131
Le nettoyage	174
Le blanchissage	206
Arrière-pensées	226
Notes	247
Annexes	269

Achevé d'imprimer par GGP Media GmbH, Pößneck
en août 2009
pour le compte de France Loisirs,
Paris

N° d'éditeur: 56176
Dépôt légal: août 2009
Imprimé en Allemagne